热烈庆祝中华人民共和国
成立60周年
中华人民共和国万岁
世界人民大团结万岁

2009 中国粮食发展报告

CHINA GRAIN DEVELOPMENT REPORT 2009

主　编：聂振邦
副主编：任正晓

经济管理出版社
ECONOMY & MANAGEMENT PUBLISHING HOUSE

图书在版编目（CIP）数据

2009中国粮食发展报告 / 聂振邦主编. —北京：经济管理出版社，2009.8

ISBN 978-7-5096-0737-4

Ⅰ.2…Ⅱ.聂…Ⅲ.粮食—经济发展—研究报告—中国—2009

Ⅳ.F326.11

中国版本图书馆CIP数据核字(2009)第146333号

出版发行：经济管理出版社
北京市海淀区北蜂窝8号中雅大厦11层
电话：(010) 51915602　　邮编：100038

印刷:精美彩色印刷有限公司　　经销：新华书店

责任编辑：张　艳
装帧设计：杨　炜
　　　　　刘艳南
责任校对：郭　佳

880mm × 1230mm/16　　12.75印张　　229千字
2009年9月第1版　　2009年9月第1次印刷
印数：1—3000册　　定价：150.00元
书号：ISBN 978-7-5096-0737-4

2009
中国粮食发展报告编辑委员会

编写组（按姓氏笔画为序）：

丁　杰　丁　斌　万劲松　万富世　于　涛　于英威　亢　霞
孔伟娟　尹　坚　王　旭　王　威　王晓芳　王莉蓉　王耀鹏
邓　立　邓亦武　卢景波　叶贞琴　田　临　田　野　田雨军
龙伶俐　刘　平　刘　韧　刘　勇　刘小南　刘冬竹　刘铁宏
匡广忠　安海东　曲贵强　朱之光　朱传碧　许　晶　许　策
齐朝富　何　毅　何少平　佟远明　张　云　张　雪　张永刚
张永强　张永福　张立伟　张庆娥　张延华　张宝霞　张树淼
张浩然　李　红　李　芳　李　玥　李　洵　李　涛　李小维
李云峰　李亚莉　李美琴　李寅铨　李喜贵　杜　政　杨卫辰
杨卫路　杨晓静　杨绪珍　肖　玲　肖春阳　陈　玲　陈玉中
陈军生　陈成云　陈家积　周　惠　周　辉　周冠华　周晓耘
林　潇　林明亮　罗文娟　罗守全　姚秀敏　段建丽　胡承淼
贺　伟　赵文先　赵素丽　赵滨敬　唐　茂　唐柏飞　徐京华
秦　剑　秦玉云　袁　辉　郭　建　郭洪伟　郭晓虹　陶　英
寇　荣　麻　婷　麻国杰　智振华　曾令清　曾衍德　程传秀
程继伟　韩继志　裴申恒　潘文博　颜　波　魏　然　魏淑珍

编审组（按姓氏笔画为序）：

邓亦武　卢景波　刘小南　孙鉴奇　严　涛　何松森　颜　波

编辑部：

主　　任：何松森
工作人员：刘珊珊　朱　蓉

目 录

2008年中国粮食发展概述 1

第一部分 粮食生产

一、2008年粮食生产特点及启示 6
二、主要粮食品种生产成本分析 10
三、2008年国家扶持粮食发展政策 13
四、2009年粮食生产形势展望 14
五、2008年油料作物生产情况及2009年发展趋势 15

第二部分 粮食流通

一、2008年粮食流通情况分析 20
二、2009年粮油流通形势预测 22
三、2008年粮油进出口贸易形势分析 23
四、2008年粮食价格情况分析及2009年预测 29

第三部分 粮食供求形势

一、2008年粮食供求形势分析与2009年展望 36
二、主要粮食品种供求形势分析 37
三、杂粮供求形势分析 43
四、食用油脂油料供求形势分析 45

第四部分 粮食流通体制改革

一、粮食流通体制改革现状分析及对策 48
二、现代粮食流通产业发展评价 51
三、国有粮食企业改革现状分析及对策 53
四、国有粮食企业经营状况分析 54

第五部分 粮食宏观调控

一、2008年粮食最低收购价调整成效分析 58

目 录

二、2008年临时存储粮食购销及跨省移库情况 60
三、抗震救灾粮食供应保障工作 61
专文：2008年抗震救灾军粮供应工作 64
四、粮食市场体系建设 68
五、粮食储备体系建设与管理 70
六、粮食产销合作现状与展望 70
七、国家粮食安全中长期规划 71

第六部分 粮食依法行政

一、粮食行业依法行政现状分析 76
二、粮食收购资格情况分析 79
三、粮食流通统计制度作用及成效分析 81
四、粮食流通监督检查工作现状及对策 82
五、中央储备粮代储资格认定情况分析 87

第七部分 粮食质量与标准

一、粮油标准化工作 92
二、收获粮食质量和品质状况 96
三、粮食质量安全监管体系建设 98
专文：小麦新标准顺利实施 农民企业政府都满意 102

第八部分 粮食行业发展

一、粮食流通基础设施和物流体系建设 108
二、粮食仓储行业管理现状与展望 111
三、粮油加工业发展 113
四、粮油科技发展与创新 119
五、粮食行业特有工种职业技能鉴定工作发展情况 128
六、国际交流与合作 132

目 录

七、会展业发展 135

八、爱粮节粮宣传活动 136

专 栏

一、2008/2009年度国际粮油市场回顾 138

二、联合国粮农组织（FAO）全球粮食供求形势预测 143

附 录

一、2008年大事记 150

二、粮食行业统计资料 157

1.全国粮食及油料作物播种面积（1949～2008年） 158

2.全国粮食及油料作物产量(1949～2008年) 160

3.全国粮食及油料作物单位面积产量(1949～2008年) 162

4.各地区粮食总产量（1978～2008年） 164

5.各地区油料总产量（1978～2008年） 168

6.各地区粮食及油料播种面积和产量（2008年） 172

7.农产品生产价格指数（2003～2008年） 175

8.居民消费价格指数（2002～2008年） 176

9.人均主要农业产品产量（1978～2008年） 177

10.粮食成本收益变化情况表（1991～2008年） 178

11.全国主要粮食品种收购量（1978～2008年） 179

12.全国主要粮食品种销售量（1978～2008年） 180

13.全国粮食进口情况表（1980～2008年） 181

14.全国粮食出口情况表（1980～2008年） 182

15.全国食用植物油进口情况表（1993～2008年） 183

16.全国食用植物油出口情况表（1993～2008年） 183

17.粮食行业机构与从业人员统计表（2008年） 184

18.发布、废止和转化粮油国家标准和行业标准统计表（2008年） 186

后 记 192

2008年中国粮食发展概述

国家粮食局党组书记、局长　聂振邦

2008年是我国经济社会发展史上极不平凡的一年。各地区、各有关部门按照党中央、国务院的统一部署，全面贯彻落实科学发展观，努力提高粮食综合生产能力，正确把握粮食供求形势和价格走势，进一步加强和改善粮食宏观调控，继续深化国有粮食企业改革，加强监督检查，创新体制机制，发展流通产业，经受住了国际粮价大涨大落的冲击和国内重大自然灾害的考验，保证了全国市场、受灾地区和奥运举办城市的粮油供应和价格基本稳定，保护了种粮农民利益，保障了国家粮食安全，为国民经济平稳较快发展作出了积极贡献。

一、加大强农惠农政策力度，促进了粮食生产稳定发展和种粮农民持续增收

2008年，全球金融危机不断向实体经济蔓延，一些发达国家和主要经济体的经济出现衰退；国际市场粮价大起大落，一些发展中国家出现“粮荒”；国内自然灾害较重，影响粮食生产形势和价格走势的不确定因素增多。针对复杂多变的国际国内形势，党中央、国务院采取了一系列加强宏观调控的措施，进一步加强“三农”工作，粮食生产实现连续5年增长，农民收入继续大幅提高。全年中央财政用于“三农”的投入5955亿元，比上年增加1637亿元，增长37.9%，其中粮食直补、农资综合补贴、良种补贴、农机具购置补贴资金达1030亿元，比上年增长一倍。三次较大幅度提高粮食最低收购价，提价幅度超过20%，并将稻谷最低收购价实施范围扩大到11个省（区）。对东北地区的粳稻、玉米、大豆和南方稻谷实行临时收储政策。这些政策措施在保护和调动农民种粮积极性、保障粮食等重要农产品供给、增加种粮农民收入等方面发挥了重要作用。2008年我国粮食总产量达到52871万吨，比上年增长2711万吨，增幅达5.4%。农民人均纯收入达到4761元，比上年增加621元，扣除物价因素，实际增幅达8%。

二、加强和改善粮食宏观调控，保证了粮食市场供应和价格基本稳定

抓好粮食收购，保护种粮农民利益。各地发挥国有粮食企业主渠道作用，引导和鼓励多元市场主体积极入市收购，搞活粮食流通。2008年全国各类粮食经营企业收购粮食29018万吨（原粮，下同），其中国有粮食企业收购17081万吨。在6个小麦主产省启动最低收购价执行预案，全年收购最低收购价小麦4174万吨，比上年增加1281万吨。认真落实国家临时收储政策，收购临时存储稻谷1175万吨、玉米1318万吨、大豆60万吨，有效解决农民“卖粮难”问题。这些措施有力地支撑了市场粮价，种粮农民得到实惠。按商品量测算，全国农民增收500多亿元。

适时吞吐调节，保持粮食市场和价格基本稳定。面对国际粮食危机，粮价大幅涨落的严峻形势，根据国家宏观调控需要和市场需求情况，适时安排政策性粮食竞价销售，合理把握储备粮油的轮换时机和销售节奏，保证了供应，稳定了市场，避免了国内粮价大涨大落，维护了广大生产者和消费者的权益。2008年国有粮食企业销售粮食16635万吨，其中销售政策性粮食4890万吨。

充实粮食储备，夯实粮食宏观调控基础。认真组织实施中央储备玉米、大豆和食用植物油增储计划，中央储备粮、油库存同比分别增加10.6%和188.9%。按照国务院部署，各地认真落实国家有关部门下达的地方储备粮规模指导计划和储备油规模标准要求，地方储备粮、油库存同比分别增加12.1%和100.5%。及时修订国家粮食流通统计制度，完善食用油和粮油加工业统计指标体系。认真开展社会粮食流通统计，做好粮食购销存月报、旬报和食用油、大米日报工作，完成社会粮食供需平衡调查。加强市场信息监测，努力提供及时、准确、全面的市场信息服务，为宏观调控提供依据。

加强产销衔接，有效促进区域粮食供求基本平衡。2008年，国家下达政策性粮食跨省移库计划634万吨，截至2008年底累计完成464万吨，有效地充实了销区粮食库存，缓解了产区收储压力。认真落实关内销区到东北产区采购粳稻运费补贴政策，促进东北地区粳稻销售。大力开展粮食产销衔接，通过举办各类粮食产销衔接交易会、贸易洽谈会、产销合作会，签订粮食购销合同2050万吨。

三、完善粮食应急体系，抗灾救灾保供应取得突出成绩

按照国家粮食应急预案要求，各地进一步完善本地区粮食应急预案，积极组织培训和应急演练，健全应急保障体系。适应部队后勤保障社会化改革的需要，军粮供应工作和应急保障能力建设取得明显成效。全国已确定粮油应急加工定点企业2374家，应急供应定点企业6595家，增强了应急保障能力，经受住了重大自然灾害和突发事件的考验。

2008年初，我国南方遭遇历史罕见的低温雨雪冰冻灾害，波及17个省（区、市）。在国务院煤电油运抗灾抢险指挥部统一指挥下，国家粮食局和受灾地区各级粮食部门把“抗雪灾、保供应、稳粮价、安民心”作为最紧迫的任务来抓，加强粮源组织调度，及时启动应急预案，受灾地区粮食部门在当地党委、政府组织领导下，广大干部职工克服天寒地冻、电断路滑等种种困难，肩挑背扛、翻山越岭送粮送油，保证了受灾群众特别是边远地区居民的生活需要。

汶川特大地震发生后，及时落实国务院抗震救灾总指挥部的部署，按照“3个月内向灾区困难群众每人每天发放1斤口粮”的标准，累计下达中央储备粮抗震救灾计划62.63万吨，向四川省定向销售国家临时储存玉米19.73万吨。紧急安排四川灾区粮食收购补贴和所需受损仓库维修、烘干设备采购资金2.35亿元。四川、甘肃两省以及云南、陕西部分市县及时启动粮食应急预案，全力以赴抗震救灾，切实做好成品粮油加工、调运和供应工作，做到路断桥断粮不断，确保灾区群众、抢险救援部队和抗震救灾人员“有饭吃”。

四、继续推进粮食流通体制改革，促进现代粮食流通产业发展

落实中央关于纪念改革开放30周年的部署，认真开展以“粮食流通体制改革和现代粮食流通产业发展”为主题的纪念活动，通过征文、座谈会、研讨会等多种形式，回顾和总结粮食流通体制改革历程、成就和经验，指导和推动各地围绕现代粮食流通产业发展继续深化粮食流通体制改革，以深化粮食流通体制改革促进现代粮食流通产业加快发展。

粮食行政管理部门职能转变稳步推进，国有粮食企业改革发展取得新进展。截至2008年底，全国国有粮食企业总数18989个，其中购销企业13562个，分别比上年减少11.4%和8.2%；国有粮食企业职工69.9万人，其中购销企业职工51.6万人。全年安置分流职工再就业6.5万人，其中粮食部门安置4.4万人。企业扭亏增盈保持良好势头，据统计，2008年全行业国有粮食企业统算盈利21.32亿元，比上年增长13倍。北京、天津、吉林等19个省（区、市）及新疆生产建设兵团实现了统算盈利。河北、广西、海南等省（区）国有粮食购销企业实现了统算盈利。

粮食市场体系和仓储、物流体系建设进一步加强。全国统一粮食竞价交易系统建设进一步加快，国家粮食交易中心达到18个，全国各类粮食批发市场达到553家。积极推进粮食联网竞价交易，实现全国联网的批发市场达到23家，成功完成了国家宏观调控政策性粮食交易任务，为应对国际市场粮价大起大落、稳定国内粮食市场发挥了重要作用。落实国家扩大内需政策，做好2008年新增10亿元中央补助投资项目审查工作，安排建设食用油和油料储存设施以及东北地区粮食烘干设施，总投资约25亿元。安排7.82亿元中央补助投资，重点用于黑龙江、内蒙古等21个省（区、市）仓房维修改造和粮食仓储、烘干设施及物流体系建设。各地通过政策扶持和投资引导，多渠道筹集资金，加快推进主要物流通道和节点项目建设，推广应用散粮运输装卸新技术新设备，湖北宜昌、广东东莞、福建福州、浙江杭州、陕西西安等地粮食现代物流设施发展迅速。

多元粮食市场主体迅速增加，粮食产业化加快发展。各地积极培育和发展多元粮食市场主体参与粮食收购、加工和销售，拓宽农民售粮渠道，搞活了粮食流通。全国具有粮食收购资格的各类粮食市场主体达到7.75万家，其中70%以上是非国有粮食企业。各地结合推进国有粮食企业改革，以资本为纽带，开展跨地区兼并联合重组，主动向粮食生产和加工转化领域延伸，发展粮食产业化经营。目前，全国规模以上粮食加工企业11977家，其中国有粮食产业化龙头企业1324家。

粮食仓储管理水平和粮食科技创新能力得到提高。认真研究制定和组织实施新的小麦国家标准，在小麦主产省推广使用小麦硬度仪，以仪器检验代替感官判定，有效地保护了农民利益，深受广大农民欢迎。科技创新体系建设取得明显进展，在国家粮食局科学研究院、河南工业大学、成都储藏研究所等9个单位建立了国家粮食局工程技术研究中心。粮食数量动态检测、快速品质检测仪器、植物源杀虫剂新剂型、低温准低温储粮示范等研究取得阶段性成果。继续在全国成功举办粮食科技活动周，积极倡导科学膳食，推动主食工业化，促进居民科学健康消费粮油食品。

农户安全储粮、“放心粮油”工程扎实推进。辽宁、山东、四川3省全面完成农户安全储粮试点专项，通过中央补助、地方配套和农户自筹的方式，为试点地区农户配置标准化储粮装具，推广科学储粮技术，起到明显减损效果和示范作用。四川省在地震灾后克服困难，超额完成了试点任务。新疆、安徽等省（区）自筹资金，积极开展农户储粮减损工程。继续大力开展“放心粮油”进农村、进社区工作，加强粮油质量监管和城乡营销服务网络建设。

五、加强监督检查，粮食依法行政能力和服务水平全面提高

粮食流通监督检查工作深入推进。进一步加强全社会粮食流通监管工作体系建设，目前全国已有29个省（区、市）和80%以上的市、70%的县级粮食部门设立了监督检查机构，经过培训获得执法资格的人员2.5万人。组织完成对2008年3月末全国国有粮食企业库存检查，在企业自查和省级复查的基础上，国家有关部门派出工作组对河北、辽宁等8省（市）进行督查和抽查。及时核查粮食库存，总结分析检查情况，提出解决问题的对策措施。各地以粮食最低收购价政策落实情况为重点，组织开展专项检查活动，及时受理举报，核查涉粮案件，维护了正常的粮食流通秩序。根据国务院关于在全国开展清仓查库的决定，在广泛调研和征求意见的基础上，拟定2009年全国粮食清仓查库工作实施方案、检查办法，做好实施准备工作。

粮食质量监管工作全面展开。加强中央和地方储备粮质量监管，对中央储备粮进行质量卫生专项抽查，组织25个省级粮食部门对地方储备粮质量进行抽查，完善了中央储备粮抽查扦样检验管理办法。组织152个质检机构对10个卫生检验项目的比对考核，检验能力得到进一步加强。完成316项国家粮油标准制修订工作，制订和发布粮食行业标准24项，小麦粉、食用调和油等标准制修订工作取得重要进展。继续开展收获粮食质量调查和品质测报，及时掌握新粮质量状况，为指导粮食收购发挥重要作用。

推进粮食法治取得新进展。落实中央关于在本届人大提请审议的法律草案的决定，积极准备《粮食法》的研究起草工作。认真执行中央储备粮管理条例和粮食流通管理条例，修订粮油仓库管理办法、粮油仓储设施管理办法等规章和规范性文件。规范收购市场秩序，做好粮食收购资格审核工作。对419家企业进行了中央储备粮代储资格审核，目前全国具有中央储备粮代储资格的企业1749家，仓容规模9104万吨。

积极开展对外交流与合作。成功举办中国国际榨油商大会、第8届国际储藏物气调与熏蒸大会，承担谷物与豆类国际标准化组织秘书处工作，在意大利主持召开谷物与豆类分技术委员会第33届年会，扩大了我国在国际粮食领域的影响力。加强国内外粮食物流、散粮汽车运输、稻谷烘干等技术的合作研究和推广。完成粮食仓储行业淘汰甲基溴的国际援助项目。

第一部分

粮食生产

一 2008年粮食生产特点及启示

2008年，在党中央、国务院的正确领导下，经过各级党委、政府和农业部门，以及广大农民群众的共同努力，经受了南方低温雨雪冰冻、四川汶川特大地震、病虫害多发重发、国内外农产品市场剧烈波动等严峻考验，粮食总产、单产双双连续五年增长、双双创历史最好水平，成为经济社会发展的突出亮点，为促进国民经济平稳较快发展奠定了坚实基础。

(一)2008年粮食生产特点

1.粮食播种面积稳定增加

2008年粮食播种面积10679.3万公顷，比上年增加115.4万公顷，增幅1.1%，粮食面积增加对粮食增产的贡献率为20.2%。

2.粮食单产再创历史新高

2008年粮食平均单产每公顷4950.8公斤，比上年提高202.5公斤，增幅4.3%，实现近40年来第一次连续五年单产提高，单产提升对粮食增产的贡献率为79.8%。

3.粮食总产连续第五年增产

2008年粮食总产52870.9万吨，比上年增产2710.6万吨，增幅5.4%，实现近40年来第一次连续五年增产。

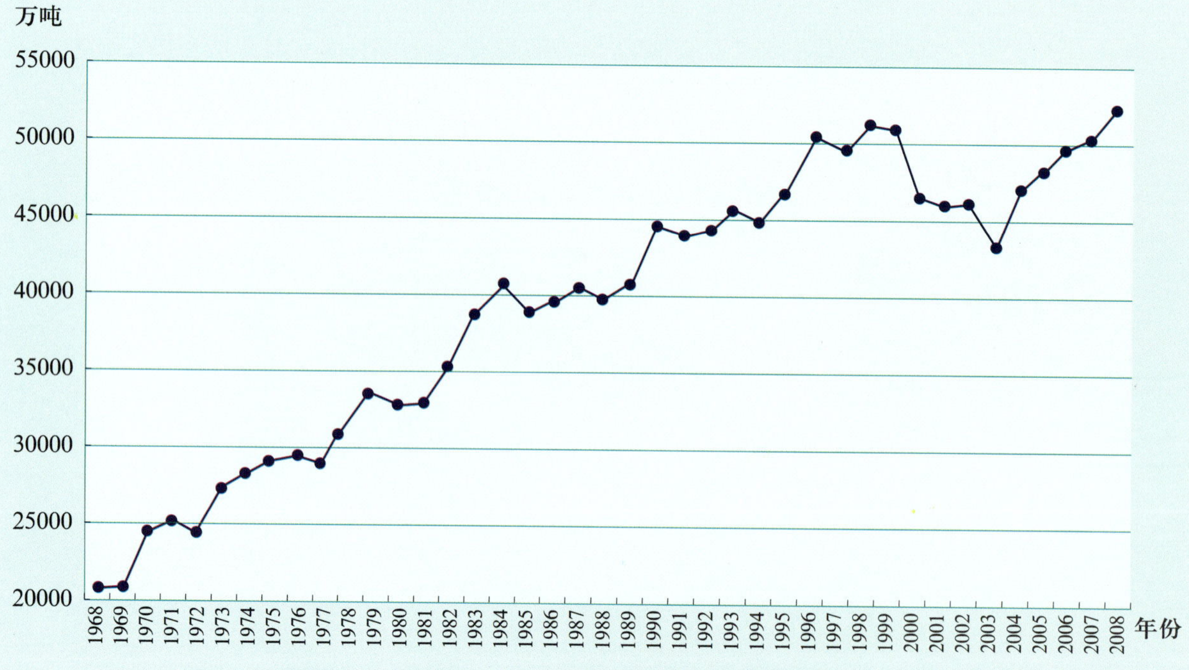

图1-1　1968～2008年粮食产量变化图

4.优质专用品种快速发展

2008年四大粮食作物品种综合优质率达到64.8%，比上年提高3.5个百分点。其中：优质稻谷面积2169.7万公顷，优质率74.2%，比上年提高1.9个百分点；优质专用小麦1603.6万公顷，优质率67.9%，提高6.3个百分点；优质专用玉米1520.1万公顷，优质率50.9%，提高3.8个百分点；高油高蛋白大豆654.4万公顷，优质率71.7%，提高1.4个百分点。

表1—1 2008年主要粮食作物优质品种种植面积

单位：万公顷，%

项目 品种	优质品种种植面积	占该品种总种植面积的百分比	同比增幅
稻 谷	2169.7	74.2	1.9
小 麦	1603.6	67.9	6.3
玉 米	1520.1	50.9	3.8
大 豆	654.4	71.7	1.4

5.三季粮食实现“三增”

夏粮增产：2008年夏粮播种面积2682.7万公顷，比上年增加6.0万公顷，增幅0.2%；总产12074.9万吨，比上年增产337.8万吨，增幅2.9%；单产每公顷4501.1公斤，比上年提高116.2公斤，增幅2.7%。

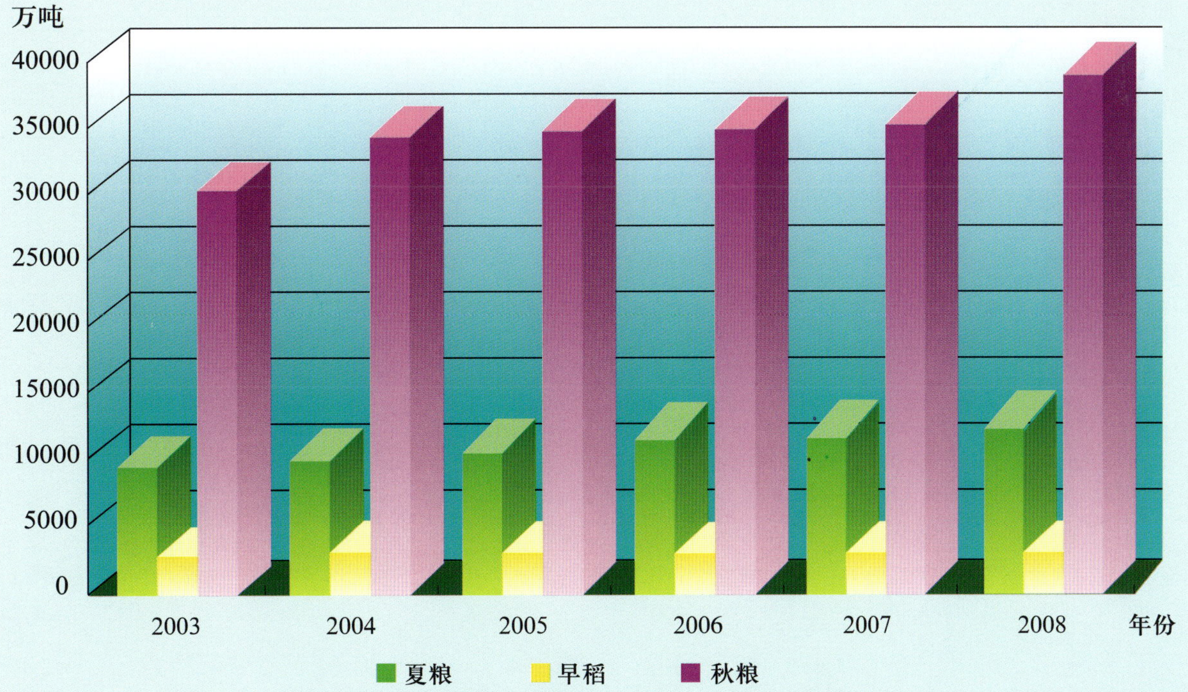

图1—2 夏粮、早稻、秋粮产量变化图

早稻增产：2008年早稻播种面积570.8万公顷，比上年减少3.5万公顷，减幅0.6%；总产3159.5万吨，比上年增产8.0万吨，增幅0.3%；单产每公顷5535.3公斤，比上年提高47.1公斤，增幅0.9%。

秋粮增产：2008年秋粮播种面积7425.8万公顷，比上年增加112.9万公顷，增幅1.5%；总产37636.5万吨，比上年增产2364.9万吨，增幅6.7%；单产每公顷5068.3公斤，比上年提高245.1公斤，增幅5.1%。

6.主要粮食品种实现“四增”

稻谷增产：2008年稻谷播种面积2924.1万公顷，比上年增加32.2万公顷，增幅1.1%；总产19189.6万吨，比上年增产586.2万吨，增幅3.2%；单产每公顷6562.5公斤，比上年提高129.6公斤，增幅2.0%。

小麦增产：2008年小麦播种面积2361.7万公顷，比上年减少10.3万公顷，减幅0.4%；总产11246.4万吨，比上年增产316.6万吨，增幅2.9%；单产每公顷4762.0公斤，比上年提高154.2公斤，增幅3.4%。

玉米增产：2008年玉米播种面积2986.4万公顷，比上年增加38.6万公顷，增幅1.3%；总产16591.4万吨，比上年增产1361.4万吨，增幅8.9%；单产每公顷5555.7公斤，比上年提高389.0公斤，增幅7.5%。

大豆增产：2008年大豆播种面积912.7万公顷，比上年增加37.3万公顷，增幅4.3%；总产1554.2万吨，比上年增产281.7万吨，增幅22.1%；单产每公顷1702.8公斤，比上年提高

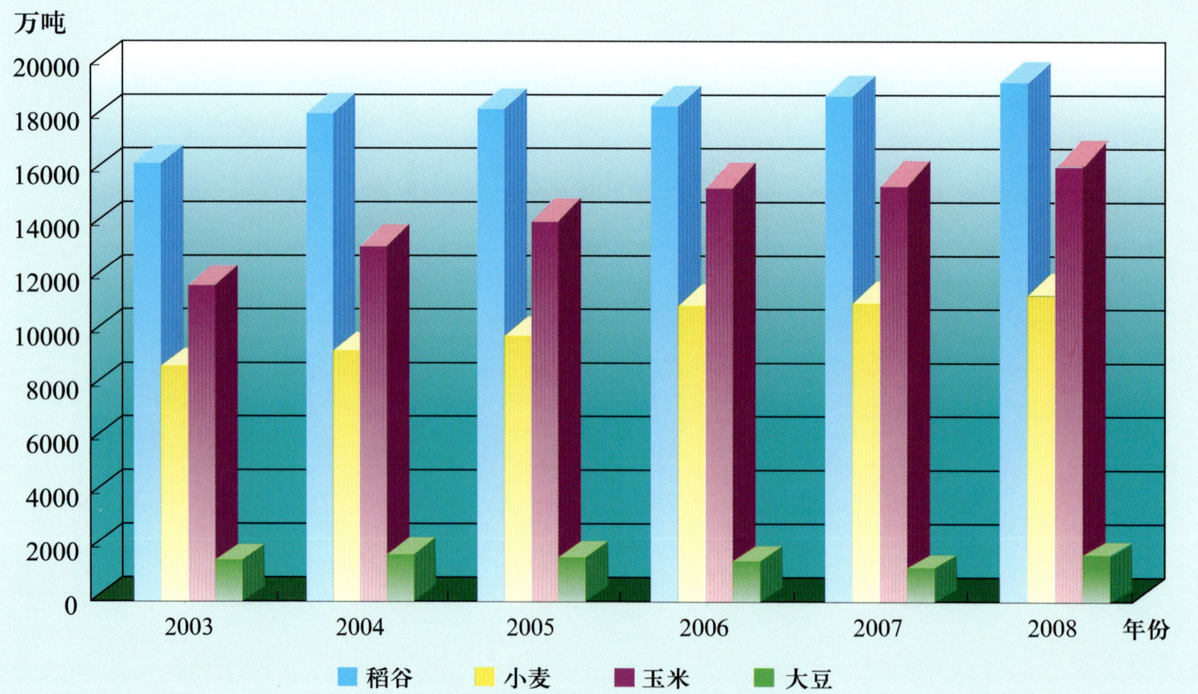

图1-3　四大粮食品种产量变化图

249.1公斤，增幅17.1%。

7.增产省份多，主产省与非主产省均衡增产

广东、广西、青海等3省（区）减产，其他28个省（区、市）均有不同程度增产，其中黑龙江、吉林、内蒙古、安徽、河南、四川、湖南、山东等8省（区）都增产100.0万吨以上。13个粮食主产区粮食产量占全国粮食总产量的75.5%，比上年增产2277.3万吨；18个粮食主销区和产销平衡区粮食产量占全国粮食总产量的24.5%，比上年增产433.3万吨。

(二)主要启示

1.政策落实力度大

2008年，中央支农政策力度之大、信号之强烈前所未有，无论投入总量、增量还是增幅均属历年之最。两次提高稻谷、小麦最低收购价，多次增加农资综合直补规模，三次下达粮棉油糖临时收储计划。粮食直补、良种补贴、农机具购置补贴、农资综合直补“四补贴”资金约1030亿元，比上年增加500多亿元，增长100%以上。测土配方施肥补贴规模和范围继续扩大，由1200个县增加到1861个县，覆盖了近2/3的农业县。各级农业部门加强沟通协调，认真抓好政策落实，尽最大努力把中央的惠农政策送到千家万户，落实到田间地头，充分发挥政策的激励作用。

2.扎实开展高产创建

农业部门将2008年确定为“高产创建活动年”，在全国范围内建设500个粮食和102个油料高产创建示范片，集成展示推广先进实用技术。各地按照农业部要求，加强组织领导、加大资金支持、加强指导服务，扎实推进高产创建。27个省（区）成立了由政府分管领导任组长的工作领导小组，高产创建示范片所在县都成立了由县委或县政府主要领导任组长的工作机构，每个高产创建示范片都落实了行政负责人和技术责任人。各地不仅将涉农项目资金重点向示范片倾斜，还积极筹措3亿多元资金专项用于高产创建，建立多层级、多种形式的高产创建示范片。广大农技人员深入田间地头，以高产创建示范片为平台，积极开展现场观摩和培训指导，以点带面，带动大面积平衡增产。据统计，500个粮食高产创建示范片平均单产每公顷9267.0公斤，比全国平均单产高4316.2公斤；102个油料示范片平均单产每公顷2779.5公斤，比全国平均单产高477.2公斤。实践证明，高产创建是农业部门推动工作的重要抓手，是加快技术推广的重要载体，是促进粮食生产稳定发展的必然选择。

3.全力防控病虫危害

2008年气候异常，病虫害形势非常复杂，十分严峻，小麦条锈病、水稻“两迁”害虫、油菜菌核病、蝗虫多发、频发、重发，二代草地螟、玉米粗缩病、小地老虎等不常见的病虫在一些地区呈暴发之势。面对严峻复杂的形势，各地行动迅速，高效处置，打赢了“区域性重大病虫歼灭战、局部性重大病虫突击战和重大疫情阻截战”三大战役。行政推动力度大，将病虫防控由部门行为上升为政府行为，有21个省成立了由省政府分管领导负责的防控指挥部，加强协调，强化责任，督导检查，推动各项措施落实。监测预警抓得紧，对重大病虫实行一周一报，对草地螟等突发虫情一日一报，及时掌握病虫发生趋势，制定有效应对措施。防控措施落得实，针对病虫发生

的形势，做到一虫一策、一病一方，大力推进专业化防治，落实联防联控、统防统治，积极开展应急防治，有效控制了病虫危害。

4.防灾抗灾有力有效

2008年初，面对南方地区突如其来的低温雨雪冰冻灾害，各地迅速行动，采取及时有效、超常规应对措施，把灾害造成的损失降到了最低限度。面对四川汶川特大地震，灾区各级农业部门以最快速度派出救灾工作组和专家指导组，深入抗灾第一线，指导“三夏”生产，做到应收尽收，应种尽种，搞好生产自救和灾后重建。四川在大灾之年获得大丰收，粮食增产113.0万吨，油料增产45.7万吨。面对南方多次登陆的台风，及时启动应急响应，落实防洪抗涝措施，开展抢收抢种、补种改种，尽量减少损失，尽快恢复生产。

二 主要粮食品种生产成本分析

(一)2008年粮食生产成本收益变化情况

据全国价格主管部门成本调查机构的调查显示，2008年粮食生产成本大幅增加，但单产提高、价格上涨、补贴增多，种粮收益再创历史新高。具体情况是：

1.单产提高

2008年全国气候条件总体较好，加之优良品种种植面积扩大和农民加强田间科学管理，各粮食品种单产均比上年提高。三种粮食平均（稻谷、小麦、玉米，下同）每亩产量436.6公斤，比上年增加25.8公斤，增幅6.3%。其中，稻谷、小麦、玉米分别为464.2公斤、388.3公斤和457.2公斤，分别比上年增加14公斤、28.4公斤和34.8公斤，增幅分别为3.1%、7.9%和8.2%。

2.成本上升

2008年三种粮食平均每亩总成本和现金成本分别为562.4元和314.6元，分别比上年增加81.4元和52.9元，增幅分别为16.9%和20.2%。主要成本项目变动情况：一是由于化肥价格大幅上涨，虽然每亩化肥施用量（折纯）比上年减少1.8%，但是每亩化肥支出比上年增加27.7元，增幅30.5%；二是由于机械化程度提高和农用柴油价格上涨，每亩机械作业费比上年增加14.5元，增幅26.7%；三是由于价格上涨以及优良种子的推广，种子、农药两项费用合计比上年增加5.5元，增幅11.9%；四是由于劳动力价格提高，虽然每亩用工数量比上年减少6%，但每亩人工成本比上年增加15.5元，增幅9.7%；五是由于农民种粮积极性较高，用地需求增加，推动土地价格上涨，每亩土地成本比上年增加18元，增幅22%。

3.价格上涨

2008年国家两次提高稻谷和小麦最低收购价格，并采取综合措施加强粮食市场调控，产生积

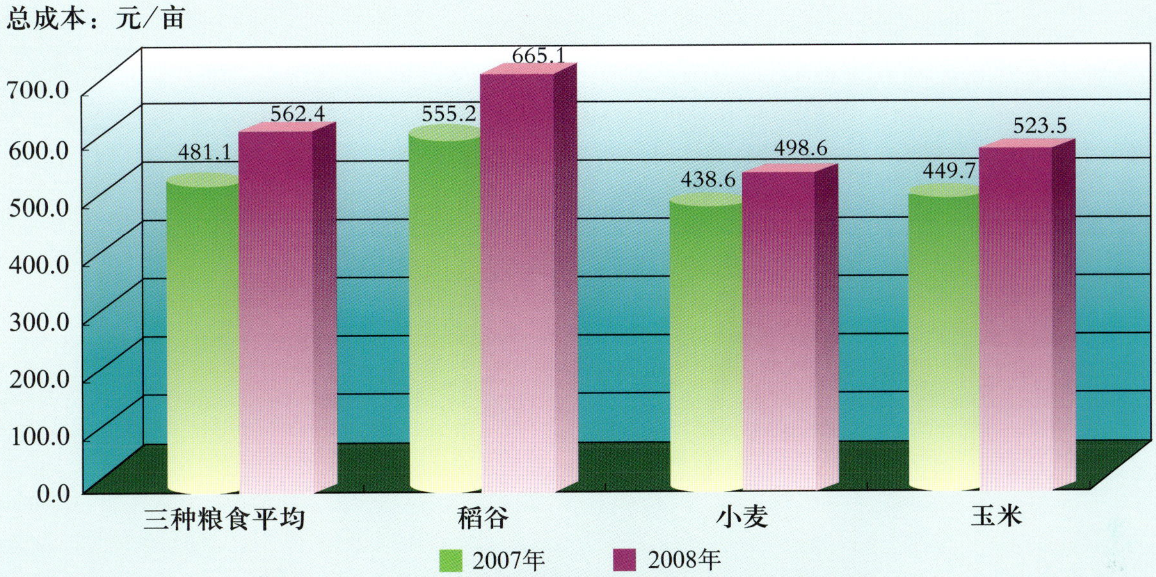

图1－4 2008年三种粮食每亩总成本变化图

极影响，稻谷和小麦价格均有所上涨。农民出售三种粮食全年平均价格每50公斤83.5元，比上年上涨4.7元，涨幅6%。其中，稻谷和小麦分别为95.1元和82.8元，分别比上年上涨9.9元和7.2元，涨幅分别为11.6%和9.5%；玉米为72.5元，比上年下跌2.3元，跌幅3%。

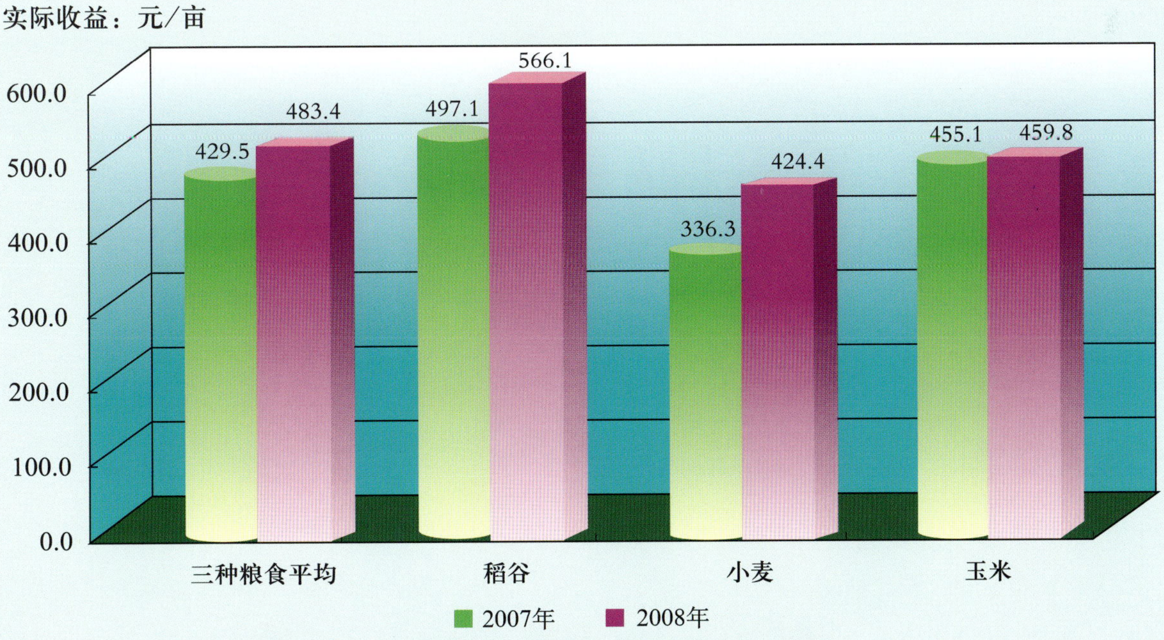

图1－5 2008年三种粮食每亩实际收益（现金收益加补贴收入）变化图

4.收益增加

2008年三种粮食平均每亩净利润和现金收益分别为186.4元和434.3元，分别比上年增加1.2元和29.7元，增幅分别为0.7%和7.3%；实际收益（现金收益加补贴收入）达483.4元，再创历史新高。其中，稻谷、小麦、玉米每亩实际收益分别为566.1元、424.4元和459.8元，分别比上年增加13.9%、26.2%和1%。

表1—2 2008年粮食成本收益比较表(一)

单位：元

品种	每亩总成本		每亩净利润		每50公斤总成本		每50公斤平均出售价格	
	2007年	2008年	2007年	2008年	2007年	2008年	2007年	2008年
三种粮食平均	481.1	562.4	185.2	186.4	56.9	62.8	78.8	83.5
稻谷	555.2	665.1	229.1	235.6	60.3	70.2	85.2	95.1
早籼稻	522.3	619.9	141.3	171.3	63.7	75.7	80.9	96.6
中籼稻	507.2	623.3	301.4	339.5	51.8	59.9	82.5	92.5
晚籼稻	519.2	626.5	229.3	210.4	62.6	74.2	90.3	99.1
粳稻	671.8	790.5	244.7	221.4	63.8	73.0	87.1	93.4
小麦	438.6	498.6	125.3	164.5	58.8	62.2	75.6	82.8
玉米	449.7	523.5	200.8	159.2	51.7	55.6	74.8	72.5

表1—3 2008年粮食成本收益比较表(二)

单位：元

品种	每亩现金成本		每亩实际收益（含补贴收入）		每50公斤现金成本	
	2007年	2008年	2007年	2008年	2007年	2008年
三种粮食平均	261.7	314.6	429.5	483.4	31.0	35.1
稻谷	315.6	391.5	497.1	566.1	34.3	41.3
早籼稻	290.5	356.9	393.3	482.8	35.4	43.6
中籼稻	262.7	332.2	577.2	690.0	26.8	31.9
晚籼稻	293.3	371.7	477.7	515.2	35.4	44.0
粳稻	415.7	504.9	540.4	576.7	39.5	46.6
小麦	252.4	286.4	336.3	424.4	33.8	35.7
玉米	217.1	265.9	455.1	459.8	25.0	28.2

(二)2008年粮食和主要经济作物效益比较

2008年，粮、棉、油、烟的生产成本都呈上升趋势，但由于价格走势不同，粮食相对棉花的比较效益上升，相对烤烟、油料的比较效益下降。种粮实际收益依然偏低。

从比较效益来看，2008年油菜籽价格大幅上涨，收益增加较多，粮油实际收益比（以油菜籽为1）由上年的1.09：1下降到0.83：1，种粮实际收益首次低于油菜籽。由于烤烟价格涨幅较大，种烟补贴增多，粮烟实际收益比（以烤烟为1）由上年的0.44：1下降到0.35：1。由于棉花价格大幅下跌，收益下降，粮棉实际收益比（以棉花为1）由上年的0.45：1上升到0.79：1。

从实际收益水平来看，2008年粮食亩均实际收益均低于棉花、油菜籽和烤烟，三种粮食各品种中除中籼稻外，亩均实际收益均低于油菜籽。2008年粮食与烤烟的实际收益水平差距扩大，但超过了棉花的实际收益水平，油菜籽亩均实际收益继续高于竞争品种小麦和早籼稻，优势进一步加大。每亩烤烟实际收益1389.5元，仍然高于每亩粮食全年实际收益（按一年两季粮食作物计算，北方地区一亩小麦和一亩玉米的实际收益合计为884.2元，南方地区一亩早籼稻和一亩晚籼稻实际收益合计为998元，平均每亩粮食实际收益为941.1元），并且收益差距由上年的148.2元扩大到448.4元。2008年棉花价格大幅下跌，收益减少，每亩棉花实际收益608.9元，比每亩粮食实际收益低332.2元。由于2008年油菜籽价格大幅上涨，每亩油菜籽实际收益达到579.8元，超过了除中籼稻外的各粮食品种。

三 2008年国家扶持粮食发展政策

2008年，党中央、国务院继续稳定、完善、强化各项强农惠农政策，采取最直接、最有力的措施扶持粮食生产稳定发展。

(一)粮食直补

2008年，粮食直补资金151亿元，与上年持平，占粮食风险基金的50%。

(二)农资综合直补

2008年，针对化肥等农资价格上涨较多的情况，国家大幅增加了对种粮农民的农资综合直接补贴，先后三次提高补贴标准，全年累计补贴总额达到716亿元，比上年增加440亿元，增幅为159%。补贴资金坚持向粮食主产区倾斜，适当兼顾非主产区，并支持灾区农民恢复生产和灾后重建。

(三)良种补贴

2008年，国家安排水稻、小麦、玉米、大豆四大粮食作物良种补贴资金约109亿元，比上年增加约58亿元，增幅为113.7%；补贴省份30个，比上年增加11个；补贴面积约6053万公顷，比上年增加约3040万公顷。

(四)农机具购置补贴

2008年，国家安排农机具购置补贴资金40亿元，比上年增加20亿元，增幅达到100%，实施范围扩大到全国所有农牧业县（场），补贴机型涵盖9大类33个品种。

(五)测土配方施肥

2008年，中央财政安排测土配方施肥项目补贴资金12亿元，比上年增加3亿元。补贴规模和范围继续扩大，由1200个县增加到1861个县，覆盖了近2/3的农业县。

(六)粮食最低收购价

针对粮食生产成本上升较多的情况，为保护农民种粮积极性，国家于2008年2月和3月先后两次提高小麦和稻谷最低收购价格，白小麦、红小麦、混合麦最低收购价水平分别提高到每50公斤77元、72元、72元，比上年分别提高5元、3元、3元，提价幅度分别为6.9%、4.3%、4.3%；早籼稻、中晚籼稻、粳稻最低收购价水平分别提高到每50公斤77元、79元、82元，比上年均提高7元，提价幅度分别为10%、9.7%、9.3%。

(七)粮食临时收储

2008年10月以来，国家连续三批下达粮食临时收储和中央储备计划。第一批共计1650万吨，其中东北稻谷400万吨、玉米500万吨、大豆150万吨；南方中晚籼稻600万吨。第二批共计1400万吨，其中稻谷450万吨、玉米500万吨、大豆150万吨；南方中晚籼稻300万吨。第三批共计2000万吨，全部为东北玉米。

(八)产粮大县奖励

2008年，中央财政安排140亿元对全国产粮大县进行奖励，比上年增加15亿元，增幅为12%。

四 2009年粮食生产形势展望

2008年下半年以来，受全球金融危机影响，我国农业、农村经济发展受到的冲击日益显现，保持农业稳定发展、农民持续增收的难度明显加大。2009年将是进入新世纪以来农业农村经济发展最困难的一年，是农业稳定发展和农民持续增收难度最大的一年，是农业农村经济工作压力最大的一年。2009年粮食生产要在前五年连续增产的基础上展开，起点更高，难度更大，任务更重。

(一)粮食生产的基数高

在粮食连续五年增产的基础上，种植面积继续扩大的空间有限，单产继续提高的难度不小。同时，在粮食增产、供求关系缓和、市场价格下行的情况下，一些地方抓粮食的积极性容易出现放松的倾向，农民生产投入的积极性也会受到影响。因此，如何调动各地重农抓粮、农民务农种粮的积极性，对粮食稳定发展至关重要。

(二)气候不确定性增加

受全球气候变化影响，极端性天气事件明显增多，农业气候条件面临越来越多的不确定性。

据中国气象局预测，2009年春旱发生几率大。同时，上年冬季三北地区干封地面积大，北方大部地区江河径流持续偏枯，水利工程蓄水严重不足，给春耕生产带来困难。

(三)病虫害防控形势严峻

受暖冬等不利气候影响，小麦条锈病在西北麦区发生时间早于常年，发生面积大于常年，危害程度高于常年，西北等越冬区秋苗发病是2000年以来最重年份，对夏粮生产构成严重威胁。据预测，2009年蝗虫、水稻"两迁"害虫、草地螟等病虫害在局部地区也呈重发态势。

(四)保障农产品质量安全的要求更高

消费者越来越关注农产品质量，一次质量安全事件可能引起连锁反应和放大效应，影响农民利益和政府信誉；一条不良手机短信、一个不实网络帖子和一篇不当新闻报道，可能引发消费者对产品质量的质疑，影响农产品市场销售，类似的问题给我们应对突发事件带来新的挑战。

尽管2009年面临的困难很多、很大，但机遇也是客观存在的。在政策方面，党中央、国务院为有效应对全球金融危机影响，作出了扩大内需、促进经济平稳较快增长的重大战略部署，出台了一系列强有力的政策措施，为2009年粮食生产提供了良好的环境和条件。2009年，中央财政安排"三农"支出7161.4亿元，比上年增加1205.9亿元，增长20.2%，其中，农业"四补贴"资金1230.8亿元，比上年增加约200亿元。在市场方面，2008年秋冬种期间，国家及早公布了2009年小麦最低收购价，每50公斤白小麦、红小麦（混合麦）分别比上年提高10元和11元。同时，国家继续实行粮食临时收储政策，对稳定市场粮价将发挥重要的托市作用。

五 2008年油料作物生产情况及2009年发展趋势

在政策的有力支持、市场价格的强烈刺激和行政的积极推动下，2008年油料生产战胜了罕见低温雨雪冰冻等灾害，获得了好收成，食用植物油自给率出现回升，供给压力有所缓解。

(一)2008年油料生产恢复性增长

1.全国油料面积、单产、总产三增长

据有关部门统计，2008年全国油料播种面积1280多万公顷，比上年扩大150多万公顷，增加13.3%；每公顷产量2302公斤，比上年提高33公斤，创历史最高纪录；总产量2950多万吨，比上年增加380多万吨，增加14.8%。其中扩大面积增产340万吨，占增产总量的89%；提高单产增产40多万吨，占11%。播种面积和总产量扭转连续两

年下降的局面，实现恢复性增长；单产实现连续5年增产。

2.主产区增产多

2008年，除北京、上海、贵州三省（市）油料产量略有减产外，其余各省（区、市）全部增产。增产量在10万吨以上的有河北、内蒙古、辽宁、吉林、安徽、山东、河南、湖北、湖南、四川、陕西、甘肃、新疆等13个省（区），共增产312万吨，占增产总量的82%。

3.主要作物增产多

花生、油菜籽、向日葵、芝麻、胡麻五个油料作物普遍增产，特别是花生、油菜籽、向日葵增产较多。花生播种面积、单产、总产三增长，单产创历史新高。2008年全国花生播种面积424.6万公顷，比上年扩大30万公顷；总产量1428.6万吨，比上年增产125.8万吨，增长9.6%，每公顷产量3364.8公斤，比上年提高62.8公斤。油菜在主产区遭受罕见低温雨雪冰冻灾害的情况下，实现“两增一减”。2008年全国油菜播种面积659.4万公顷，油菜籽总产量1210.2万吨，平均公顷产量1835.3公斤，分别比上年增加95.2万公顷、152.9万吨和减少38.6公斤。向日葵、芝麻、胡麻等作物也实现面积、总产和单产三增长。

4.油料优质率提高

各地十分重视推广优质高产油料品种，使油料优质率不断提高。2008年全国“双低”油菜（低芥酸、低硫甙）品种推广面积达到570多万公顷，占油菜面积的86%。双低品种的普及推广，使菜籽油中难以消化、营养差的芥酸含量由普通油菜的40%左右下降到10%以下，对人体有益的油酸、亚油酸含量提高到65%以上，高的达到70%，大大提高了菜籽油营养价值。随着花生榨油加工业的发展，高含油率花生品种推广面积扩大；在市场需求的拉动下，油用向日葵种植面积扩大，产量增加。

5.食用植物油自给率提高

油料、大豆增产，扣除直接食用部分，国产油料折油产量达到970多万吨，比上年增加80多万吨，其中菜籽油50多万吨。按照2008年食用植物油消费量2300多万吨测算，食用植物油自给率为42%，比上年提高2个多百分点，扭转连续八年下降的局面。

油料生产恢复性发展的主要原因：一是国家政策力度大。东北和内蒙古地区大豆良种补贴规模由1000万亩扩大到4000万亩，补贴资金由1亿元增加到4亿元；对长江流域油菜实行良种补贴，每亩10元，种一亩补一亩，共补贴9.3多亿元；国家投入油料大县奖励资金25亿元，支持油料产业发展；国家投资2亿元建设长江流域油菜生产基地。这些政策的实施，有力推动了油料生产的发展。二是市场价格好。受各种因素的影响，2007年至2008年7月，国际国内油料油脂价格大幅度上涨，提高了油料种植效益，刺激了农民的生产积极性。三是各项措施实。主要体现在行政推动力度大、专家及农技人员技术指导到位、各项增产技术落实到位。特别是高产创建、科技入户等项目的实施，有力地带动了油料生产水平的提高。

(二)2009年油料生产发展趋势

从各地反映情况看，2009年油料生产有望实现稳定增产。

1.夏收油菜保持继续增产势头

由于2008年夏收油菜籽收购价格较高，油菜种植效益较好，虽然秋冬种前期市场价格走低，但国家及时出台了托市收购政策，每斤收购价格达到2.2元，有效保护了农民的生产积极性。据各地汇总情况看，夏收油菜籽实现了面积、单产、总产三增长。播种面积比上年扩大66万多公顷，总产增加130万吨以上。

2.秋油播种面积呈稳定趋势

虽然2008年花生、向日葵等主要油料产品收购价格大幅度下降，种植收益减少，但由于棉花、马铃薯等相关产品价格也大幅度下降，花生、向日葵等油料作物种植效益相对略高，特别是食用向日葵市场价格较高、销售较好，秋油播种面积有望保持基本稳定。

3.2009年油料春夏播天气总体较好

春夏播油料作物主要是花生、向日葵、芝麻、胡麻和北方部分春油菜。播种时间集中在春季。从集中产区黄淮海及东北、西北等地区情况看，大部分地区土壤墒情和气候条件有利于油料播种出苗，保证了播种质量。

从以上情况预测，如生长期间不发生重大自然灾害，2009年油料生产将保持稳定增长。

第二部分

粮食流通

一 2008年粮食流通情况分析

(一)2008年粮食商品率为54%，比上年提高3个百分点

2008年全国粮食商品量约为28530万吨，商品率54%，比上年提高3个百分点。粮食商品量增加较多的主要原因：一是在中央一系列强农惠农政策支持下，粮食生产连续五年增产，并创历史新高，粮食增产使得市场可流通的商品粮源比上年增加3040万吨；二是为保护农民利益，稳定市场粮价，国家继续在小麦、稻谷主产区实行最低收购价政策，并在部分主产区对稻谷、玉米、大豆实施国家临时收储，农民售粮积极踊跃。分地区看，商品量增加100万吨以上的有黑龙江、安徽、吉林、河南、内蒙古、湖北、山东、陕西等8省（区）。黑龙江、河南粮食商品量超过3000万吨，分别为3580、3365万吨，两省商品量占全国总量的1/4。分品种看，小麦商品量6300万吨，比上年增加640万吨；稻谷商品量9110万吨，比上年增加821万吨；玉米商品量10678万吨，比上年增加1332万吨。

(二)粮食收购同比大幅增加

2008年，为保护农民利益、促进农民增收，国家继续实行小麦和稻谷最低收购价政策。东北三省2007年产粳稻在2008年初继续实行最低收购价收购。6个小麦主产省启动了最低收购价执行预案，小麦收购量较大。由于2008年产稻谷市场价格在收购期间高于最低收购价，早籼稻、中晚籼稻和粳稻最低收购价预案都没有启动。秋粮上市后，国内市场粮价出现下行趋势，国家对稻谷、玉米、大豆实行了临时收储政策。

2008年，社会各类粮食企业（包括国有粮食企业、重点非国有粮食企业和转化用粮企业）共收购粮食26576万吨（贸易粮，下同），比上年增加6443万吨。其中，收购小麦9354万吨，增加2480万吨；大米5636万吨，增加1853万吨；玉米10439万吨，增加2460万吨；大豆834万吨，减少265万吨。

1.国有粮食企业收购粮食15471万吨，比上年增加5303万吨

粮食收购总量创历史最高水平，小麦、大米和玉米收购同比增加较多，大豆收购略减。其中小麦收购6713万吨，同比增加1980万吨；大米3605万吨，增加1620万吨；玉米4754万吨，增加1746万吨；大豆313万吨，减少8万吨。粮食收购较多的主要原因：一是粮食丰收、产量增加，可供市场流通的商品粮源增加较多；二是国家采取了对重点地区重点粮食品种提高最低收购价、按规定价格收购国家临时存储粮以及增加中央储备等宏观调控措施，促进了粮食收购。2008年共收购中央储备、最低收购价、国家临时存储等政策性粮食7014万吨。其中收购最低收购价小麦4174万吨、大米130万吨；国家临时存储大米820万吨、玉米1318万吨、大豆60万吨。

2. 重点非国有粮食企业和转化用粮企业粮食收购量继续增加

2008年，重点非国有粮食企业收购粮食7004万吨，比上年增加772万吨，其中小麦、大米和玉米分别增加399万吨、244万吨和379万吨，大豆减少216万吨。重点转化用粮企业收购粮食4101万吨，比上年增加368万吨，其中玉米增加335万吨。

（三）粮食销售同比增加

2008年，国有粮食企业累计销售粮食15325万吨，比上年增加2367万吨，为历史最高年份。分品种看，小麦销售7353万吨，增加2249万吨；大米3120万吨，增加224万吨；玉米3985万吨，增加95万吨；大豆756万吨，减少137万吨。小麦、大米和玉米销售增加的主要原因是，2008年国家适时组织安排了最低收购价和国家临时存储等政策性粮食的竞价销售4690万吨，占国有粮食企业销售总量的31%。其中最低收购价小麦销售3975万吨、大米285万吨、国家临时存储玉米销售130万吨、进口小麦销售110万吨。另外，为缓解主产区收储压力，国家在2008年首次实施关内销区到东北产区采购粳稻的运费补贴政策，有力促进了东北地区粳稻的销售。

（四）粮食市场价格整体保持基本稳定，大豆和食用植物油价格波动明显

2008年，国际粮食市场价格出现了“过山车”式的剧烈波动，受此影响，国内粮食价格也出现先扬后抑的走势，但由于我国粮源充裕，宏观调控措施得力，粮价整体仍保持基本稳定，其中小麦和稻谷市场收购价格呈现较为强劲的上升态势；玉米受国际价格走低、用粮企业需求下降以及供大于求的影响，价格明显回落；国内大豆和食用植物油自给率低，受国际市场影响较大，价格波动明显。据监测，2008年末国内各主要粮食品种每50公斤市场收购价格为：小麦83.7元、早籼稻91元、中籼稻91.4元、晚籼稻93.6元、粳稻92.9元，分别比上年同期增长10%、14.3%、11.6%、9.9%和8.7%；玉米、大豆收购价格为71.7元和181.5元，分别比上年同期下降5%和13.6%，大豆比年中最高水平下降28.9%；豆油、菜籽油零售价格为504元和571元，分别比上年同期下降8.7%和3.7%，花生油零售价格为1030元，比上年同期上涨2.2%，分别比年中最高水平下降29.1% 、23.1%和7.8%。2008年，国家继续实施最低收购价政策，新麦上市期间在河北等6个小麦主产省启动了小麦最低收购价执行预案，10月以后，在部分地区实行临时收储和中央储备收购政策，先后下达稻谷、玉米、大豆收购计划5050万吨，有效缓解了农民“卖粮难”问题，切实保护了种粮农民利益，有力支撑了粮食市场价格的基本稳定。

（五）社会粮食库存总量增加，库存粮食品种结构和区域布局发生新变化

1. 国有粮食企业库存同比增加

2008年，由于粮食生产又获丰收，政策性收储力度加大，年末国有粮食企业库存水平大幅提高。国有粮食库存结构和区域布局发生了新的变化：一是政策性粮食库存大幅增加，商品周转库存继续下降；二是主要粮食品种库存均有不同程

度增加，大豆库存增幅尤为明显，品种结构有所改善；三是通过政策性粮食跨省移库等手段，粮食库存区域布局得到一定程度的优化和调整。

2.非国有粮食企业和转化用粮企业粮食库存继续增加

由于各地在发挥国有粮食企业主渠道作用的同时，引导和鼓励多元主体积极入市收购，搞活粮食流通，非国有粮食企业和加工转化企业主要粮食品种经营量和库存增加。

3.城乡居民存粮

2008年末农户存粮25620万吨，同比增加1045万吨，增幅为4.2%。农户存粮增加的主要原因是2008年下半年主产区玉米和大豆价格严重下滑，部分地区市场价格接近或低于种粮成本，与农民心理预期相差较大，农民持粮待售。分品种看，农户存粮中玉米、大豆和其他粮食增加较多，小麦存粮继续维持上年水平，稻谷存粮有所减少。分地区看，华东、华北、西南地区农户存粮增加，其中冀、鲁、豫、蒙、川等地的玉米以及黑龙江、安徽、山东的大豆增加较多。

2008年末城镇居民户存粮575万吨，与上年基本持平。作为主要口粮品种的大米和面粉存粮略有下降，占城镇居民存粮的90%；玉米、大豆和其他杂粮略增。在国家宏观调控下，全年市场粮食供应充足，粮价波动不大，城镇居民消费心态平稳，没有出现抢购和囤积现象，存粮总量变化不大，品种结构有所调整。

二 2009年粮油流通形势预测

(一)粮食供需基本平衡，食用植物油产需缺口有所缩小

2009年，国家继续完善各项强农惠农政策，进一步增加农业投入，较大幅度增加农民种粮补贴，继续提高粮食最低收购价水平，粮食生产将保持良好的发展势头。预计粮食播种面积与上年基本持平或略增，如果不出现大的自然灾害，粮食生产将继续保持较高水平；预计国内粮食消费总量增长趋缓。初步分析，2009年粮食有望保持产略大于需的形势。分品种看，小麦平衡有余，玉米产大于需，稻谷产需基本平衡，大豆仍有较大缺口，需要进口弥补。

2008年我国冬播油菜面积646.7万公顷，同比增加58.7万多公顷，春播油菜播种面积也有所增加，预计2009年油菜籽产量有望超过1300万吨，同比增加90万吨以上，大豆、花生及其他油料产量将有所增加。预计2009年食用植物油产需缺口将有所缩小，但食用植物油进口数量仍将保持较高水平。

(二)省际间粮食流通数量稳步增加，国有粮食企业继续发挥主渠道作用

随着城镇化进程的加快、进城务工人员的增

加、农户存粮的下降以及消费观念的变化，近年来我国粮食商品率呈逐年上升趋势。粮食生产也在逐步向主产区集中（产量约占全国总产量的3/4），全国粮食大市场、大流通格局初步形成，预计2009年省际间粮食流通数量将会继续稳步增加。考虑到2009年国家继续实施粮食最低收购价和临时收储政策，大幅度提高了粮食最低收购价水平，预计国有粮食企业收购量仍保持较高水平，在国有粮食企业继续发挥主渠道作用的同时，其他多元主体入市收购的积极性将进一步提高，有利于搞活粮食流通。

(三)粮食市场价格总体保持平稳，但仍存在下行压力

预计2009年国内市场粮价将继续保持基本稳定，但影响国内粮食市场价格的因素仍然较多，既有粮价下行的因素，也有促使粮价上升的因素。粮价下行的主要影响因素：一是2008年粮食增产较多，粮食库存增加；二是受国内经济增长放缓影响，粮食需求增速明显减缓，消费需求不旺，特别是作为工业、养殖业原料的玉米需求下降，短期内供过于求的矛盾比较突出；三是全球粮食产需趋紧的形势有所缓和，国际市场粮油价格降幅较大。支撑市场粮价上升的主要因素：一是为保护农民利益，促进粮食生产稳定发展，国家继续实行粮食最低收购价和临时收储政策，并较大幅度提高了小麦和稻谷的最低收购价格，同时，还将进一步采取更加有针对性、更强有力的举措，稳定农业和粮食生产的发展；二是为避免打压市场粮价，理顺粮食购销价格，为多渠道入市收购留下市场空间，国家坚持对政策性粮食实行顺价销售，有效发挥调节供求、稳定市场、引导预期的作用。

分品种看，预计小麦、稻谷价格在新粮上市前将高于上年同期水平，新粮上市后，随着市场流通量的增加，收购价格可能会小幅下跌，启动预案的可能性较大。预案启动后，市场价格在托市收购的支撑下将在最低收购价水平上保持基本稳定。玉米市场价格趋稳或略低于上年水平。受国际市场食用植物油和油料价格大幅下跌等因素影响，食用植物油和大豆价格仍将在低位运行。

三 2008年粮油进出口贸易形势分析

(一)粮食进出口情况

2008年，我国粮食（包括大豆，下同）进出口总量达4358.8万吨，比上年增加88.8万吨，增长2.1%，低于上年9.5个百分点。其中：粮食进口总量4131万吨，比上年增长27.6%；出口总量227.8万吨，比上年下降77.9%，而2007年粮食出口比上年增长60.5%。2008年粮食净进口量达3903.2万吨，比上年增加1697.9万吨。

表2-1 2007～2008年我国粮食进出口数量

单位：万吨

品种	进口			出口			净进口		
	2007年	2008年	增长(%)	2007年	2008年	增长(%)	2007年	2008年	增长(%)
粮食	3237.4	4131.0	27.6	1032.0	227.8	-77.9	2205.4	3903.2	77.0
谷物	155.4	154.0	-0.9	986.4	181.2	-81.6	-831.0	-27.2	-96.7
其中：小麦	10.1	4.3	-57.4	307.3	31.0	-89.9	-297.2	-26.7	-91.0
稻谷及大米	48.7	33.0	-32.3	134.3	97.2	-27.7	-85.6	-64.2	-25.0
玉米	3.5	5.0	41.3	491.8	27.3	-94.4	-488.3	-22.3	-95.4
大麦	91.3	107.6	17.9						
大豆	3082.0	3744.0	21.5	45.7	46.6	2.1	3036.0	3697.4	21.8

2008年粮食进出口主要特点是：

1.谷物净出口大幅下降

据海关统计，2008年我国谷物及其制粉出口（包括大米、小麦、玉米及其制粉）181.2万吨，比上年减少81.6%，占全年粮食出口总量的79.5%，比重比上年少了16个百分点；谷物进

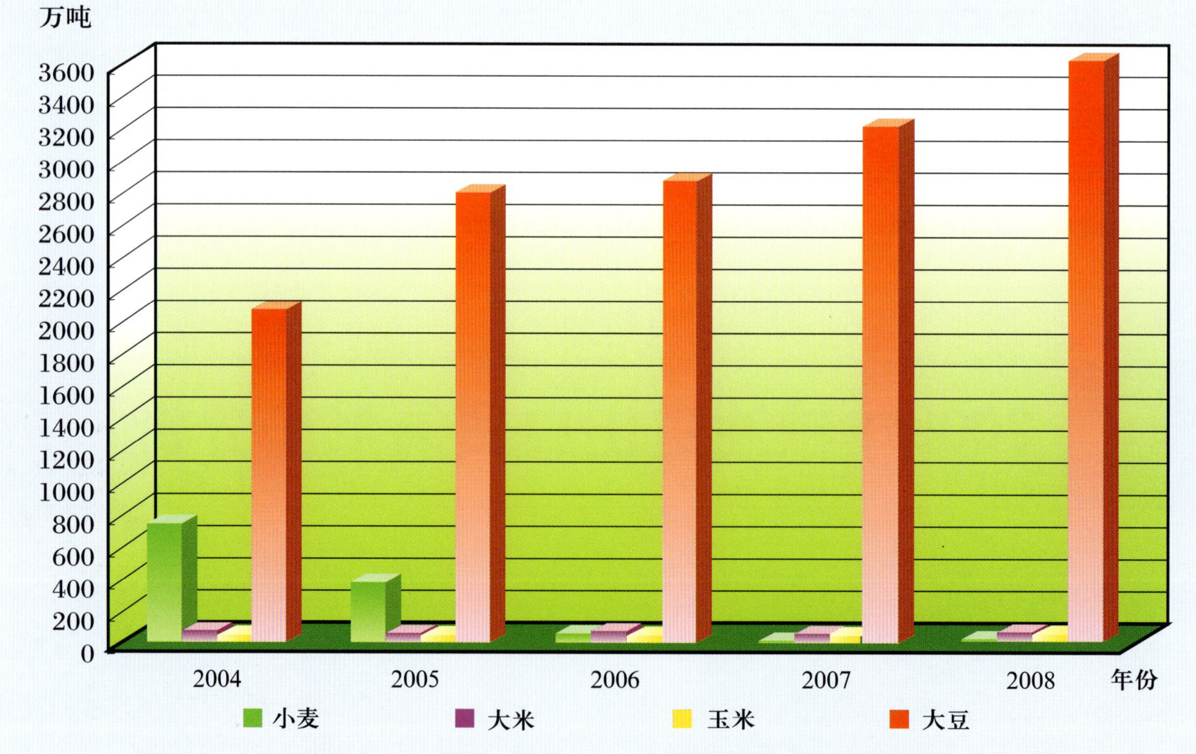

图2-1 近五年来我国主要粮食品种进口情况

口154.0万吨，略低于上年；谷物净出口27.2万吨，比上年下降了96.7%。

分品种看：稻谷及大米出口97.2万吨，同比下降27.7%。其中：对非洲出口大米44.6万吨，比上年减少13.6%，占大米出口总量的45.9%；对亚洲出口33.4万吨，减少25.5%，占大米出口总量的34.3%。玉米出口27.3万吨，同比下降94.4%。在严格配额管理政策调控下，国家大幅缩减了2008年玉米出口配额，使玉米出口得到有效控制。小麦及其制粉出口大幅减少，全年出口小麦31万吨，同比下降89.9%。

由于国内谷物连续五年丰收，国内供应充裕，国际市场价格高于国内，对进口的需求不旺。实行进口关税配额管理的小麦、大米、玉米三大粮食品种2008年实际进口量分别只占关税配额市场准入量的0.4%、0.7%和6.3%。

2.大豆进口量增幅较大

2008年我国进口大豆3744万吨，同比增加662万吨，增长21.5%，占全年粮食进口总量的90.6%；进口平均价格582.7美元/吨，同比上升56.6%。大豆出口46.6万吨，增长2.1%。

2008年大豆进口的主要特点：一是一般贸易增幅较大。一般贸易方式进口大豆3587.6万吨，增长20.6%，占大豆进口总量的95.8%；加工贸易由上年增长转为下降。加工贸易进口量53.4万吨，比上年下降了11.9%。二是自北美和拉丁美

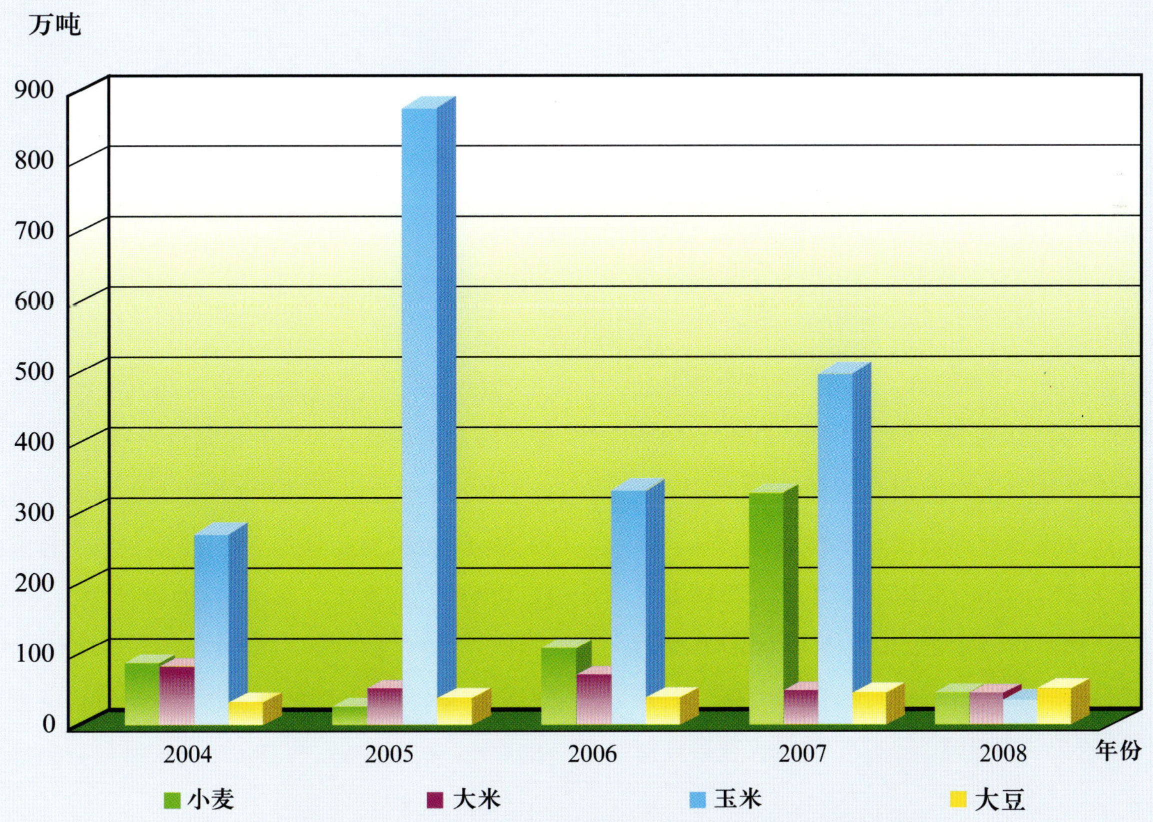

图2-2　近五年来我国主要粮食品种出口情况

洲的进口保持增长。自美国进口大豆1543.1万吨，增长33.4%；自阿根廷进口984.9万吨，增长19.0%；自巴西进口1165.3万吨，增长10.1%。从上述3国大豆进口量占全年大豆进口总量的98.6%。三是外商投资企业进口比重比上年略有下降。外商投资企业进口大豆2180.8万吨，增长9.1%，占大豆进口总量的58.3%，下降6.7个百分点。四是国有企业和民营企业进口量大幅增加。国有企业进口大豆968.6万吨，由上年下降14.9%转为增长64.2%；民营企业进口量为594.2万吨，增长20.7%，两者进口量占大豆进口总量的41.7%，比上年提高了6.6个百分点。

(二)食用植物油进出口情况

据海关统计，2008年我国食用植物油净进口791.5万吨，价值85.76亿美元，净进口量比上年下降3.6%，而净进口价值量增加了33.8%。其中进口816.3万吨，下降2.6%，进口价值量为89.8亿元，增加44%；出口24.8万吨，增长48.9%，出口价值量为4.0亿元，增长137.3%。

表2-2　2007～2008年我国食用植物油进出口数量

单位：万吨

品种	进　口			出　口			净进口		
	2007年	2008年	增长(%)	2007年	2008年	增长(%)	2007年	2008年	增长(%)
食用植物油	838.0	816.3	−2.6	16.6	24.8	48.8	821.4	791.6	−3.6
其中：豆油	282.2	258.6	−8.4	6.6	13.4	103.8	275.6	245.2	−11.0
菜籽油	37.5	27.0	−28.1	2.2	0.7	−67.3	35.3	26.3	−25.6
棕榈油	438.7	464.7	5.9						

2008年我国食用植物油进出口主要呈现以下特点：

1.一般贸易出口大幅增长，加工贸易进出口由上年双双下降转为上涨

一般贸易项下共进出口食用植物油632.4万吨，占食用植物油进出口总量的75.2%。其中：进口618.1万吨，由上年增长21.3%转为下降0.9%；出口14.3万吨，由上年下降62.2%变为增长77.4%。加工贸易项下出口7.9万吨，上升34.4%；进口10.1万吨，上升9.2%。保税区仓储贸易进口势头得到控制，共进口176.4万吨，下降13.0%。

2.自东盟进口比重上升，自美洲国家进口比重下降

2008年，我国自东盟成员国马来西亚和印度尼西亚两国合计进口食用植物油519.8万吨，比上年增长3.7%，占进口总量的比重由上年的59.8%升至63.7%，上升了3.9个百分点。自阿根廷、巴西、加拿大、美国等4国合计进口283.9万吨，下降了12.1%，所占比重由上年的38.5%降至34.8%。其中自阿根廷和加拿大进口分别下降25.4%和29.0%，自巴西和美国进口分别增长70.6%和17.8%。

表2–3 2008年我国食用植物油进口主要国别情况

国 别	进口量（万吨）	比上年（%）
总计	816.3	−2.6
其中：马来西亚	355.9	−1.4
阿根廷	172.6	−25.4
印度尼西亚	163.9	20.2
巴西	68.9	70.6
加拿大	24.8	−29.0
美国	17.6	17.8

3.外商投资企业进口下降，国有企业进口增加

2008年，我国外商投资企业进出口食用植物油410.3万吨，占进出口总量的48.8%，所占比重比上年减少了5.2个百分点。其中进口393.9万吨，下降12.8%。国有企业进口264.2万吨，增长17.4%，比进口总量增幅高了20个百分点；民营企业进口158.2万吨，下降1.9%。

4.豆油出口增加，菜籽油进出口双双下降

2008年我国豆油进口258.6万吨，下降8.4%，出口13.4万吨，增长103.8%；菜籽油进口

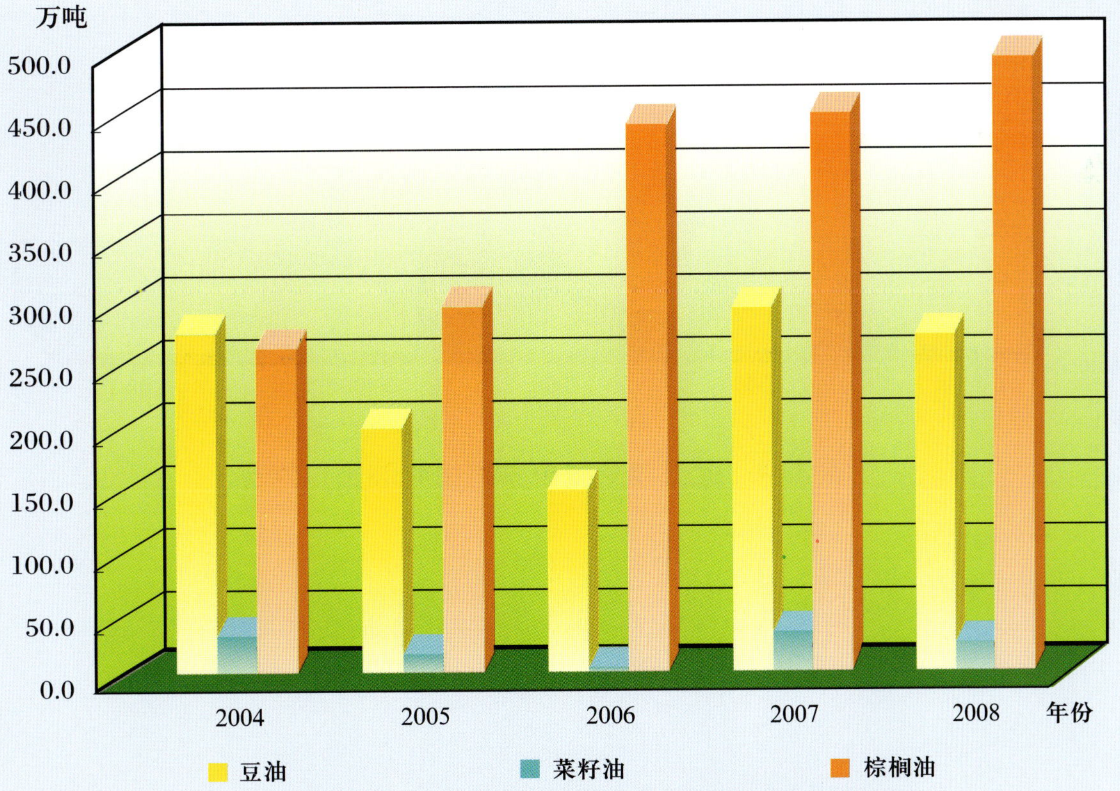

图2–3 近五年来我国食用植物油进口情况

27.0万吨，下降28.0%，出口仅为0.7万吨，下降67.3%。两者合计共实现净进口271.5万吨，比上年减少39.5万吨，下降12.7%。此外，棕榈油作为第一大食用油进口品种，2008年进口量为464.7万吨，增长5.9%。

5.进出口平均价格大幅上涨

受国际市场食用植物油价格飙升的带动，我国食用植物油进出口价格指数分别达到144.0（上年为100，下同）和237.3。在进出口主要品种中，棕榈油的进口均价达到1005.5美元/吨，上涨39.1%；豆油进口和出口均价分别为1289.3美元/吨、1380.8美元/吨，分别上涨69.6%和58.2%；菜籽油的进口和出口均价涨幅分别为61.8%和1.1倍。

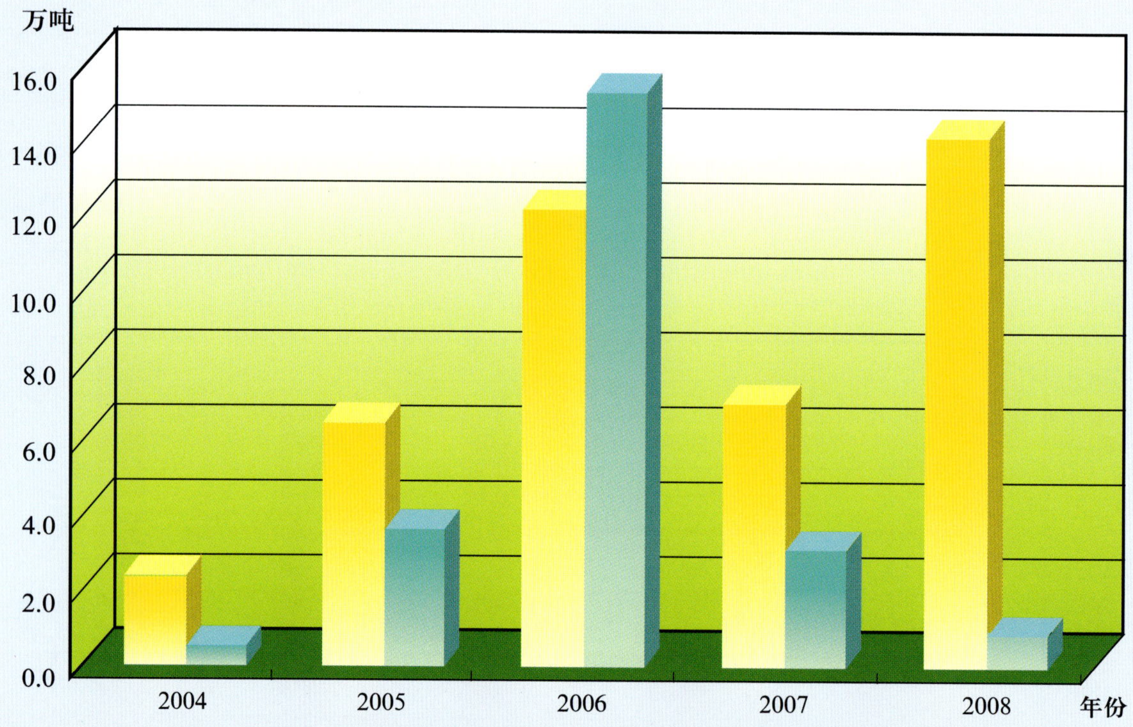

图2–4 近五年来我国食用植物油出口情况

四 2008年粮食价格情况分析及2009年预测

2008年，国际市场粮食价格大起大落，国内市场粮食价格总体稳中有升。预计2009年国际市场粮食价格将呈低位波动态势，国内市场粮食价格将保持基本稳定。

(一)2008年粮食市场价格情况

1.国内市场粮食价格总体稳中有升，收购价格上升幅度大于零售价格

粮食收购价格。2008年，粮食收购价格总水平高于上年。稻谷、小麦、玉米三种粮食平均收购价格为每50公斤82.5元，比上年上升8.4%。从走势看，粮食收购价格前三季度小幅上升，四季度有所回落，主要是大豆、玉米价格回落较多。①稻谷收购价格前三季度持续上升，四季度小幅下降，全年价格水平有所上升。1～9月收购价格由每50公斤86.6元升至98.3元，升幅达13.5%；10～12月价格略有回落，12月降至94.6元，比9月下降3.8%，但仍比上年同期上升

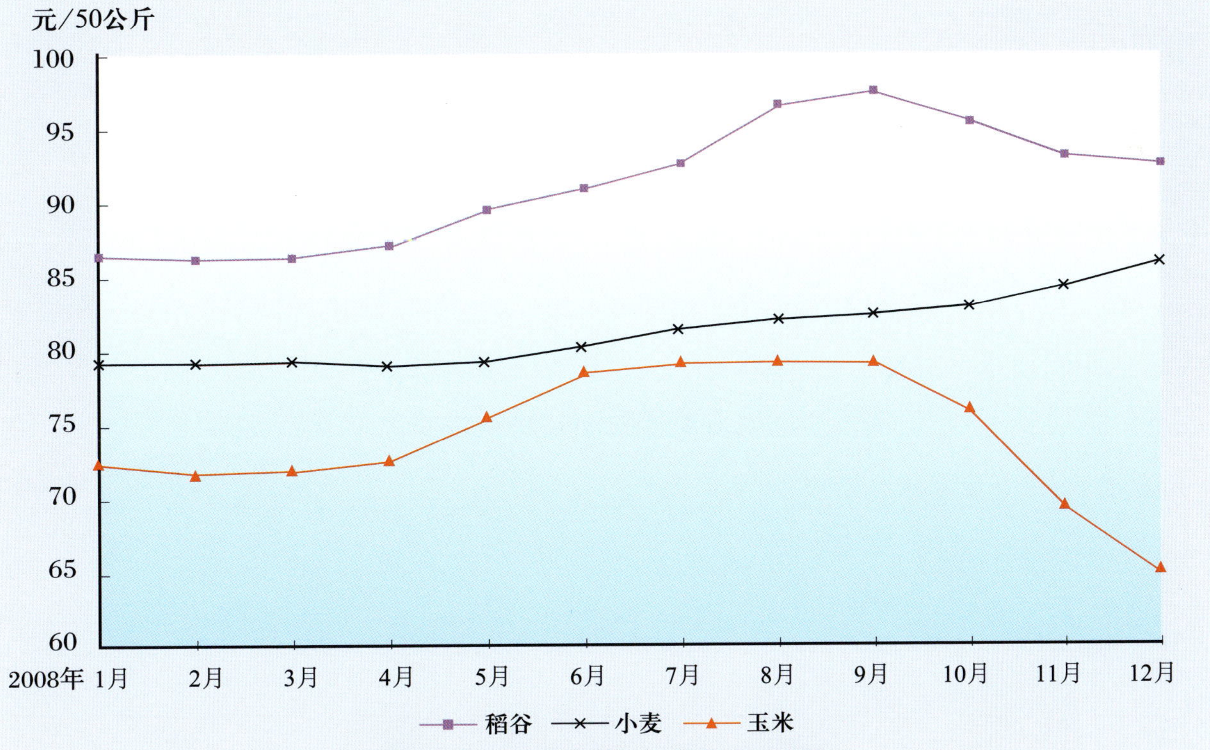

图2-5 2008年粮食收购价格图

9.1%。全年平均，稻谷收购价格为92.2元，比上年上升10.2%，其中早籼稻、晚籼稻、粳稻价格分别为91.3元、92.4元、92.8元，比上年分别上升15.7%、12.8%、3.1%。②小麦收购价格全年保持上升态势，价格由1月的每50公斤78.7元逐步升至12月的85.1元，升幅达8.1%。全年平均，小麦收购价格为81.1元，比上年上升8.9%。③玉米收购价格8月以前持续上升，此后快速下降，全年价格水平小幅上升。1～8月收购价格由每50公斤72.2元升至78.9元，升幅达9.3%；9～12月价格快速下跌，12月份跌至66.3元，比8月下跌16%，比上年同期下跌10%。玉米收购价格全年平均为74.1元，比上年上升5.8%。④大豆收购价格7月以前大幅上涨，此后大幅下跌，全年价格水平大幅上升。1～7月收购价格由每50公斤213.9元升至254.5元，升幅达19%；8～12月价格大幅下跌，12月跌至176.8元，比7月下跌30.5%，比上年同期下跌15.8%。全年平均，大豆收购价格为222.7元，比上年上升45.5%。

粮食批发价格。2008年，粮食批发价格总体稳中略升，走势与粮食收购价格基本一致。全国主要批发市场标一早籼米、标一晚籼米、标一粳米、三等白小麦、二等黄玉米、三等大豆平均成交价格分别为每吨2636元、2825元、3008元、1639元、1618元、4541元，比上年分别上升9.7%、10.2%、1.0%、5.9%、5.4%、41.1%。从走势看，早籼米批发价格1～6月逐月上升，7～12月小幅波动；晚籼米1～8月小幅上升，

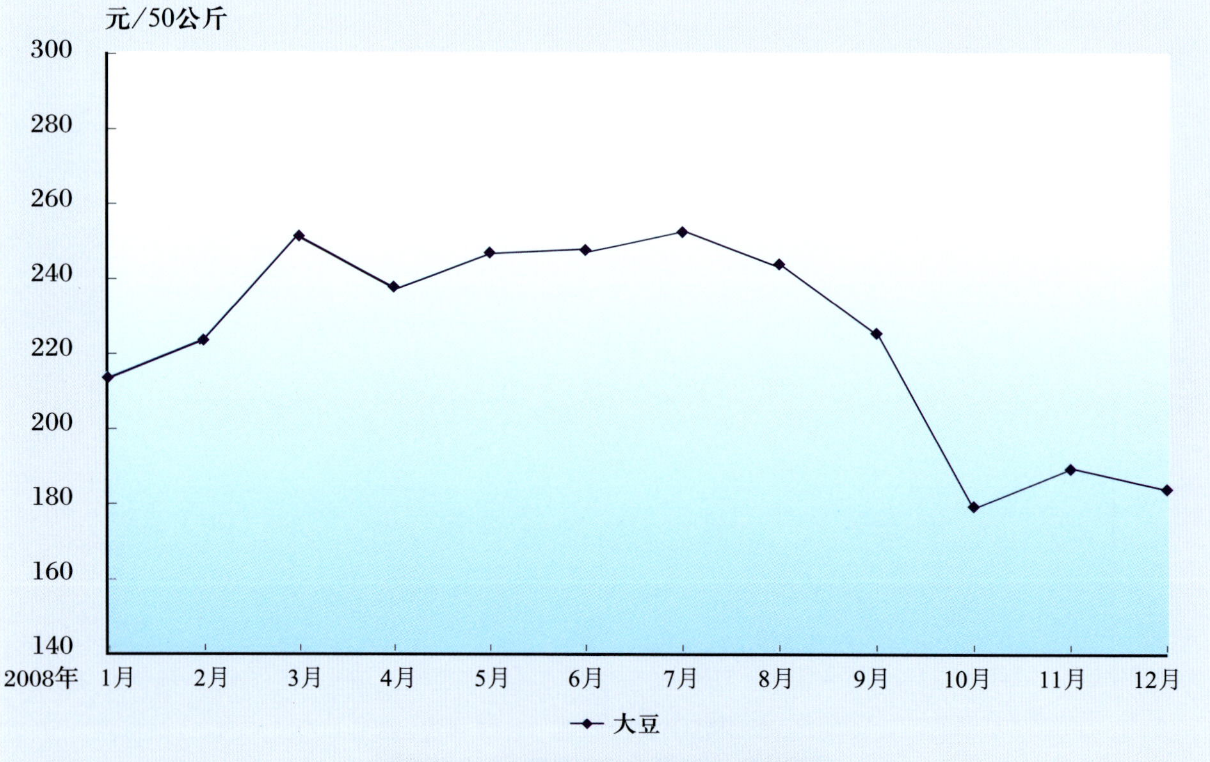

图2-6 2008年大豆收购价格图

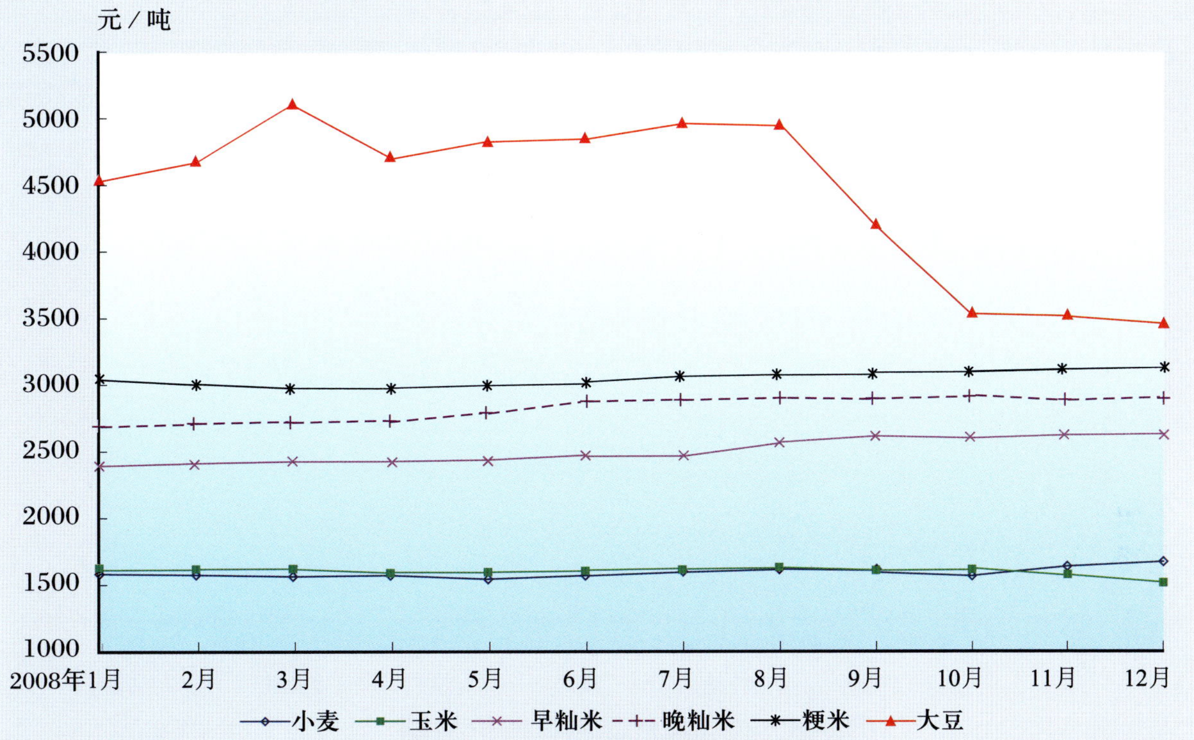

图2—7　2008年粮食批发价格图

9～12月小幅下降；粳米1～4月小幅下降，5～7月有所回升，8～12月小幅回落；小麦1～5月基本平稳，6～12月持续上升；玉米1～7月小幅波动，8～12月持续下降；大豆1～7月小幅上升，8～12月大幅回落。

成品粮零售价格。2008年，成品粮零售价格稳中略升。36个大中城市早籼米、晚籼米、粳米集市和超市平均零售价格分别为每斤1.50元、1.66元、1.80元，比上年分别上升6.1%、7.3%、2.2%；标准粉和富强粉价格分别为1.58元和1.78元，比上年分别上升7.7%和6.5%。

2. 国际市场粮食价格大幅波动，2008年上半年以升为主，下半年以降为主，总水平大幅高于上年

2008年，芝加哥市场小麦、玉米、大豆期货价格平均分别为每吨294美元、209美元、454美元，比上年分别上升25.3%、40.9%、42.8%；泰国市场大米（含碎10%）现货离岸价平均为每吨677美元，比上年上升109.4%。

从全年走势来看，国际市场粮食价格大幅波动，上半年价格延续去年下半年以来快速上升走势大幅上涨，下半年价格大幅回落。分品种看，小麦价格1～3月由每吨339美元升至405美元，升幅达19.5%，4～12月价格大幅回落，12月降至197美元，比3月下降51.4%，且比上年同期下降41.5%。玉米价格1～6月由每吨192美元升至275美元，升幅达43.2%，7～12月价格大幅回落，12月降至143美元，比6月下降48%，且比上年同期下降14.4%。大豆价格1～5月在每吨500美元左右

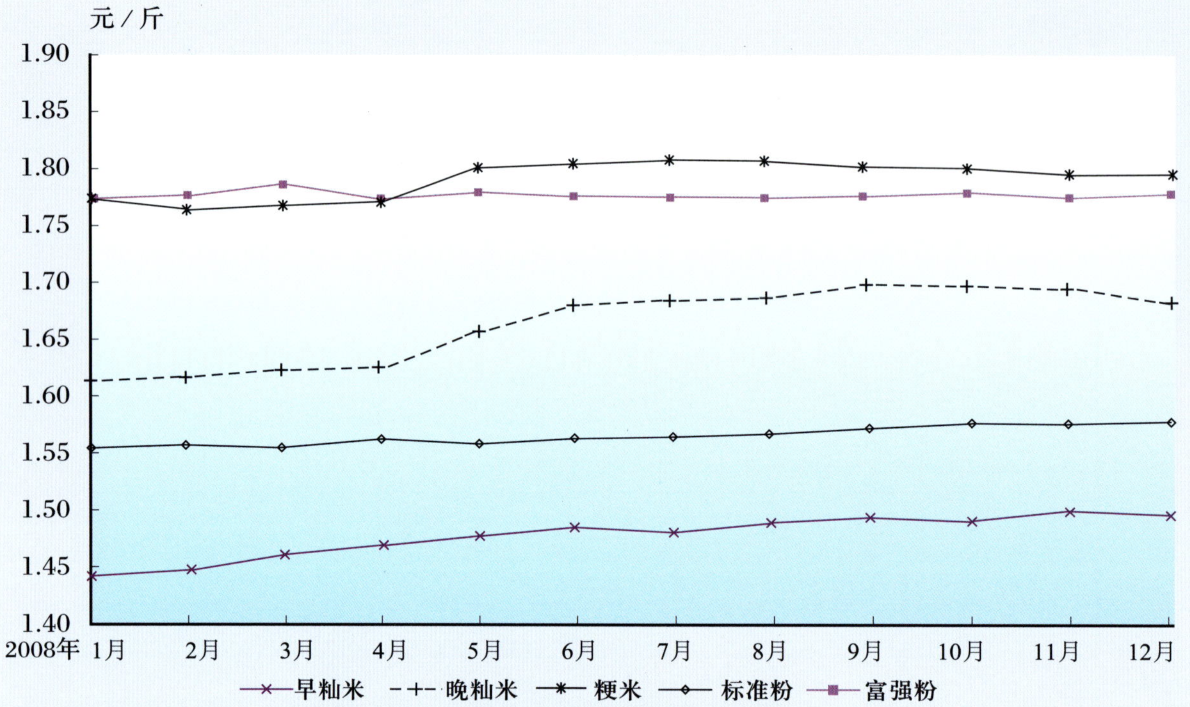

图2–8 2008年成品粮零售价格图

小幅波动，6月升至552美元，比1月上升19.5%，7月保持平稳，8～12月价格大幅回落，12月降至319美元，比6月下降42.2%，且比上年同期下降24.6%。大米价格1～5月由每吨375美元攀升至940美元，升幅达151%，其中仅4月单月环比涨幅就达54%，7～12月价格大幅回落，12月降至565美元，比5月下降39.9%，但仍比上年同期上升61.9%。

(二)2008年粮食价格变动的原因分析

1.国内市场

2008年，在国际市场粮食价格大幅波动的背景下，国内市场粮食价格波动幅度较小，总体保持稳中有升态势。主要原因：一是国家不断加大强农惠农政策力度，促进了粮食生产发展，小麦、玉米、稻谷连续5年丰收，国内供给充裕。除大豆以外的其他粮食品种进口量很小，国际市场价格波动对国内市场影响不大。二是针对粮食生产成本增加的情况，国家两次提高2008年稻谷和小麦最低收购价，视市场粮价情况，及时启动最低收购价预案，积极组织托市收购，稳定了市场预期，引导了收购价格稳中略升。三是国家积极采取综合措施，加强粮食市场调控。特别是2008年下半年，在国际粮价大幅下跌的情况下，国内主产区部分粮食品种也出现下跌趋势，国家及时采取临时收储措施，2008年10月至年底先后下达粮食收储计划5050万吨。同时，国家还实行东北粳稻（大米）入关运费补贴政策，加强粮食调运，合理把握粮食拍卖时机和节奏，保持了市场稳定。

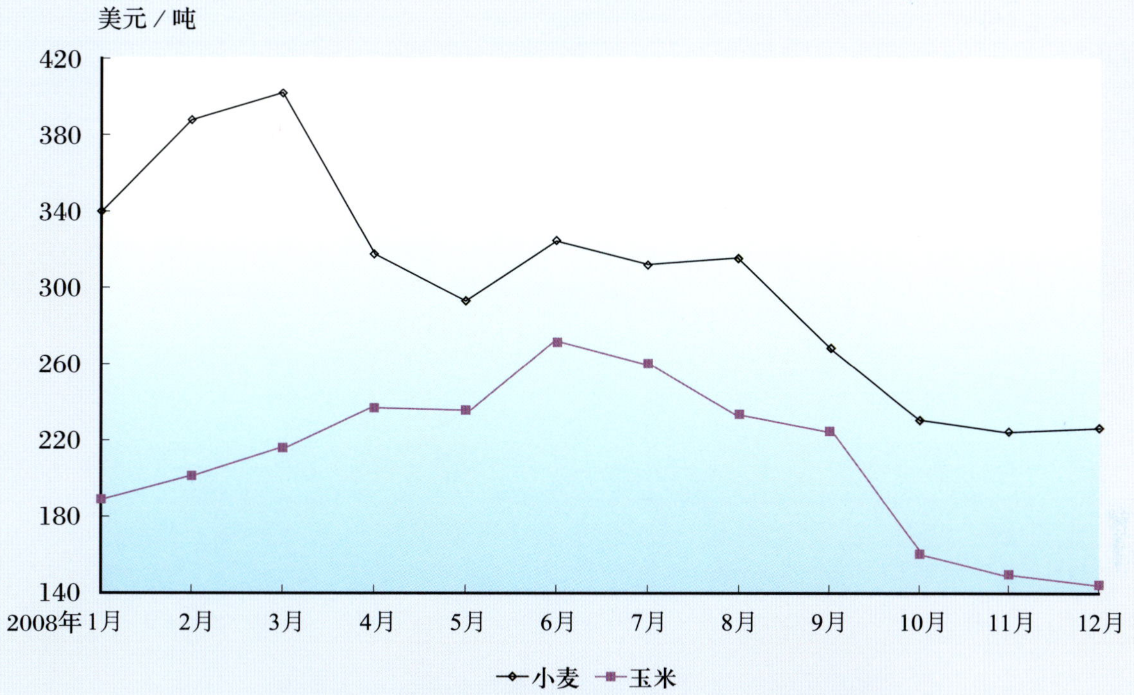

图2—9 2008年国际市场小麦、玉米价格图

2.国际市场

2008年上半年，国际市场粮食价格之所以大幅上涨：一是受美国次贷危机影响，大量国际投机资金转而投向粮食等大宗初级产品市场寻求保值增值，投机炒作明显加剧。二是国际市场石油价格暴涨，刺激生物能源产业快速发展，大量玉米、大豆用于生产燃料乙醇、生物柴油，粮食需求持续增加。三是2007/2008年度全球粮食供应虽有所好转，但供求仍偏紧，粮食产不足需，库存量持续下降。四是美元持续贬值，粮食等大宗农产品的国际贸易大多以美元结算，美元贬值在一定程度上推动了粮食价格上涨。五是越南等主要大米出口国为保证国内供应，限制大米出口，导致大米价格暴涨。

下半年国际市场粮食价格之所以大幅下跌：一是由于美国次贷危机演变为全球金融危机，大量国际投机资金撤离粮食等大宗初级产品市场。二是国际市场石油价格大幅回落，在一定程度上抑制了生物能源产业的粮食需求。三是2008/2009年度国际市场粮食供给形势进一步改善，预期产大于需、库存量有所上升。四是2008年7月以后美元指数大幅反弹，美元持续走强导致以美元结算的国际粮食价格持续下降。五是主要大米出口国放宽出口限制。

(三)2009年粮食价格走势预测

1.2009年国内市场粮食价格将保持基本稳定

预计2009年国内市场小麦、稻谷价格稳中略

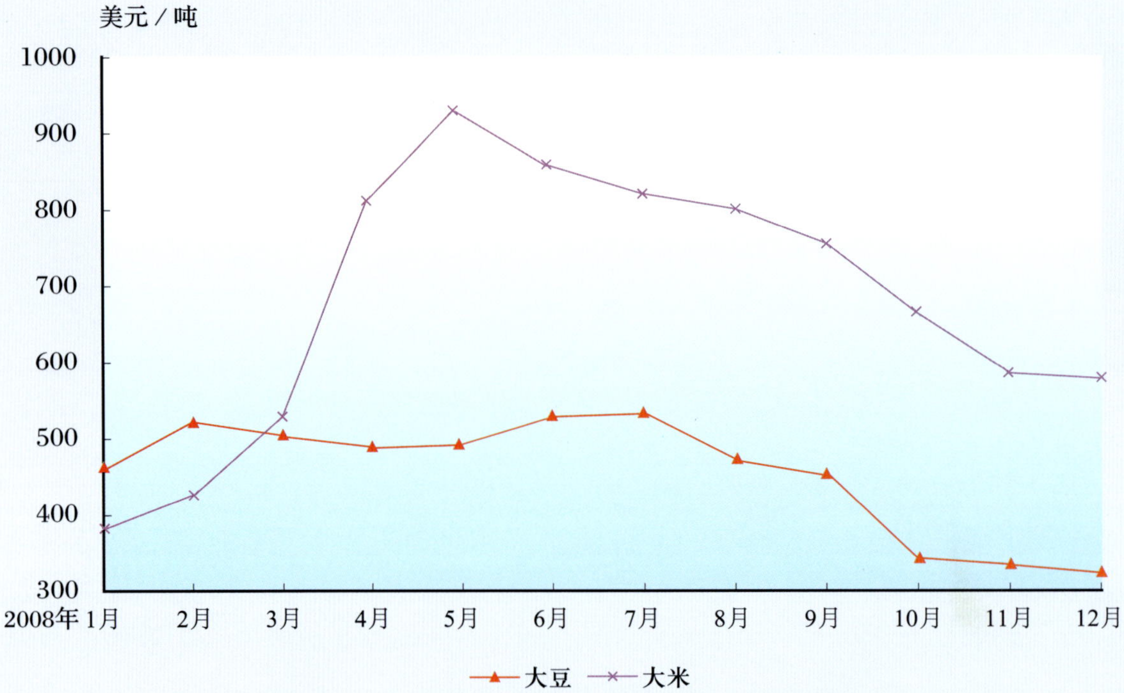

图2—10　2008年国际市场大豆、大米价格图

升，玉米价格小幅波动。主要基于以下分析：一是国内粮食产需基本平衡，库存充裕。2008年国内粮食总产量达52871万吨，创历史新高，比上年增产2711万吨，增长5.4%。二是国家大幅提高了2009年小麦和稻谷最低收购价，及时发布并适时启动最低收购价预案，有利于小麦、稻谷价格的稳定。三是国家采取一系列调控措施，不断加大粮食收储力度，对稳定粮食价格将起到积极作用。四是国家及时调整粮食进出口政策，有利于调节国内粮食余缺。

我国大豆消费70%依靠进口，预计国内市场大豆价格随国际市场同步波动，但考虑到国家不断加大大豆收储力度，对稳定大豆市场价格将产生积极作用，预计国内市场大豆价格波动幅度将小于国际市场。

2.2009年国际市场粮食价格将呈低位波动态势

主要是基于以下分析：一是金融危机对各国经济影响加深，全球经济仍将在低位运行，年内难有明显好转，国际市场信心不足，国际投机资金市场炒作动力不足。二是由于2008/2009年度世界粮食增产，库存增加较多，世界粮食市场仍将保持供大于需的格局。三是国际市场石油价格大幅上涨的可能性不大，生物能源产业的粮食需求难以大幅增加。四是预计美元大幅贬值的可能性不大，美元走势对国际市场粮食价格的影响有限。

第三部分

粮食供求形势

一 2008年粮食供求形势分析与2009年展望

2008年，为保持经济平稳较快发展，确保国家粮食安全，巩固农业农村的好形势，国家进一步加大了对农业和粮食生产的扶持力度，采取了继续稳定发展粮食生产、对主要粮食品种实行并提高最低收购价、增加和扩大中央储备和国家临时收储粮油的品种和范围、在批发市场公开竞价销售国家临时存储粮食等一系列宏观调控措施，有效促进了粮食增产和粮农增收，保持了国内粮食市场供应和价格的基本稳定。全年粮食生产创新高，实现连续5年增长。粮食消费保持相对平稳，供求关系由往年产不足需转变为产大于需。特别是玉米增产较多，消费有所减少，阶段性供过于求的特征比较明显。国内市场粮价受生产成本推动、国际市场粮价大幅上涨和消费需求等因素的影响，总体呈稳中上升的走势，仅有玉米价格有所回落。据国家统计局统计，2008年粮食产量为52871万吨，增产2711万吨。据有关部门初步测算，当年粮食消费量约为51700万吨，同比增长345万吨。当年粮食产大于需1171万吨。社会各类粮食企业库存量也均有不同程度的增加，国有粮食企业库存进一步充实。

2009年，党中央、国务院对农业农村工作提出了“稳粮、增收、强基础、重民生”的明确要求，进一步强化了惠农政策，加大了对农业的支持保护力度，增加种粮农民直接补贴，提高良种补贴标准，实现小麦、水稻、玉米全覆盖，扩大油菜籽和大豆补贴范围等。强调要保持农产品价格合理水平，继续提高粮食最低收购价、适时启动临时收储、扩大国家粮油储备、引导产销衔接、落实“米袋子”省长负责制等。总体上看，由于全球金融危机持续蔓延，对我国实体经济的负面影响日益加深，国内经济增长放缓，消费需求出现萎缩。初步预计，2009年国内粮食保持供大于求的态势，如果不出现大的自然灾害，粮食生产将稳定发展，消费保持平稳，其中城乡居民口粮消费平稳略增，饲料和工业用粮消费稳中略降；小麦、玉米产大于需，稻谷产需基本平衡，大豆仍有较大缺口。综合考虑到最低收购价格水平提高、国家粮食收储力度加大、粮食竞价销售底价调整等支撑市场粮价上升的因素，以及国内粮食增产，库存充裕、经济增长放缓、消费需求不旺、全球粮食产需趋紧形势有所缓和等拉动市场粮价下行的因素，预计2009年我国主要粮油品种价格将保持基本稳定。

二 主要粮食品种供求形势分析

(一)2008年稻谷供需形势

1.稻谷供给和需求状况

(1)稻谷连续五年增产。受国家加大农业扶持力度的推动，稻谷种植面积同比增加。2008年我国稻谷播种面积2924万公顷，比上年的2892万公顷增加32万公顷，增幅为1.1%。2008年稻谷平均单产6.563吨/公顷，比上年增加130公斤/公顷，增幅为2.0%。在播种面积和单产水平“两增”的作用下，2008年稻谷产量达到19190万吨，比上年增加586万吨，增幅为3.2%。

2008年全国早籼稻单产5426公斤/公顷，比上年下降1.13%。中稻单产达到7284公斤/公顷，比上年提高223公斤/公顷，增幅为3.16%。晚稻单产5637公斤/公顷，比上年的5550公斤/公顷增长1.57%。

(2)稻谷消费结构略有变化。据国家粮油信息中心分析，2008/2009年度我国稻谷食用消费量15400万吨，比上年增加1.32%；饲用及损耗量1500万吨，比上年度的1660万吨减少160万吨，主要原因是稻谷价格高于玉米，农户增加玉米用量而减少稻谷用量，年度内饲料养殖业复苏状况差于预期；稻谷工业用量1050万吨，较上年度的1100万吨减少50万吨，主要原因是以稻谷为原料生产的淀粉、酒精等产品销售利润下降，企业加工量减少。

综合分析，2008/2009年度我国稻谷新增供给量（不含上年库存）19360万吨，比上年度的18657万吨增加703万吨；出口预计为60万吨，比上年度的53万吨增加7万吨。年度内稻谷国内消费量为18068万吨，比上年度的18079万吨减少11万吨。2008/2009年度我国稻谷总消费量为18268万吨，较上年的18262万吨持平略增。年度内稻谷结余量预计为1092万吨，同比增长698万吨。

2.稻谷市场价格走势及成因

(1)国际米价暴涨暴跌。受宏观经济和供需状况变化的影响，2008年国际市场大米价格暴涨后暴跌。根据美国农业部的预计，2007/2008年度全球大米产需缺口由2006/2007年度的22万吨扩大到2007/2008年度的153万吨。大米期末库存由2006/2007年度的7563万吨降低至2007/2008年度的7217万吨。

我国稻米市场相对独立于国际市场，每年大米进出口量占当年产量和消费量的比例不足1%，进口大米中95%以上为泰国香米，进口区域集中于上海、广东、福建等东南沿海地区，消费人群多为中高收入阶层。大米进口需求体现出“采购品种高度集中、进口区域相对集中、消费人群比较固定”的特征。因此，国际市场大米价格大幅涨跌对国内市场直接作用并不显著。

(2)早稻价格冲高回落，中晚籼稻小幅波动。受农资价格上涨和湖南、江西等地旱灾影响，2007年11月中下旬开始，籼稻收购价格上涨速度加快，2008年1月中旬较2007年11月涨幅达8.5%。2008年4～5月，由于农资价格涨幅普遍超过30%，加之受国际市场大米价格快速上涨刺激，国内粮食经营主体看涨预期显著增强，籼稻价格继续走高。受粮价上涨刺激，收购主体对粮价上涨形成共识，2008年早籼稻上市后，国有粮食企业增大收储规模、提高收购价格，带动早籼稻价格走高。

与早籼稻市场行情相比，2008年中晚籼稻市场存在以下几点不同：一是背景不同，早籼稻收购期间正值国际市场米价快速上涨和高位回落初期，而中籼稻上市以后，国内外农产品价格均呈整体回落走势。二是由于早稻收购企业亏损，导致中籼稻收购资金发放时间相对延后，贷款条件更为严格。此外，油菜籽价格暴跌，湖北、安徽、湖南等地区粮食企业大量资金被占用，稻谷收购资金普遍不足。三是稻谷需求结构存在差异。早籼稻以产销区收储需求为主，收购较为集中，而中籼稻以口粮消费需求为主，加工企业成为收购主力，原粮采购较为分散，不利于稻谷价格上涨。民营粮食企业积极收购早籼稻的热情主要来源于销区的委托收购，而从历年经验来看，销区很少出现对中晚籼稻进行大规模集中采购的情况。

(3)东北稻米大量外运。在2008年5～6月，铁路部门从东北向关内集中发运粮食1000万吨，其中从黑龙江发运稻谷380万吨。此外，农发行提供贷款支持东北三省按市场价格敞开收购农户出售的稻谷。受此拉动，4月中旬开始，黑龙江稻谷价格持续走高，直至秋粮大规模上市。东北地区秋粮上市后，稻谷供给增加，同时受农产品价格全面下跌的拖累，收购主体信心不足，稻谷价格持续下跌。

为促进东北稻米外运，2007年和2008年底，国家对销区企业采购东北入关稻米根据运输方式的不同给予120元/吨和280元/吨的运费补贴。受此拉动，黑龙江稻米出省量显著增长，收购价格触底反弹。南方市场沉淀下大量东北稻米库存，消化难度较常年同期加大。2008年初，东北稻谷南运数量增加，而江苏受雪灾影响，禽畜存栏减少，大米副产品价格回落，大米加工利润减少，加工企业开工率不足，导致本地粳稻需求相对疲软。至12月中旬，江苏地区稻谷收购价格跌至1760～1820元/吨，较上市初期下跌140元/吨左右，与8月达到的最高点相比，下跌350元/吨左右。

(4)“稻强米弱”特征显著。2008年秋粮上市后，受金融危机影响，经济增速下滑，物价水平呈全面下跌走势。各产区稻谷价格出现不同程度的回落，其中粳稻价格降幅相对显著，但中晚籼稻总体仍然处于近4年来的高位。在国家托市政策的拉动下，稻谷价格触底反弹。受销区需求减弱和市场信心低迷的影响，加工企业普遍反映，大米销售缓慢，出货量较往年同期减少15%～20%，米价回升时间滞后，上涨幅度低于稻谷涨幅，稻米价差低于常年同期水平，加工企业亏损面扩大，多数企业处于保本微利状态，开工率降低，稻谷收购数量较上年同期减少20%左右。

(5)稻谷价格处于高位。2008年夏粮上市后，受最低收购价政策的拉动，小麦价格稳步上扬。粳稻与小麦的比价降低，逐渐向1.1：1左右的水平靠近。市场普遍预期小麦竞价销售底价将继续上调，采购积极性提高。在国家掌握小麦主要粮源的背景下，小麦销售价格持续走强。粳稻小麦比价延续下滑势头，年末已低于1.05：1，小于4年平均水平。

2008年我国玉米产量增幅达8.7%，玉米饲料消费和工业消费疲软，市场呈“供大于求”的局面，收购价格持续下跌。稻谷和玉米的比价不断提高，逐渐由2008年初的1.05：1提高到2008年底的1.50：1水平，处于4年来的高位。

(二)2008年小麦供求情况

1.我国小麦供给和需求状况

2008年我国小麦连续第5年增产，增幅明显高于2007年。供需形势继续保持当年新增供给大于需求的格局。小麦库存十分充足，能够满足国内市场的需要，年末库存水平有所增加。

(1)小麦供给量增加，进口保持在低水平。2008年全国小麦播种面积比2007年减少了10万公顷。其中冬小麦播种面积增加了1.0%，春小麦播种面积减少了2.9%。全国小麦总产量比2007年增长了2.9%。其中冬小麦产量增长了3.3%，春小麦产量减少了4.3%。

据海关统计，2008年我国共进口小麦3.19万吨，比2007年减少了5.15万吨。原因：一是国内小麦当年新增供应量连续第三年高于需求量，国内小麦市场供应充足。二是年内大多数时间里，进口小麦到港价格高于国内类似品质小麦价格。年底到港价格虽有所降低，但仅软麦有价格优势，而国内市场对软麦的需求量有限。三是国内临时存储进口小麦库存充足，竞价销售平稳进行，满足了国内市场的需求。

(2)小麦需求有所减少。2008年我国小麦总需求量10368万吨，比2007年减少了376.6万吨，减幅为3.5%。其中，国内小麦总需求量10338万吨，比2007年减少了182万吨，减幅为1.7%。

国内消费略有减少：一是制粉消费略有增加。2008年我国小麦制粉消费量8000万吨，占国内消费量的77.4%，比2007年增加了200万吨，增幅为2.6%。小麦人均食用消费量降幅减少，人口继续刚性增长导致面粉消费量略有增加。二是小麦饲料用消费量明显减少，工业消费量虽保持了趋势性增长，但增幅很小。2008年新玉米上市后，玉米价格持续下跌，而小麦价格在政策的托升下呈阶梯式上涨，小麦玉米比价逐渐提高，这一态势一直持续到年底。受此影响，小麦作为饲料原料的使用量明显减少。小麦工业消费量受小麦玉米比价的影响较小。原因是小麦提取淀粉后的副产品为谷朊粉，近年来市场需求缓慢增长，并未受到小麦玉米比价变化的显著影响。2008年我国小麦工业消费量950万吨，占国内消费量的9.2%，比2007年增加了50万吨，增幅为5.6%。饲料用小麦消费量920万吨，占国内消费量的8.9%，比2007年减少了430万吨，减幅为31.9%。

出口大幅减少：据海关统计，2008年我国共出口小麦12.59万吨，比2007年减少了221.07万吨。原因是国际小麦价格从历史高点回落至2007年上涨之前的水平，而国内小麦价格在政策的托升下上涨，我国小麦在东亚和东南亚市场的价格优势逐渐消失。

2.小麦市场价格走势及成因

2008年小麦市场的基本特征仍是国家调控政策主导小麦价格走势，具体而言，可分为两个阶段：

第一阶段：年初至6月中旬，小麦价格先涨后跌，但幅度均不超过50元/吨。

2007年11月底，国家开始大幅增加最低收购价小麦投放量，小麦价格随即从高点迅速回落至略高于上涨前的水平。2008年1月初至2月中旬，小麦价格基本稳定。2月中旬，国家提高了2008年小麦最低收购价，白小麦提高60元/吨，混合麦和红小麦提高20元/吨。这一政策提高了面粉厂和贸易商采购小麦的积极性，小麦价格小幅上涨。3月下旬国家第二次提高了小麦最低收购价，白小麦、混合麦和红小麦均提高了40元/吨，小麦价格再次上涨，但幅度仍很小。此后一直到5月下旬，小麦价格基本稳定。6月新麦上市后，面粉厂采购小麦的积极性有所降低，小麦价格逐渐走低。

第二阶段：6月下旬至12月底，小麦价格阶梯式上涨，累计涨幅达300元/吨。

6月中旬至7月底，小麦价格快速上涨。最低收购价小麦收购预案启动后，粮库收购小麦的积极性很高，小麦价格迅速从谷底攀升，涨幅超过120元/吨。此后至9月中旬，小麦价格基本稳定。进入9月下旬，因托市收购已接近尾声，农户手中小麦数量大幅减少，面粉厂不得不小幅提高收购价格以保证加工需求。从10月中旬开始，国家开始竞价销售2008年最低收购价小麦，仍采取加价销售的方式，底价为2008年最低收购价加80元/吨（河北和山东加90元/吨），2006年和2007年小麦底价与2008年小麦持平。受此刺激，小麦市场价格上涨。10月下旬，国家公布了2009年小麦最低收购价，其中白小麦比2008年提高200元/吨，混合麦比2008年提高220元/吨。因距离2009年新麦上市还有7个多月时间，并未导致小麦市场价格快速上涨。12月初，国家将最低收购价小麦竞价交易底价提高了40元/吨，再次推动了小麦市场价格上涨。只是由于面粉销售并不理想，面粉厂不急于采购小麦，小麦市场价格并未立即上涨。

(三)2008年玉米供求形势

1.玉米供给和需求状况

2008年我国玉米产量继续增加，出口量下降，国内玉米消费保持平稳，国内玉米结余数量增加。

(1)玉米产量再创历史新高，进口量下降。2008年全国玉米播种面积2986万公顷，比上年增加38.6万公顷，增幅1.3%。玉米产量16591万吨，比上年增加1361万吨，增幅8.9%。2008年进口各种用途玉米5.0万吨，比上年增长41.3%。

(2)玉米需求保持平稳，出口量下降。2008年国内玉米总消费量14593万吨，与上年基本持平。其中饲料用量9150万吨，比上年增加150万吨，增幅1.7%；工业用量3930万吨，比上年减少150万吨，增幅3.7%。2008年出口玉米27.3万吨，比上年减少464.5万吨，减幅94.4%。

2.玉米市场价格走势及成因

按照涨跌发展节奏，2008年玉米价格走势大体可划分为以下四个阶段：

第一阶段是1～4月，玉米价格基本平稳，价格小幅波动。由于国内玉米上市压力增加，新年以来东北地区玉米收购价格出现迅速下跌。南方销区严重冰雪灾害对畜禽养殖业造成较大损失，销区玉米需求下降导致玉米价格下跌。为解决东北农民卖玉米难、价格下降问题，1月下旬国家开始在东北地区进行临时存储玉米托市收购。两批800万吨临时存储玉米收购计划的落实，有力地托升产区玉米收购价格。2008年4月中下旬东北玉米价格转入季节上涨，并逐渐带动全国玉米市场回暖。4月底，大连港口玉米平仓价格为1600元/吨，比2007年12月底上涨10元/吨；深圳港口玉米小船板交货价格为1790元/吨，与2007年12月底持平。

第二阶段是5～6月，玉米价格上涨，涨幅相对有限。进入5月，国内玉米价格缓慢攀升，主要是国内饲用玉米需求开始恢复增长。国家优先保障东北粮食运力，铁道部决定从5月1日起至6月30日，集中两个月时间为东北地区集中抢运出1000万吨粮食。5～6月东北玉米外运数量增加，市场购销活跃，价格逐步上涨。6月底，大连港口玉米平仓价格为1700元/吨，比4月底上涨100元/吨；深圳港口玉米小船板交货价格为1920元/吨，比4月底上涨130元/吨，6月中旬最高达到1950元/吨。

第三阶段是7～9月，玉米价格逐渐下跌。由于国内饲料需求增长缓慢，四川汶川特大地震对于国内生猪养殖不利影响显现，深加工消费低迷不振，7月国内玉米价格上涨乏力。7月下旬国家开始在东北投放临时存储玉米，增加市场供应。进入7月国际经济形势逆转，国内玉米消费快速下降、商品玉米库存销售缓慢、运输费用明显下降以及市场悲观心态增强均与之有较大关系。东北和华北玉米生长期间天气良好，市场对于玉米产量预期大幅提高。8～9月属于玉米消费传统旺季，价格倾向于上涨，但2008年同期国内玉米市场价格呈现持续回落。与东北地区相比，关内地区玉米价格更加疲软，7月初上涨行情非常短暂。9月底，大连港口玉米平仓价格为1700元/吨，与6月底持平，最高上涨到1740元/吨；深圳港口玉米小船板交货价格为1810元/吨，比6月底回落110元/吨。

第四阶段是10～12月，玉米价格继续回落。10月关内和东北地区新玉米陆续上市，玉米需求继续下降，市场看跌心态严重，国内玉米价格开始快速回落。国家先后在东北地区下发两批各500万吨的临时存储玉米收购计划，对遏制玉米价格下跌起到积极作用。12月底，大连港口玉米平仓价格为1490元/吨，比9月底回落210元/吨，比2007年12月底回落100元/吨；深圳港口玉米小船板交货价格为1570元/吨，比9月底回落240元/吨。2008年12月下旬，国家及时落实第三批2000万吨的临时存储玉米收购计划，此后国内玉米价格趋向稳定并小幅回升。

2008年，芝加哥玉米期货价格呈现先涨后跌，价格大幅波动。2006年以来CBOT玉米价格进入上涨通道，2007年一举突破了4美元/蒲式耳。2008年上半年CBOT玉米价格稳步上涨，5个月时间上涨了将近1美元/蒲式耳。受特大洪水灾害影响，美国玉米播种遭遇严重损失，5月底以来CBOT玉米价格突破6美元/蒲式耳，并迅速上涨到7.5美元/蒲式耳左右。但是从7月开始，由于产区气象条件良好，美国玉米生产前景改善，CBOT玉米价格从高点回落。临近8月，美元指数大幅上涨和原油价格大幅回落，加上美国华尔街的金融动荡快速演变为金融危机，导致玉米价格大幅回落。到12月底，CBOT 3月玉米合约价格为379美分/蒲式耳，比2007年12月底下跌17.0%。

(四)2008年大豆供求情况

1.大豆供给和需求状况

2008年我国大豆产量上升，改变了此前大豆产量连续三年减产的局面。当年大豆进口量显著增加，连同国产大豆的增产，国内大豆供应充足。我国大豆榨油消费量及食用消费量继续增长，全年消费增幅小于新增供给增幅，大豆市场供给偏紧的局面得到扭转。

(1)国内大豆增产，进口量显著上升。2008年我国大豆产量1554万吨，同比增加282万吨，增幅达到22.1%。全年大豆进口量达到3744万吨，同比增加662万吨，增幅达到21.5%。2008年我国大豆新增供给量5294万吨，同比增加940万吨，增幅21.6%。

(2)国内大豆消费量继续增加，出口量稳中略增。2008年我国大豆需求总量4900万吨，同比增加510万吨，增幅11.6%。其中国内消费量4853万吨，同比增加509万吨，增幅11.7%；出口量47万吨，同比增加1万吨，增幅2.2%。在国内消费方面，2008年大豆榨油消费量3875万吨，同比增加458万吨，增幅13.4%(其中国产大豆榨油消费量250万吨，同比下降200万吨，降幅44.4%；进口大豆榨油消费量3625万吨，同比增加658万吨，增幅22.2%)；食用及工业消费量890万吨，同比增加50万吨，增幅6.0%；种用需求量88万吨，增加1万吨，增幅1.1%。

2.大豆市场价格走势及成因

2008年我国大豆价格高位下跌，一年之中累计跌幅达到2500元/吨。导致价格下跌的主要原因：一是北半球大豆播种面积增加，产量上升，全球大豆供给偏紧的局面得到改善；二是国际市场粮船运费价格大幅回落，进口大豆到港成本下降；三是美国爆发金融危机，对包括大豆在内的大宗商品价格形成打压。2008年我国大豆价格走势大体可分为四个阶段：

第一阶段是1～2月，我国大豆价格总体呈现稳中上涨走势。在这一阶段，我国南方油菜籽产区发生罕见的低温雨雪冰冻灾害，芝加哥市场认为我国油菜籽产量将下降，大豆进口量将增加，大幅拉高期货价格。与此同时，南美大豆产区天气干旱，主要分析机构将南美产量预期下调，巴西及阿根廷大豆产量徘徊不前，对芝加哥大豆期价形成拉动。监测数据显示，2008年2月底哈尔滨油厂大豆收购价格达到5600元/吨，比年初上涨1240元/吨，涨幅28%；青岛港进口大豆分销价格也达到5600元/吨，比年初上涨900元/吨，涨幅19%。

第二阶段是3～6月，我国大豆价格高位震荡，具体表现为3月大豆价格下跌，4～6月反弹。在这一阶段，北半球大豆春播展开，美国大豆播种面积达到3064万公顷，同比增加446万公顷，增幅17%；我国大豆播种面积913万公顷，同比增加38万公顷，增幅4%。与此同时，我国油菜籽长势恢复，产量预期高于1～2月。在上述因素影响下，国际国内大豆价格涨势受到抑制。在此期间，国际市场也有一些利多因素影响芝加哥大豆期货价格，主要是5～6月美国大豆产区出现洪涝灾害，市场对大豆单产将会下降的预期提高。由于上述因素的综合影响，我国大豆价格呈现高位震荡走势。2008年3月底哈尔滨油厂大豆收购价格4600元/吨，比2月底下跌1000元/吨，跌幅为18%；青岛港进口大豆分销价格5000元/吨，比2月底下跌600元/吨，跌幅为11%；6月底哈尔滨油厂大豆收购价格为5300元/吨，比4月底回升700元/吨，涨幅为15%；青岛港进口大豆分销价格为5450元/吨，比4月底回升450元/吨，涨幅为9%。

第三阶段是7～10月中旬，我国大豆价格大幅下跌。在这一阶段，美国金融危机对经济领域的影响程度扩大，基金大幅减持在大豆期货市场上的仓单，芝加哥大豆期货价格大幅回落。在此期间，美元开始升值，加重了市场对大豆价格将会下跌的预期。国际粮船运费由7月初的134美元/吨下跌至10月中旬的36美元/吨，下跌幅度达到73%。粮船运费的下跌降低了进口大豆成本，对国内价格形成一定程度的影响。监测数据显示，2008年10月中旬哈尔滨油厂大豆收购价格为3300元/吨，比6月底下跌2000元/吨，跌幅为38%；青岛港进口大豆分销价格为3700元/吨，比6月底下跌1750元/吨，跌幅为32%。

第四阶段是10月中旬到12月底，我国大豆价格低位震荡。在这一阶段，我国对国产大豆实行政策性收储，粮库政策性收购价格为3700元/吨，明显高于油厂收购价格，国内大豆价格得到支撑。金融危机仍对芝加哥大豆价格存在影响，对大豆需求增长将会放缓的预期使国际市场大豆价格受到压制。12月中上旬，进口大豆到我国CNF报价345美元/吨，折合到港完税成本仅2840元/吨，国内大豆市场受到低价进口大豆的冲击。在政策性收储的影响下，国内大豆价格总体平稳。2008年12月底哈尔滨油厂大豆收购价格为3400元/吨，比10月中旬上涨100元/吨，涨幅为3%；青岛港进口大豆分销价格为3450元/吨，比10月中旬下跌250元/吨，跌幅为7%。

三 杂粮供求形势分析

2008年，杂粮的供求形势从总体上看，供给量与需求量比上年都有所增加，市场供求基本平衡。

(一)2008年杂粮供给量4431.7万吨，比上年增加189.1万吨，增幅4.3%

1.杂粮产量

2008年，杂粮种植面积和产量都有恢复性增长，但仍未恢复到前几年的水平。

2008年杂粮种植面积1494.4万公顷，比上年增加17.6万公顷，增幅1.2%，主要是薯类、大麦和红小豆的种植面积增加。薯类的面积增加较多，达842.7万公顷，比上年增加34.5万公顷，增幅4.3%，其中，马铃薯种植面积达466.3万公顷，增加23.3万公顷，增幅5.3%；大麦的种植面积79.4万公顷，比上年增加2.1万公顷，增幅2.7%；红小豆种植面积20.3万公顷，比上年增加0.56万公顷，增幅2.8%。其他杂粮种植面积大部分都有不同程度的减少，谷子和高粱种植面积减少较多，分别比上年减少2.4万公顷和1.1万公顷，减幅分别为2.9%和2.1%。

2008年杂粮总产量4289.3万吨，比上年增加164.7万吨，增幅3.9%。薯类产量2980.2万吨，比上年增加172.4万吨，增幅达6.1%，其中马铃薯产量1415.6万吨，比上年增加119.8万吨，增幅9.2%；绿豆产量90.4万吨，比上年增加7.2万吨；大麦产量282.3万吨，比上年增加3.8万吨。其他品种都有不同程度的减少。

2.杂粮进口

2008年，杂粮进口总量142.4万吨，比上年增加19.8万吨，增幅16.2%，但仍是近年来进口较少的一年。除大麦、燕麦和绿豆进口数量有所增加外，其他均为减少。大麦进口107.6万吨，比上年增加16.3万吨，但仍比前几年减少50%以上。绿豆增加5.7万吨，燕麦增加1.7万吨。

(二)2008年杂粮的需求量约4431.2万吨，比上年增加184.2万吨，增幅4.3%

1.杂粮国内消费

2008年杂粮国内消费量4262.8万吨，比上年增加190.2万吨，增幅4.7%。其中工业用粮2132.8万吨，与上年基本持平；饲料用粮1028.3万吨，比上年增加156.6万吨；直接食用1101.7万吨，比上年增加33.7万吨。从品种上来看，薯类和大麦的消费量增加较多，但比前几年仍有较大幅度减少。薯类消费量2942万吨，因产量增加，消费量也相应比上年增加175.7万吨。大麦消费量388.4万吨，比上年增加30.5万吨，主要因产量和进口量都有所增加。谷子、荞麦因产量减少，消费量也相应减少。

2.杂粮出口

2008年，我国杂粮出口到亚洲、非洲、欧洲、南美洲、北美洲的125个国家和地区，出口数量168.4万吨，比上年减少6万吨。创汇额突破10亿美元，达10.51亿美元，比上年增加2.79亿美元，增长36.1%，创历史新高。芸豆仍是杂粮出口最大的品种，2008年出口数量达75.54万吨，比上年增加15.88万吨， 增长26.6%，创汇额5.99亿美元，比上年增加2.29亿美元，增长61.9%。此外，绿豆、豌豆、蚕豆出口略有增加，其他品种均为减少。大麦出口数量前三年连续增加，2008年大减，出口量仅有1.46万吨，比上年减少10.3万吨，减幅87.5%；出口创汇485.96万元，比上年减少2250.84万元，减幅82.2%。高粱出口12.2万吨，比上年减少11.6万吨，减幅48.7%。

(三)杂粮国内外市场行情及价格走势

2008年，我国大部分杂粮价格在连续几年上涨的基础上，平均每公斤又涨1.8美分。涨幅较大的品种是：红小豆、扁豆、蚕豆、芸豆、豌豆和谷子，分别上涨了46%、57%、43%、27.7%、27.8和40%。由于国内杂粮货源逐年减少，国际市场杂粮价格连续走高，预计2009年的杂粮出口货源将会继续偏紧，出口价格还有继续上升的可能。

国内杂粮市场变化不大，因受国际市场和季节影响，个别品种需求量和价格有些变化，如绿豆5月中旬比上旬略升，平均价格每公斤在5.10元左右，北方比南方略高；芸豆价格5月中旬平均每公斤在5.35元左右，因受国际市场影响，预计价格会有所上升，货源也将相对紧张；小米、高粱价格变化不大，每公斤分别在4.10元和3.10元左右；因近年马铃薯产业发展较快，估计2009年国内马铃薯市场需求量将会继续增长。

四　食用油脂油料供求形势分析

2008年，我国食用植物油和油料消费量继续提高，食用植物油及油料进口折油再创历史新纪录，食用植物油新增供应量继续增加，国内食用植物油和油料供给出现节余。2008年我国油脂油料价格出现大幅波动，1月到3月初，受国际市场持续上涨的影响，价格不断刷新历史最高纪录，3月中旬以后价格大幅下跌，并一直维持到年底。

(一)油料产量恢复性增加

2008年，我国油料产量出现恢复性增加，当年油料（不包含棉籽和大豆）总产量达到2953万吨，比上年增长14.9%。其中油菜籽产量1210万吨，比上年增长14.5%；花生产量1429万吨，比上年增长9.7%。加上大豆和棉籽，2008年我国油籽总产量达到5850万吨，比上年增加500多万吨。扣除种子、食用和出口，2008年国产油料折油总产量在1000万吨左右（包括玉米油、米糠油等其他小品种植物油）。

(二)食用油及油料折油进口总量再创历史新纪录

2008年，我国食用植物油及油料进口折油总量达到1570万吨，再创历史新纪录。2008年进口食用植物油817万吨，较上年减少2.7%。其中，进口豆油258.6万吨，比上年减少23.7万吨，减幅为8.4%；进口菜籽油27万吨，比上年减少10.5万吨，减幅为28%；进口棕榈油464.7万吨，比上年增加26万吨，增幅为5.9%。2008年我国进口油料（含大豆）3900.5万吨，比上年增加22.2%，折油750多万吨。其中，进口大豆3743.6万吨，比上年增加661.5万吨，增幅为21.5%；进口油菜籽130.3万吨，较上年增加47万吨，增幅高达56.4%。

(三)油籽出口量小幅下降，油脂出口量大幅增加

2008年，我国出口油籽（含大豆）118.8万吨，比上年减少7.4%。其中出口大豆46.6万吨，比上年增加2.1%。出口食用植物油24.8万吨，比上年增加48.8%。其中，出口豆油13.4万吨，比上年增加104%；出口菜籽油7104吨，比上年减少67.3%。

(四)油脂油料供应大幅增加

2008年，我国油脂油料需求继续增加，国内产不足需的局面仍然存在。但由于食用植物油和

油料进口量大幅增加，国内油脂油料供给出现节余。2008年我国食用植物油产量和进口量合计为2420万吨，国内消费2320万吨左右，出口25万吨，国内食用植物油结余75万吨左右。

(五)国内油脂油料价格走势及成因

2008年，国内油脂油料价格大幅波动主要分为两个阶段。

第一阶段是1月至3月上旬：受国际市场油脂油料期现货价格持续上涨的影响，国内油脂油料价格延续上涨走势，并不断创下历史最高纪录。2008年初沿海地区一级豆油出厂价格集中于11800～11900元/吨，到3月初价格上涨至16500～16700元/吨，比年初价格上涨4700～4800元/吨，涨幅达到39%～40%。长江流域四级菜油价格由年初的11800～12000元/吨，到3月初上涨至16800～17000元/吨；沿海地区24度棕榈油价格由年初的9100～9200元/吨，到3月初上涨至13000～13200元/吨。

第二阶段是3月中旬到12月底：受美国发生次贷危机并引发全球金融危机，以及市场预期2008/2009年度全球油料产量大幅增加的影响，国际市场油脂油料价格持续下跌；与此同时，国家对植物油市场的宏观调控力度加大，加上当年国内菜籽和大豆产量大幅增加，国内植物油价格一直处于下跌的走势。2008年底沿海一级豆油出厂价格跌至7200～7400元/吨，比3月初下跌9300～9400元/吨，跌幅达到55%～57%。棕榈油及菜籽油价格变动情况与豆油相似，12月底沿海地区24度棕榈油价格跌至4700～4800元/吨，与3月初相比跌幅达到64%～65%；长江流域四级菜油价格跌至7400～7600元/吨，与3月初相比跌幅达到63%～65%。2008年底国内植物油价格基本上回到了2007年初的价位。

(六)国家对油脂油料市场调控进一步加强

2008年，国家延续2007年对油脂油料市场的调控政策，出台了一系列调控措施。调控分为两个阶段：上半年针对当时的宏观经济环境及植物油市场的具体情况，出台措施抑制过高的植物油价格；四季度针对国内油籽价格过低、农民收入受到影响的具体情况，加大国内油料的收储力度，完善油料及植物油储备。

上半年出台的政策包括：3月初由国内几家大型油脂集团公司以小包装油形式按国家规定价格向市场投放部分精炼植物油；5月底将椰子油和橄榄油的进口关税分别由10%和9%下调至5%，实行期为2008年6月1日至9月30日；6月初取消了豆油、棕榈油及菜籽油等食用植物油的出口退税。

下半年出台的政策包括：2008年9月3日国家发改委发布关于《促进大豆加工业健康发展的指导意见》，明确提出大豆油脂加工业是关系国计民生的重要产业，鼓励内资企业通过兼并、重组，促进资源整合，培育一批加工量2000吨/日以上，产、加、销一体化，具有较强竞争力的大豆油脂加工企业（集团），并将鼓励和引导企业进行套期保值。从10月1日起，将大豆进口关税由1%恢复至3%；从12月1日起，取消5%的大豆出口关税；10月下旬开始，在长江中下游、西南、西北等产区以4400元/吨的价格托市收购油菜籽，委托企业加工菜籽油充实中央储备；在东北大豆产区，以3700元/吨的价格收购中央储备和临时存储大豆。

第四部分

粮食流通体制改革

一 粮食流通体制改革现状分析及对策

（一）2008年粮食流通体制改革进展

2008年，各地区各部门按照中央经济工作会议、中央农村工作会议的部署，认真贯彻落实《中共中央国务院关于切实加强农业基础建设进一步促进农业发展农民增收的若干意见》（中发[2008]1号）和《国家粮食安全中长期规划纲要（2008～2020年）》（国发[2008]24号）精神，以纪念改革开放30周年为契机，继续深化粮食流通体制改革，不断巩固、完善、强化强农惠农政策，进一步完善粮食宏观调控和监管体系，合理调控粮食市场价格，积极应对国际粮价大起大落以及严重自然灾害对粮食工作的不利影响，促进了粮食生产稳定发展和种粮农民持续增收，保证了全国市场、受灾地区和奥运举办城市的粮食供应和价格基本稳定，为保障国家粮食安全作出了重要贡献。

1.全面总结粮食流通体制改革30年的成效和经验

落实中央关于纪念改革开放30周年的部署，认真开展以“粮食流通体制改革与现代粮食流通产业发展”为主题，粮食领域工作者、研究人员及关心、热爱粮食工作的人员广泛参加的纪念活动，以座谈会、研讨会、征文等多种形式，全面回顾和系统总结粮食流通体制改革30年的历程、成就和经验，分析粮食流通体制改革和现代粮食流通产业发展的现状及面临的主要问题，研究提出相关政策措施建议，推进粮食流通体制改革继续深化。

2.稳步推进粮食行政管理部门职能转变

各级粮食行政管理部门继续推进职能转变，加快实行政企分开，与粮食企业“人、财、物”彻底脱钩，把粮食行政管理部门的工作重心转到粮食市场调控、监管和行业指导、服务上来。积极培育、发展和规范粮食市场主体，进一步健全粮食收购市场准入制度，做好粮食收购企业入市资格审核工作。积极发展粮食经济合作组织，加强对粮食经纪人的培训和引导，加快构建新型粮食购销服务网络。截至2008年底，全国具有粮食收购资格的各类粮食市场主体达到7.75万家，其中70%以上是多元主体。不断加强粮食市场监管执法体系建设，规范粮食流通市场秩序，服务粮食宏观调控，粮食依法行政能力和服务水平全面提高。

3.继续完善粮食宏观调控体系

三次较大幅度调高粮食最低收购价，提价幅度超过20%，稻谷最低收购价执行范围由上年的7省扩大到11省（区）。对东北地区稻谷、玉米、大豆和南方稻谷实行临时收储，有效解决农民“卖粮难”的问题。认真组织实施中央储备玉米、大豆和食用植物油增储计划，指导和督促地方充实地方粮油储备，健全粮食应急体系，政府调控粮食市场的能力进一步增强，经受住了南方雨雪冰冻灾害和汶川特大地震灾害的考验。

4.积极发展现代粮食流通产业

加强粮食流通战略性问题研究，认真分析当前国有粮食企业改革中存在的薄弱环节和突出问题，进一步推进企业产权制度改革，切实使国有粮食企业真正成为自主经营、自负盈亏的市场主体；优化国有粮食企业布局和结构，加快企业组织结构创新，增强市场竞争能力。大力培育粮食产业化龙头企业，鼓励和支持企业向粮食生产和加工转化领域延伸，延长粮食产业链，发展粮食产业化经营，增强对农民增收的带动力和辐射力。截至2008年底，国家粮食局和中国农业发展银行重点支持的粮食产业化龙头企业达1684家。

(二)粮食流通体制改革成效及面临的主要问题

改革开放30年来，我国粮食流通体制经历了统购统销、购销价格“双轨制”、“放开销区、保护产区”、全面放开粮食购销和价格等几个主要阶段。现在已基本建立起在国家宏观调控下，充分发挥市场机制配置粮食资源基础性作用，适应社会主义市场经济发展要求和符合我国国情，确保国家粮食安全的新的粮食流通体制。主要体现在以下几个方面：一是国家粮食宏观调控能力不断增强，初步实现了粮食管理体制从过去高度集中的计划管理向国家宏观调控下的粮食省长负责制的转变，保证了粮食市场供应，维护了粮价基本稳定。二是国有粮食购销企业改革不断深化，初步实现了国有粮食购销企业从过去“计划主渠道”向“市场主渠道”的转变，保护了种粮农民利益，搞活了粮食流通。三是粮油政策法规体系逐步健全，初步实现了粮食流通管理手段从过去的行政手段直接管理国有粮食企业向依法管理全社会粮食流通的转变，保证了储备等政策性粮食存储安全，维护了正常粮食流通秩序。四是粮食流通体系建设逐步加强，初步实现了粮食流通发展方式从传统的粮食流通业向现代粮食流通产业的转变，提高了粮食宏观调控的能力，夯实了确保国家粮食安全的基础。五是粮食流通对生产的引导作用逐步增强，初步建立起了保护和调动地方抓粮、农民种粮积极性的有效机制，促进了粮食生产的稳定发展，较好地满足了城乡居民日益增长的消费需要。

在充分肯定成就的同时，也要清醒地认识到改革和发展中还存在着一些矛盾和问题。当前比较突出的矛盾和问题有：一是国有粮食企业历史包袱还未完全解决，国有粮食购销企业产权制度改革还没有完全到位，基层国有粮食企业发挥主渠道作用缺少必要的政策支撑，多渠道作用的发挥也需要统筹兼顾。二是种粮收益和比较效益还有待提高，部分地区地方政府实施粮食调控的手段和动力不足，促进地方抓粮、农民种粮的粮食支持保护政策有待进一步完善。三是符合社会主义市场经济发展要求的粮食市场主体发育不够，大多数粮食企业规模小，经营方式还比较传统、粗放，企业与农民之间还没有形成有效的利益联结机制，粮食产业化经营水平不高，粮食企业的市场竞争力较弱。四是现代粮食流通产业发展步伐亟待加快，粮食宏观调控的体制机制需要进一步健全，粮食市场体系、物流体系、监管体系以及粮食法制建设都还需要继续完善。

(三)继续深化粮食流通体制改革的政策措施建议

1.深化国有粮食企业产权制度改革，做大做强粮食购销主渠道

继续研究解决国有粮食企业“三老”中的遗留问题，完善企业改革的配套政策。加大基层国有粮食购销企业产权制度改革力度，以骨干粮库为主体，实行跨区域兼并重组，组建公司制、股份制粮食购销企业，完善粮食购销网络，进一步优化布局和结构。加强对国有粮食企业经营管理的指导，切实提高企业经济效益，夯实主渠道基础。

2.巩固、完善、强化强农惠农政策，促进粮食增产农民增收

继续实行粮食最低收购价和临时收储政策，逐步提高收购价格水平，完善粮食价格形成机制，理顺粮食各品种比价关系。加大补贴力度，增加对种粮农民直接补贴、良种补贴、农机具购置补贴和农资综合直补。健全联动机制，根据农资价格上涨幅度和粮食实际播种面积，及时增加补贴。按照目标清晰、简便高效、有利于鼓励粮食生产的要求，建立健全与出售商品粮数量、粮食播种面积挂钩的补贴办法，根据新增补贴的实际情况，逐步加大产粮大户的补贴力度，充分调动农民种粮积极性。加快取消主产区粮食风险基金配套，完善使用办法，加大对粮食主产区转移支付力度，充分调动地方政府抓粮积极性。

3.大力发展粮食产业化经营，促进企业增效农民增收

积极争取财税、金融等部门的支持，择优扶持一批有竞争力、带动力、效益好的大型骨干粮食加工、贸易、物流企业，做大做强产业化龙头企业。鼓励和支持龙头企业收购、兼并基层国有粮食购销企业，延伸和完善产业链条。推动有条件的龙头企业发展粮食科研、生产、收购、加工、销售一体化经营，培育知名品牌，增强企业竞争力。充分发挥龙头企业和产业化经营的带动作用，促进农民增收。

4.完善粮食宏观调控体系，确保国家粮食安全

继续完善粮食最低收购价执行预案，健全粮食储备体系，充分发挥中央和地方两个积极性，增强各级政府粮食宏观调控能力。推动中央储备粮、地方储备粮等政策性粮食的购销和轮换通过规范的粮食批发市场采取竞价交易方式进行，增强交易的透明度，发挥对市场的引导作用。做好最低收购价粮、临时存储粮的跨省移库和竞价销售工作。建立健全对粮食主产区的利益补偿机制和产销区利益协调机制，积极探索建立多形式、深层次、长期稳定的粮食产销合作关系。做好全社会粮食流通统计工作，加强粮食市场监测预警分析，完善粮食应急体系，保证粮食市场供应和价格基本稳定。

二 现代粮食流通产业发展评价

2007年初，全国粮食局长会议提出发展现代粮食流通产业的任务以来，粮食部门在发展现代粮食流通产业的理论研究和实践探索方面取得重要成果。2008年8月，《国家粮食安全中长期规划纲要（2008～2020年）》中明确提出了积极推进现代粮食流通产业发展的重要任务。按照《国家粮食安全中长期规划纲要（2008～2020年）》的要求，国家粮食局以纪念改革开放30周年为契机，不断加强对涉及粮食流通领域重大战略问题的研究，认真总结改革开放30年来粮食流通体制改革与现代粮食流通产业发展的成效和经验，通过开展多种形式的交流，加强规划和政策指导，推动现代粮食流通产业发展。各地粮食部门不断加强调查研究和组织协调，创新体制机制，大胆实践，积极推动现代粮食流通产业发展。黑龙江省制定了《现代粮食流通产业发展战略工程规划》，江苏、安徽、湖北等地将粮食产业发展纳入地方经济发展规划，发展多元粮食市场主体，培育产业化龙头企业，积极发展产业化经营，加强粮食市场体系和物流体系建设，健全粮食储备体系，现代粮食流通产业发展迈出重要步伐。

(一)粮食市场体系进一步完善

一是粮食市场主体进一步发展。目前全国具有粮食收购资格的各类粮食市场主体达到7.75万家，其中70%以上是多元粮食市场主体。国有粮食企业的粮食收购量仍保持在50%以上，继续发挥主渠道作用。多元市场主体积极参与粮食收购、加工和销售，市场竞争能力增强，拓宽了农民售粮渠道，搞活了粮食流通。二是粮食批发市场建设进一步加强。目前国家粮食交易中心达到18个，全国各类粮食批发市场达到553家。粮食联网竞价交易积极推进，全国实现联网的批发市场达到23家，完成了国家宏观调控政策性粮食交易任务，为应对国际市场粮价大起大落、稳定国内粮食市场发挥了重要作用。三是粮食期货市场稳步发展。国家重视粮食期货市场发展，支持粮食期货市场创新品种、做深做细现有品种，发挥功能，服务产业和企业，为粮食期货市场的发展注入了持续的动力。四是粮食物流体系进一步加强。各地通过政策扶持和投资引导，多渠道筹集资金，加快推进主要物流通道和节点项目建设，推广应用散粮运输装卸新技术新设备，湖北宜昌、广东东莞、福建福州、浙江杭州、陕西西安等地粮食现代物流设施建设发展迅速。

(二)粮食宏观调控体系进一步健全

一是认真落实粮食最低收购价政策，国家连续调高小麦、稻谷最低收购价，将稻谷最低收购价实施范围扩大到11个省（区），切实保护了种粮农民利益，调动了农民种粮积极性。二是及时落实国家关于东北地区粳稻、玉米、大豆和南方稻谷的临时收储政策，有效解决了农民“卖粮难”问题，增加了农民收入。三是适时安排政策性粮食竞价销售，合理把握储备粮油的轮换时机和销售节奏，保持了粮食市场和价格的基本稳定，维护了广大生产者和消费者的利益。四是组织实施中央储备玉米、大豆和食用植物油增储计划，及时下达和督促实施中央储备粮年度轮换计划，认真落实国家下达的地方储备粮规模指导计划和储备油规模标准要求，储备粮、油库存规模进一步增加，调控市场能力进一步增强。五是及时修订了国家粮食流通统计制度，完善食用油和粮油加工业统计指标体系，为粮食宏观调控提供及时、准确、全面的信息，粮食宏观调控能力进一步提高。六是粮食应急体系进一步完善，粮食应急供应和保障能力进一步增强，在应对重大自然灾害和突发事件的粮食供应中发挥了重要作用。

（三）粮食产业化经营稳步发展

一是国有粮食企业战略性改组稳步推进。截至2008年底，全国国有粮食企业总数18989个，其中购销企业13562个，分别比上年减少11.4%和8.2%。企业扭亏增盈保持良好势头，据初步统计，2008年全国国有粮食企业统算盈利21.3亿元。二是粮食产业化龙头企业进一步发展。大型骨干粮食产业化龙头企业和物流企业的发展得到了财税、金融等部门的大力支持，在全球金融危机对实体经济冲击中保持了较强的竞争力，取得了较好的效益。截至2008年底，全国规模以上粮食加工企业11977家，其中国有粮食产业化龙头企业1324家。江苏、安徽、湖北等地将粮食产业发展纳入地方经济发展规划，安排专项资金对粮油精深加工和产业化项目予以贴息。国家粮食局和中国农业发展银行重点支持的粮食产业化龙头企业1684家，在粮食收购、技术升级改造、生产基地建设等方面获得贷款997.7亿元。三是粮食科技创新成果得到进一步推广和应用。粮食企业产、学、研结合更加紧密，技术创新能力进一步增强，粮食数量动态检测、快速品质检测仪器、植物源杀虫剂新剂型、低温准低温储粮示范等研究应用取得阶段性成果。粮食产业化龙头企业在小麦硬度仪、农户科学储粮技术、先进仓储管理技术等粮食科技成果推广应用上发挥了积极的推动作用和带头示范作用，有力地促进了产业发展和农民增收，带动了就业岗位的增加。

（四）粮食流通行政执法监督保障体系建设全面提高

一是继续贯彻《中央储备粮管理条例》和《粮食流通管理条例》，进一步健全粮食政策法规。修订《小麦粉》、《食用调和油》等国家标准和《粮油仓库管理办法》、《粮油仓储设施管理办法》等，进一步完善了规章和规范性文件。二是贯彻中央关于在本届人大提请审议的法律草案的决定，加强研究《粮食法》起草准备工作。三是全社会粮食流通监管工作体系建设和粮食流通信用体系建设进一步加强，粮食行政执法信息管理系统逐步建立，行政执法责任制逐步完善，粮食清仓查库工作有序推进，粮食行政执法条件得到明显改善，执法水平得到较大提高，有效地维护了正常的粮食流通秩序，有力地保障了国家粮食安全。

三 国有粮食企业改革现状分析及对策

(一)国有粮食企业改革现状

2008年以来，面对国内自然灾害、国际粮价大幅波动、国际金融危机持续蔓延的严峻局面，各地粮食部门以科学发展观为指导，围绕粮食流通工作大局，努力克服困难，不断深化国有粮食企业改革，取得了积极成效。

1.企业历史包袱基本解除，职工分流安置和再就业工作取得积极进展

2008年，各地按照财政部等七部门有关文件要求，对国有粮食购销企业财务挂账作了进一步核实，并以省政府名义向国务院报送了财务挂账总体情况，其中政策性挂账绝大部分已上划到县级（含县级）以上粮食行政管理部门集中管理，原按国家政策收购的保护价粮食都进行了销售处理。

同时，各地积极采取措施，做好企业富余人员分流安置和再就业。截至2008年底，全国国有粮食企业职工总数69.9万人，其中购销企业职工51.6万人，分别比上年减少7.5万人、3.1万人，减幅分别为9.7%、5.7%。与粮改初期1998年比，分别减少260.7万人、143.2万人，减幅分别为78.9%、73.5%。各地积极争取地方政府支持，多渠道解决国有粮食企业分流安置职工所需资金，切实解决企业富余职工分流安置中的遗留问题，维护职工合法权益。2008年安置国有粮食企业下岗职工再就业6.5万人，其中粮食部门安置下岗职工再就业 4.4万人，占当年全部安置数的67.5%。从粮改初期至2008年，安置职工128.6万人，其中粮食部门安置77.8万人，占全部安置数的60.5%。

2.企业布局和结构进一步优化，继续发挥主渠道作用

截至2008年底，全国国有粮食企业总数18989个，其中购销企业13562个，分别比上年减少2450个、1216个，减幅分别为11.4%、8.2%。与粮改初期1998年比，分别减少34251个、16872个，减幅分别为64.3%、55.4%。现有国有粮食企业中改制企业数9539个，其中购销企业7185个，分别占现有企业数的50.2%、53%。尽管国有粮食企业数量减少，但布局和结构进一步优化，市场竞争能力不断提高，当年粮食收购量占到全社会收购量的58%，继续发挥主渠道作用。

3.企业经营管理不断加强，企业经济效益显著提高

2008年，面对全球金融危机及国际粮价大涨大落，各地粮食部门积极指导国有粮食企业加强经营管理，采取多种有效措施，增收节支，提高企业经济效益。2008年国有粮食企业扭亏增盈取得重大突破，在2007年首次实现国有粮食购销企业统算盈利基础上，全国国有粮食企业实现统算盈利21.3亿元，比上年增长13倍。

(二)国有粮食企业改革中存在的主要问题

当前国有粮食企业改革和发展中，还存在不少困难和问题：一是企业“三老”遗留问题还没有彻底解决，负担仍然较重；二是各地改革进展

不平衡，部分地区企业产权制度改革进展缓慢；三是基层国有粮食购销企业仓储设施陈旧，有的地方仓容严重不足；四是部分基层国有粮食购销企业难以得到自主收购粮食贷款，经营比较困难；五是上规模、有品牌的大型粮食产业化龙头企业较少，缺乏影响力和带动力。

(三)进一步推进国有粮食企业改革的对策

1.妥善解决企业“三老”遗留问题

完善消化政策性粮食财务挂账的政策措施，明确未占用农业发展银行贷款的政策性亏损的具体弥补和消化办法。结合企业产权制度改革，通过多种方式，妥善解决企业经营性挂账。争取地方政府安排专项资金，解决国有粮食企业安置富余人员的资金缺口。

2.加快推进国有粮食购销企业战略性重组

加大对基层国有粮食购销企业产权制度改革力度，以县级骨干粮库为主体，实行兼并重组，组建公司制、股份制粮食购销企业，并以此为依托构建区域性粮食购销网络，积极掌握粮源，增强市场竞争力，继续发挥粮食购销主渠道作用。鼓励国有大型粮食经营企业对基层粮食购销企业的兼并重组，增强购销服务功能。

3.积极培育和扶持重点粮食产业化龙头企业

积极培育粮食产业化龙头企业，延伸和完善产业链条，发展粮食订单生产、订单收购。择优扶持一批有竞争力、带动力、效益好的大型骨干粮食产业化龙头企业做大做强，增强抵御市场经营风险能力。积极争取各级政府安排专项资金，对重点粮食产业化龙头企业的固定资产投资、技术升级改造和粮食生产基地建设进行专项补助和贷款贴息，对粮食产业化龙头企业从事粮食加工实行税收优惠政策。

4.进一步完善支持国有粮食企业改革的政策措施

一是落实对国有粮食购销企业的免征增值税政策，以及对有困难的国有粮食购销企业土地税、房产税免征或减征政策。二是完善农业发展银行粮食信贷资金管理办法，降低基层国有粮食购销企业贷款门槛，简化贷款手续，提高办贷效率，支持改革改制后的国有粮食购销企业开展粮食购销业务，掌握粮源。鼓励商业性金融机构支持粮食收购，调动商业银行支持粮食收购的积极性，促进农民增产增收。三是加大粮食物流设施建设和仓库维修改造的投入，增强粮食仓储和购销能力。

四 国有粮食企业经营状况分析

(一)国有粮食企业经营管理情况

2008年，面对国内雨雪冰冻、地震灾害，全球金融危机以及国际市场粮价剧烈波动对国有粮食企业经营的不利影响，各级粮食部门进一步深化国有粮食企业改革，加强对企业经营管理工作的指导，国有粮食企业继续保持良好发展势头，在2007年国有粮食购销企业首次实现统算盈利的基础上，2008年又实现了全国国有粮食企业统算盈利21.32亿元，其中国有粮食购销企业盈利18.25亿元。北京、天津、吉林、上海、江苏、浙江、安徽、福建、江西、山东、河南、湖北、湖南、广东、广西、四川、云南、陕西、新疆等19个省（区、市）实现了统算盈利。河北、海南、青海等省及新疆生产建设兵团国有粮食购销企业实现了统算盈利。

(二)国有粮食企业经营管理情况分析

国有粮食企业继续保持盈利的良好势头，一是各地高度重视国有粮食企业扭亏增盈工作，建立健全目标责任制，进一步完善扭亏增盈信息通报制度和对重点企业经营分析制度，及时了解掌握国有粮食企业经营情况，认真研究解决存在的问题，指导企业开展扭亏增盈工作。二是各地国有粮食企业一手抓改革，一手促发展，通过多种方式、多渠道开展粮食购销，继续发挥粮食购销主渠道作用。启动小麦最低收购价执行预案省份的国有粮食购销企业按最低收购价入市收购，既有效地掌握了粮源，稳定了市场粮价，保护了种粮农民利益，又增加了政策性补贴收入。加上国家对关内粮食企业到东北地区采购粳稻，继续给予一定运费补贴，调动了国有粮食企业参与购销的积极性。据粮食部门统计，2008年1~12月国有粮食企业累计收购粮食15471万吨（贸易粮），占全社会粮食收购总量的58%。三是绝大部分政策性粮食财务挂账从企业剥离上划到县级以上（含县级）粮食行政管理部门集中管理。各地通过多种方式消化处理企业经营性挂账，进一步减轻了企业负担。四是各地积极发展粮食产业化经营，开展粮食订单收购，增加了企业收入，提高了企业经济效益。

尽管国有粮食企业实现了全行业统算盈利，但在经营管理中还存在不少困难和问题：企业“三老”遗留问题还没有彻底解决；经营管理机制还不够灵活；部分基层粮食购销企业自主开展粮食购销难以取得贷款，经营困难；企业经营发展中有些政策环境需要进一步改善等。

(三)进一步做好国有粮食企业经营管理工作的措施

各地要从大力推进现代粮食流通产业发展、筑牢粮食宏观调控载体、确保国家粮食安全的高度，进一步加强对国有粮食企业经营管理工作的指导。继续妥善解决企业历史遗留问题，减轻企业负担，为企业扭亏增盈创造良好条件；进一步推动企业深化改革，努力创新体制机制，不断提高企业市场竞争力；指导企业依托现有优势，积极发展粮食产业化经营，切实增强企业经营活力；协调落实粮食收购资金，支持企业入市收购，积极掌握粮源，搞活企业经营；争取和落实支持国有粮食企业发展的有关政策，创造良好外部环境，实现国有粮食企业平稳较快发展。

第五部分

粮食宏观调控

一 2008年粮食最低收购价调整成效分析

(一)2008年粮食最低收购价政策情况

为调动农民务农种粮和地方政府重农抓粮的积极性，促进粮食生产发展和农民增收，保护农民利益，中共中央、国务院《关于切实加强农业基础建设进一步促进农业发展农民增收的若干意见》（中发[2008]1号）提出要巩固、完善、强化强农惠农政策，“继续对重点地区、重点粮食品种实行最低收购价政策”。

2007年四季度以来，国内市场化肥等农资价格大幅度上涨，影响粮食生产成本上升较多。针对这种情况，国家两次提高2008年小麦和稻谷最低收购价，并扩大了稻谷最低收购价实施范围。提高后的每50公斤白小麦（三等，下同）、红小麦、混合麦最低收购价水平分别为77元、72元、72元；早籼稻、中晚籼稻、粳稻分别为77元、79元、82元。稻谷最低收购价执行范围由7省扩大到11省（区），即在吉林、黑龙江、安徽、江西、湖北、湖南、四川7省的基础上，新增加了辽宁、江苏、河南、广西4省（区）。

2008年5月、7月和9月，国家发展改革委、财政部、农业部、国家粮食局、农发行和中储粮总公司等6部门（单位）先后联合下发了《关于印发2008年小麦最低收购价执行预案的通知》（发改经贸[2008]1185号）、《关于印发2008年早稻最低收购价执行预案的通知》（发改经贸[2008]1771号）和《关于印发2008年中晚稻最低收购价执行预案的通知》（发改经贸[2008]2384号）。预案规定：2008年小麦（三等，下同）最低收购价格每50公斤白小麦77元、红小麦和混合麦72元，早籼稻最低收购价格每50公斤77元，中籼稻最低收购价格每50公斤79元，粳稻最低收购价格每50公斤82元。预案明确了小麦、稻谷最低收购价水平及各等级差价、实行最低收购价政策的地区、执行责任主体、委托收储库点的确定、公布程序以及预案的适用时间等，并对实行小麦、早籼稻和中晚稻最低收购价政策的有关事宜作出了具体规定和安排。

(二)粮食最低收购价预案执行情况

1.认真做好预案执行的各项准备工作

为确保2008年粮食收购工作的顺利进行，有关地区各有关部门和国有粮食企业及早动手，积极做好资金、仓容、器材、人员等各项收购准备工作。预案印发后，各地充分利用电视、电台、报纸、网络等新闻媒体，广泛宣传粮食最低收购价政策。按照预案要求，中储粮总公司及时审核并向社会公布了执行最低收购价政策的委托收储库点名单。由于准备充分，措施得力，为最低收购价政策的贯彻落实打下了良好基础。

从2008年5月1日开始执行新修订的《小麦》国家标准。为确保新标准的顺利实施，国家粮食局举办了多期小麦硬度指数测定技术培训班，各小麦主产省也举办了新《小麦》国家标准培训班。同时，各地还加大对新修订的小麦国家标准的宣传力度，指导企业按规定使用小麦硬度仪等仪器进行质量检测，让农民交上“明白粮”。

2.适时启动最低收购价执行预案

2008年我国粮食连续第5年增产。新小麦上市后，主产区小麦市场价格低于最低收购价水平，5月21日~6月15日，湖北、安徽、河南、江苏、山东、河北6个小麦主产省先后启动了小麦最低收购价执行预案。新稻谷上市期间，稻谷市场价格一直高于最低收购价水平，早籼稻、中晚籼稻和粳稻等稻谷品种均没有启动最低收购价执行预案。

据统计，截至9月30日预案执行期结束，河北、江苏、安徽、山东、河南、湖北6省累计收购最低收购价小麦4174万吨，占6省国有粮食企业小麦收购总量的87%，同比增加1281万吨。

3.加强监督检查，确保政策落实

为认真落实最低收购价政策，督促和指导各地进一步做好粮食收购工作，粮食收购期间，国家粮食局先后派出多个工作组，分别由局领导带队，赴部分主产区进行调研和检查，及时协调解决收购过程中出现的新情况和新问题。总体看，2008年粮食收购工作进展比较顺利，市场价格保持在最低收购价水平之上，市场秩序良好，最低收购价政策得到了较好落实。

(三)最低收购价粮食竞价销售和跨省移库情况

1.最低收购价粮食竞价销售情况

2008年，国家有关部门继续在粮食批发市场公开竞价销售最低收购价粮食，把握销售力度，适时调整销售底价。据统计，2008年共成交最低收购价粮食3582万吨，其中稻谷306万吨、小麦3276万吨，有效地保证了粮食市场供应，稳定了市场价格。

2.最低收购价粮食跨省移库情况

为进一步充实销区粮食库存，保证市场供应，2008年7月，国家发展改革委、国家粮食局、财政部、铁道部、农发行、中储粮总公司继续下达第六批最低收购价粮食跨省移库计划50万吨，全部为2007年东北地区按最低收购价收购的粳稻。调出地区为吉林和黑龙江省，调入地区为北京、天津、河北、上海、江苏、浙江、山东、四川、云南、陕西、甘肃和宁夏等省（区、市）。截至2008年底，国家有关部门分六批共下达最低收购价粮食跨省移库计划1028.45万吨，累计完成738万吨。

另外，为落实《国务院关于支持汶川地震灾后恢复重建政策措施的意见》（国发[2008]21号）有关精神，及时做好抗震救灾安排动用的中央储备小麦补库工作，2009年1月国家有关部门将原安排调往吉林、黑龙江、福建等省的17.43万吨最低收购价小麦计划调整到四川、重庆、云南、陕西、甘肃等省（市）地震灾区，专项用于抗震救灾安排动用的中央储备小麦补库，并适当延长了出库截止时间。

二 2008年临时存储粮食购销及跨省移库情况

(一)2008年临时存储粮食收购情况

2008年，我国粮食获得大丰收，总产量创历史新高，加之受全球金融危机的影响，世界粮食市场价格大幅下跌，2008年秋粮上市以后，国内市场粮价出现下行趋势。考虑到农民种植成本上涨，为保护种粮农民利益，稳定市场价格，国家采取了对稻谷、玉米、大豆实行临时收储（含中央储备收购）等措施。2008年10月至2009年4月，国家有关部门先后下达六批临时收储计划共6975万吨（含中央储备大豆收购，下同），其中稻谷2250万吨、玉米4000万吨、大豆725万吨。国家临时存储稻谷、玉米收购执行期已于2009年4月底结束，临时存储大豆收购执行期延长至6月末。截至2009年5月底，国家临时存储粮累计收购5641万吨，其中稻谷1435万吨、玉米3574万吨、大豆632万吨。总体看，国家实施临时收储政策后，市场价格有所回升，多数主产区市场价格保持在挂牌收购价格水平以上。

(二)2008年临时存储粮食竞价销售和跨省移库情况

1.临时存储粮食竞价销售情况

2008年国家有关部门继续在粮食批发市场公开竞价销售临时存储粮食，根据市场情况，把握销售节奏和力度，适时调整销售底价。据统计，2008年共销售成交国家临时存储粮食237万吨，其中玉米143万吨、进口小麦94万吨，保证了市场供应，稳定了市场价格。

2.临时存储粮食跨省移库情况

为缓解东北地区收储压力，充实销区库存，2008年国家分5批下达东北地区国家临时存储玉米跨省移库计划534万吨。截至2008年底，共完成365万吨。

另外，国家继续实行东北稻谷（大米）入关运费补贴政策。据统计，补贴政策实施期间，东北地区稻米入关数量达624万吨，其中稻谷273万吨、大米351万吨。这项政策的实施，对于促进东北地区稻谷价格回升和市场流通发挥了重要作用。

实施粮食临时收储政策是国家宏观调控的重要措施。在全球金融危机持续蔓延，对我国农业和农村经济的负面影响逐步显现，国内农产品价格下行压力较大的情况下，为认真贯彻落实党的十七届三中全会和国务院有关文件精神，国家有关部门在粮食主产区实施临时收储政策，对于解决农民“卖粮难”、稳定市场粮价、增加农民收入、保护农民利益、增强农村消费能力、促进农业经济发展发挥了非常重要的作用。

三 抗震救灾粮食供应保障工作

"5 · 12"四川汶川特大地震发生后，国家粮食局迅速向灾区粮食部门了解灾情和粮油供应情况，要求各有关地区粮食部门紧急行动起来，全力以赴做好抗震救灾和灾区粮油供应工作，维护粮食市场和价格稳定，确保灾区群众有饭吃，保障军粮供应。国家粮食局还派出多个工作组分赴受灾地区检查、指导和督促当地粮食部门进一步做好灾区粮油供应和灾后恢复重建工作。聂振邦局长亲自带领工作组赶赴四川地震重灾区，检查指导灾区粮油供应和夏粮收购工作。

(一)及时对灾区粮食供应工作作出部署

2008年5月13日，国家粮食局召开党组（扩大）会议，对做好灾区粮食供应和市场稳定工作进行了部署。决定成立国家粮食局抗震救灾工作领导小组，组长为党组书记、局长聂振邦同志，副组长为党组成员、副局长郄建伟、任正晓、张桂凤、杨兵（纪检组长）、曾丽瑛同志，局内各司室和有关中心主要负责同志为小组成员。领导小组下设办公室，办公室设在调控司，具体负责抗震救灾的粮油保障工作，有关司室协助做好相关工作。会后，立即下发了《关于做好抗震救灾确保灾区粮油供应工作的紧急通知》，强调各地粮食部门要采取有效措施，加强粮源组织调度，及时投放成品粮储备，组织好粮油加工和投放工作，确保受灾群众和抢险救援部队的粮食供应。同时，迅即派出工作组赶赴四川地震灾区，指导和帮助地方粮食部门做好灾区群众粮食供应。对跨区参加抢险救援部队的粮食供应，特事特办，千方百计保证部队需要。此后，国家粮食局又先后多次召开会议，认真分析地震灾区粮食供应形势，研究制定保证灾区粮食供应工作的具体措施，并派出多个工作组检查落实情况。

(二)及时研究提出灾区困难群众口粮供应工作方案

根据2008年5月17日国务院抗震救灾总指挥部的会议精神，按照"3个月内向灾区困难群众每人每天发放1斤口粮的标准"，国家粮食局立即与有关部门沟通协商，研究提出了保证灾区群众口粮供应方案。国家粮食局会同有关部门分三批下达中央储备粮抗震救灾计划62.6万吨。

(三)加强成品粮组织调度和投放工作

四川省等灾区各级粮食部门紧急行动，克服困难，迅速动员和组织广大干部职工全力以赴投入到抗震救灾和灾区粮油供应工作中去，积极采取措施，加强粮源调度，组织粮油加工企业开足马力生产，增加粮油加工数量，切实做好成品粮油加工、调运和供应工作，确保了灾区群众和抢险救援部队及抗震救灾人员"有饭吃"。同时，抓紧将受损粮库的粮食转移到安全地带，保证了库存粮食的安全。灾区粮食部门许多干部职工强忍失去亲人和房屋损毁的悲痛，积极投入到抗震救灾和保障灾区粮油供应工作中，为抗震救灾工作做出了重要贡献。四川省绵阳市粮食局从本系统抽调10多名干部冒着余震不断、随时可能出现山体滑坡和危房倒塌的危险，深入北川县地震灾区调查布点，迅速组建了“北川粮油供应站”，保证了灾区群众和救灾人员的用粮需要。各省（区、市）粮食局都建立了24小时值班制度，保证信息畅通，做好随时支援灾区的准备。国有粮食企业充分发挥主渠道作用，确保了灾区粮油市场供应和价格基本稳定。

（四）支持灾区畜牧业生产恢复和发展

四川省“5·12”抗震救灾指挥部以及四川省粮食局、发展改革委、畜牧食品局分别报告，请求国家有关部门帮助四川省灾区解决20万吨中央储备玉米用于饲料生产。对此，国家粮食局立即进行认真研究，并会同有关部门下达国家临时储存玉米定向销售计划19.7万吨，按库存成本价定向销售四川省部分饲料生产企业，以支持地震灾区畜牧业生产恢复和发展，确保畜牧养殖业的饲料用粮需要。

（五）安排四川地震灾区小麦代储和收购工作

为帮助四川地震灾区农民安排好今后生产生活，渡过难关，2008年5月21日，国家发展改革委、国家粮食局、财政部、农业发展银行发出紧急通知，明确对灾区小麦代储和收购给予费用补贴等政策，支持四川灾区做好小麦收购工作，并要求各级粮食部门要深入灾区，指导收购工作，切实把灾区农民需要交售的小麦收购好、储存好、保管好。灾区粮食部门努力克服困难，在做好救灾粮供应的同时，千方百计做好夏粮收购和代储工作。通过采取上门收购、预约收购、田间收购、固定点收购、流动车收购等多种方式，方便灾区农民售粮。截至2008年8月底，四川地震灾区实际收购、代储小麦58.9万吨。受灾农民非常感谢党和政府对灾区群众的关心和支持，对小麦收购、代储工作表示满意。

（六）多次派出工作组赴地震灾区，检查指导抗震救灾粮油供应和夏粮收购工作

国家粮食局先后派出多个工作组，赴四川等地震灾区检查指导抗震救灾粮油供应等工作落实情况。5月13日下午，国家粮食局军粮办派出工作组赶赴灾区指导协调军粮供应工作。5月21~30日，国家粮食局党组成员、副局长任正晓带队赴四川、甘肃、陕西指导灾区军粮保障工作。5月22~24日，国家粮食局党组书记、局长聂振邦带领工作组，赴四川德阳、绵阳、成都等地震重灾区，实地了解和查看灾情，指导灾区抗震救灾粮油供应和夏季粮油收购工作。6月10~13日，国家粮食局党组成员、副局长曾丽瑛带领工作组，赴四川重灾区粮食收购点、灾民安置点、救灾粮食存放仓库和救灾粮发放点检查指导夏粮收购、代农储粮和救灾粮油发放工作，看望慰问灾区粮食职工及家属和受灾群众。7月7~10日，曾丽瑛同志又带队赴甘肃省地震灾区检查指导救灾粮油发放工作。灾区各级政府、受灾群众和抢险救灾部队对粮油供应工作非常满意。

（七）加强市场监测，随时掌握灾情及市场供应情况

“5·12”汶川地震发生后，国家粮食局加

强了对四川、重庆、云南、陕西和甘肃等5个受灾严重省（市）的救灾粮油供应、中央储备救灾粮加工调运、市场粮油供应以及价格变化情况的实时监测，密切关注受灾地区粮油市场供求和价格变化情况，及时了解和掌握最新动态，并将有关监测信息，每日及时报送国家发展改革委。总的来看，受灾的5省（市）粮油市场供应充足，价格基本平稳。

专 文

2008年抗震救灾军粮供应工作

5月12日，汶川特大地震发生后，大批解放军、武警部队官兵按照党中央的部署和中央军委的命令，迅速奔赴灾区抗震救灾。国家粮食局对抗震救灾部队的粮油供应工作也迅速作出部署。各地特别是灾区粮食部门军粮供应战线的广大干部职工按照国家粮食局的要求，在地方党委、政府的领导下，迅速投入到抗震救灾部队粮油供应保障工作中。从地震发生到8月18日这段抗震救灾最紧张的近100天里，地方军粮供应部门克服重重困难，夜以继日地工作，为抗震救灾部队供应军粮10000多吨，食用油及副食品600多吨。同时，还为抗震救灾预备役官兵、抢险救援队、医疗队及社会各界供应粮油、副食品17000多吨。军粮供应部门出色的保障工作，受到了抗震救灾官兵的一致赞扬，也得到了解放军总后勤部、武警总部后勤部领导的充分肯定。在抗震救灾军粮供应工作中，涌现出一大批先进单位和先进个人，受到了国家粮食局和地方党委、政府的表彰，特别优秀者还受到党中央、国务院、中央军委的表彰嘉奖。

一、国家粮食局迅速部署，靠前指挥

地震发生后，国家粮食局对抗震救灾部队粮油供应保障工作迅速作出部署：

一是要求各级军粮部门积极行动起来，全行业动员，举全省、全行业之力保军粮供应，把确保抗震救灾部队军粮供应作为当前的首要任务。所有领导成员、工作人员要不怕困难，顽强奋战，坚守岗位，恪尽职守，紧张有序地组织好军粮供应工作。

二是迅速恢复受灾省的军供设施，确保正常的军粮供应。一时难以恢复的网点，要采取搭建临时网点以及送粮上门的方式，确保供应。

三是全面进入应急状态，打破工作常规，急部队之所急，想部队之所需，解部队之所难，通过伴随保障或送粮上门，及时、安全、高质量地把军粮供应到部队营房和抢险救灾第一线，做到部队战斗在哪里，军粮就保障到哪里。积极创造条件，尽可能为部队供应熟食、热食和方便食品，通过优质的军粮供应和服务，确保部队官兵一日三餐，确保部队战斗力的稳定、持久。在做好军粮供应的同时，还要积极做好抗震救灾预备役官兵、抢险救援队、医疗队等人员的粮油供应。

四是积极为跨区作战部队提供及时的粮油供应。对调防部队没带购粮卡、证的要特事特办，在查核基本资讯的情况下，要先确保供应，事后再按规定办理结算。

五是各级军粮管理部门要靠前指挥，协调解决基层的实际困难，督促、指导基层做好军粮保障工作。加强对群众的宣传教育工作，带头落实当地党委和政府的统一部署。

根据局领导指示，国家粮食局军粮供应办公室迅速作出反应，于5月13日将上述部署传达至各省、自治区、直辖市军粮供应管理机构，公布24小时军粮应急电话；迅速与总后勤部、武警部队后勤部沟通情况，了解需求；与四川省粮食局及该省阿坝州粮食局取得联系，紧急布置军粮供应任务。同日，国家粮食局派出军粮供应工作组到达四川灾区，直接了解灾区情况，指导抗震救灾军粮供应工作。

地震发生后一个月内，国家粮食局先后派出5个军粮工作组19人次赴四川、重庆、甘肃、陕西、云南检查指导抗震救灾军粮保障工作。其间，国家粮食局领导亲自带队赴川、甘、陕重灾区指导工作，慰问部队，看望职工，要求各级粮食部门切实加强对军粮供应工作的领导，重灾市县的粮食局长要在总揽抗震救灾全局工作的同时，切实当好“军供站长”，将确保军粮供应放在首要的工作位置，务必做到“五个确保”：一要确保粮源充足，随时掌握重灾区粮油库存变化和部队需求，及时补充库存，确保部队需要的大米、面粉和食用油有充足库存；二要确保及时加工，当前要统筹使用好既有的加工能力，灾后要突出加强军粮应急加工保障能力的建设；三要确保质量安全，严格军粮质量检验，把最好的粮食供应给部队，不让一粒不合格的粮食流入军营；四要确保及时供应，要在当地政府的统一安排调度下，加强与部队联系，搞好运输衔接，部队有需要，立即供应到位；五要确保部队满意，千方百计、竭尽所能为部队办实事，为官兵提供最优质的保障服务。

抗震救灾期间，国家粮食局军粮办建立了灾区三日报告制度，编发《军粮抗震救灾工作专报》、《军供情况反映》，及时向财政部、总后勤部等相关部门反映灾区军粮供应情况，迅速统计灾区军粮供应、军供设施毁损等资料，提出应急网点设置方案。国家粮食局向财政部申请地震灾区临时军供网点应急保障补助资金940万元，紧急拨付四川、甘肃、陕西、重庆等粮食部门，用于恢复或开设临时军供网点，保障军粮应急供应。这批资金为灾区紧急购置临时军供网点急需的帐篷、储粮简易活动房、发电机、防雨篷布等应急设施解了燃眉之急，为保障抗震救灾部队军粮供应提供了必要的支持。

二、地方军粮供应部门出色完成抗震救灾保供任务

四川、甘肃、陕西、重庆等省市的军粮供应主管部门按照国家粮食局的部署及当地粮食局的要求，在灾后立即启动军粮应急保障预案，采取果断措施：

(一)迅速建立供应关系

四川省粮食系统军供部门与成都军区军需给养部门密切配合，为入川救灾部队及时提供了地方军供部门联系方式。各基层军供站主动与到达部队衔接，在尽可能短的时间内与大量入川救灾部队取得联系，并立即开展军粮应急供应工作。

(二)及时掌握充足粮源

灾区基层军供站点依托国家粮食储备和周边地区粮食部门的大力支援，在省粮食局的统一指挥调配下，军供粮源和后续补给充足，满足了部队大量迅速集结对粮食的需求。

(三)及时调整供应关系

四川、甘肃、陕西、重庆部分军供设施损毁严重，军供部门紧急开展自救，恢复供应能力，主动加强与部队的沟通联系，打破常规和供应区域限制，调整供应保障关系，前后方衔接，不分昼夜，按部队所需供应。四川省对军供网点被彻底毁损的重灾区，按属地原则由上级粮食局迅速明确接替供应单位或设置临时供应网点，如绵竹市由德阳市负责供应；北川县由绵阳市负责供应；什邡市在城关粮站设置临时军供点，专门保障外地部队的供应等。对情况极其特殊的阿坝州汶川县，省粮食局决定由成都市温江区军供站负责供应。

(四)扩大供应范围，尽最大努力满足部队需求

四川、甘肃、陕西、重庆、云南、湖北、河南、山东等军粮供应部门紧急部署，落实保供措施。有关军粮供应站紧急为当地将奔赴灾区的部队配送军粮，有的还采取伴随保障方式随军保供。参加抢险救灾的部队来自不同省区，地域生疏，他们希望军粮供应部门除保障粮油供应外，尽可能给他们提供一些蔬菜、副食、熟食、方便食品等物资。国家粮食局和省粮食局要求粮食系统军粮供应部门务必精心组织，尽最大努力满足部队对蔬菜、副食等物资的需要。

灾区各级粮食军供部门积极行动，各军供站除保证救灾部队粮油供应外，还积极为部队采购蔬菜、肉食、熟食、热食、方便食品等副食品。截至2008年8月18日，地方军粮供应部门为抗震救灾解放军、武警部队供应军粮10780吨，食油、豆类、肉类、蔬菜、调料610吨和价值900多万元的生活日用品，圆满完成抗震救灾军粮保障任务。同时，灾区各级军粮供应部门还积极发挥主渠道作用，主动为抗震救灾预备役官兵、抢险救援队、医疗队以及社会各界供应粮油和其他副食约17340吨。

三、充分发挥骨干军供站作用

这次强烈地震使部分军供站点设施损毁严重。紧急状态下，骨干军供站发挥了重要作用。他们临危受命，毫不犹豫地担当起为抗灾部队提供应急保障的重担。如四川省成都市温江区军粮供应站就跨区承担了驻汶川映秀、茂县、理县部队的粮油供应任务。5月13日午夜，军供站与正在赶往灾区途中的济南军区某部“铁军”取得联系，由于任务紧急，部队轻装进入灾区，生活装备严重不足，急需粮油、副食和部分生活用品，部队要求越快越好，希望在部队到达灾区第一时间拿到所需物资。由于是半夜，商店关门，军供站职工就挨家敲门说明情况，连续敲了12家商店，终于在部队到达之前筹措完毕。凌晨4：30当军供站人员将这些物资送到刚刚到达灾区的部队官兵手中时，这支“铁军”深为感动。从此，成都市温江区军供站就成了这支“铁军”的“铁后勤”。他们不怕困难，不惜代价，部队需要什么，军供站就送什么，部队救灾到哪里，军粮就送到哪里，道路通到哪里，军供站就送到哪里。从成都送到驻汶川部队所在地，平常100公里的路，道路不通时要绕行700多公里。由于道路险情不断，单程就需要3天，职工吃住全部在车上。在抗震救灾最繁忙的一段时间里，军供站全体职工基本就没有休息过，男同志4天回一次家，女同志3天回一次家，全力保障前方救灾部队的需要。这支“铁军”在赠给温江区军供站的锦旗上写道：

在抗击汶川地震战斗中，“困难再大没有你们的干劲大”。成都军区联勤部军需物资成都采购站也赠送了“保障有力，服务周到”的锦旗，表达了抗震救灾部队对军粮供应部门的高度赞扬。

甘肃省文县是此次地震的重灾区。地震发生后，武警甘肃总队600余名官兵迅速赶赴灾区开展救援行动。部队出发前，兰州市军粮中心以最快的速度为部队配送了部分粮油，随后，他们一直和这支部队保持联系。当得知部队食用油和副食品即将用完的消息后，立即购买了100箱方便面、40箱矿泉水、10箱火腿肠，连同大米、面粉各1000公斤，食用油160箱及价值8000多元的慰问品连夜装车。5月28日上午9时整，兰州市军粮中心三辆满载着米、面、食用油等保障慰问物品的汽车开往文县。由于当天文县刚刚发生一次5.0级余震，加上连续几天的降雨使道路变得异常难行，经过近22个小时的长途跋涉，5月29日早上7点多他们终于赶到文县抗震救灾部队驻地。武警甘肃总队官兵冒雨列队欢迎兰州市军粮中心保障慰问小组的到来，总队副政委动情地说：“在如此艰难的条件下，你们千里迢迢慰问部队，抗震救灾部队官兵特别感谢，同时也请省、市军供部门和灾区人民放心，抗震救灾部队将牢记使命，坚决夺取这场抗震救灾斗争的全面胜利。”

抗震救灾期间，全国粮食系统参加动员准备的军供站达500余家，四川、甘肃、陕西、重庆灾区直接参加供应保障的骨干军粮供应站57家。涌现出四川省粮食局军粮供应中心、广元市军供站、绵阳市军供站、江油市军供站、雅安市军供站，甘肃省军粮配送中心、陇西县军供站、天水市军粮供应站，陕西省军粮采购供应站、渭南市军供站、宁强县军供站，重庆市粮食局军粮供应处，云南省昆明军供站，湖北省武汉市黄陂区军粮供应站等一批骨干军供机构和军粮供应站，它们为抗震救灾部队粮油及副食品等物资的应急保障付出了艰辛努力，发挥了重要的应急保障作用。

解放军总后勤部和武警总部有关部门领导都高度评价抗震救灾军粮保障工作。总后勤部有关部门领导把抗震救灾军粮保障工作概括为六好：一是供应关系好，二是供应持续好，三是军粮质量好，四是送粮到位好，五是解决特需好，六是服务灾民好。认为“经过抗震救灾等一系列军粮应急保障，更加感觉到军粮供应队伍是一支可靠的、值得信赖的、过硬的队伍”。部队官兵一致认为，经过抗震救灾的严峻考验，军粮供应部门交了一份合格的答卷，并称赞军粮保障是军队后勤保障中最成功的保障之一。在总结军粮应急保障经验时，总后勤部认为：军粮工作做得好，主要得益于国家粮食局党组的坚强领导、得益于现行军粮供应体制和军供网络的作用、得益于军地双方的密切配合、得益于过硬的军供队伍。

由于抗震救灾军粮保障工作出色，国家粮食局军粮供应办公室总经济师何贤雄同志被评为全国抗震救灾先进个人并获得中央国家机关“五一”劳动奖章；四川省军粮供应中心等8个单位、王芒等11位军供人员分别被评为全国粮食系统抗震救灾先进集体和先进个人。

四 粮食市场体系建设

（一）2008年粮食市场体系建设和发展情况

按照2008年全国粮食局长会议的部署，国家和地方粮食部门进一步加强了对粮食市场建设工作的指导。国家粮食局积极组织实施《全国粮食市场体系建设"十一五"规划》（以下简称《规划》），大力推进全国统一粮食竞价交易平台建设，进一步完善国家粮食局重点联系批发市场制度，加强粮食市场体系建设的调研和理论研究，推进了全国粮食市场发展和建设。地方粮食部门认真贯彻落实《规划》，研究编制本地粮食市场发展规划，出台税费、土地、贷款等方面优惠政策，引导和支持粮食市场发展，粮食市场体系建设取得新的成效。

1.粮食收购市场

各地积极培育和发展多元市场主体参与粮食收购，健全粮食收购市场准入制度，加强粮食收购市场监管，既搞活了农村粮食收购市场，又维护了正常收购秩序。目前参与粮食收购的市场主体主要包括国有粮食企业、粮食经纪人、加工企业和个体商户，其中取得收购资格的市场主体7.75万家，社会多元主体占70%以上。2008年全国各类粮食经营企业收购粮食29018万吨（原粮），占全年粮食产量的54%；其中国有粮食企业收购17081万吨，占全部收购量的58%。从收购量来看，国有粮食企业仍发挥着主渠道作用。

2.粮食零售市场

2008年粮食零售市场在原有城市以超市、社区便利店为主，农村以集贸市场为主的格局上发生了新变化，出现了一些新的渠道和模式。在城市，依托于物流配送网络的"B-TO-C"粮食电子商务模式进一步发展。在农村，随着"万村千乡"市场工程、"放心粮油"进农村活动深入开展，一些地方粮油产品的连锁配送经营有了很大发展。如四川省乡村粮油超市和连锁店已达到3693个，比2007年末增加421个，连锁经营收入实现5.85亿元，粮油经营量达30.6万吨。

3.粮食批发市场

2008年，国家粮食局继续加强粮食批发市场建设工作。一是完善重点联系粮食批发市场制度，加大指导与扶持力度。新批复河南、陕西、内蒙古通辽3家粮食批发市场为国家粮食局重点联系单位，使重点联系的粮食批发市场达到46家，包括22家商流粮食批发市场和24家成品粮批发市场，覆盖25个省会城市和12个大中城市。二是推进全国统一粮食竞价交易系统建设，充分发挥宏观调控载体作用。当年新批准组建福州等8个国家粮食交易中心，使国家粮食交易中心总数达18个。同时，以国家粮食交易中心为主体，全国23家粮食批发市场联网的统一竞价交易平台进一步完善，较好地完成了国家政策性粮食交易任务，为应对国际市场粮价大起大落、稳定国内粮食市场发挥了重要作用。据不完全统计，截至2008年底，我国有各类粮食批发市场550多家，成交量达到了1.6亿吨，约占当年社会粮食商品流通量的60%。通过全国统一粮食竞价交易系统共交易各类国家政策性粮食4209.16万吨。

4.粮食期货市场

2008年，国内农产品期货市场同全球所有期货市场一样，经历了“过山车”式的巨幅震荡。上半年，在全球通胀的大背景下，农产品期货市场延续了近两年的大牛市行情，很多品种都创下了历史新高，但进入下半年，受全球金融危机影响，农产品期货市场也出现了深幅调整。从成交量看，2008年全国粮食期货成交量和成交金额为66741.45万手和271810.37亿元，同比分别增长了48.60%和103.03%，其中除了玉米交易量基本持平外，其余品种均有较大幅度增长。从价格走势看，所有农产品期货品种都经历了先扬后抑走势，其中震幅最大的是油脂油料类产品。2008年的国内油脂油料期货市场在外围市场走势、国内调控政策等因素作用下，呈现震荡走高后的大幅下挫行情，年底豆一指数收盘价较2008年最高点下跌了37%。国内玉米期货市场上半年一直保持高位运行，之后受国际玉米价格大幅下跌、国内饲料业消费萎缩等影响，一路下跌，最低跌至1559元/吨。小麦期货市场在2月份创出新高后（郑州强麦指数于2月27日创出2249元/吨的历史新高），经历了下跌、反弹、再下跌并企稳的走势。国内小麦期货虽然走势反复，但是由于小麦市场相对独立于国际市场，其震幅是所有品种中相对较小的，这在2008年10月国家公布小麦最低收购价后表现更为明显。

表5-1 2008年度粮油期货合约交易情况表

单位：成交量：万手；成交金额：亿元

品种名称	2008年成交量	2007年成交量	同比增减	2008年成交额	2007年成交额	同比增减
优质强筋小麦	5501.86	7796.56	−29.43%	11407.47	15128.90	−24.60%
硬白小麦	32.86	5.14	539.29%	59.61	8.51	600.47%
豆一	22736.31	9486.54	139.67%	95190.20	37440.63	154.24%
豆二	8.56	4.01	113.47%	37.79	15.88	137.97%
玉米	11983.69	11887.35	0.81%	21571.47	19821.83	8.83%
豆粕	16253.09	12943.89	25.57%	54157.90	39138.73	38.37%
豆油	8939.20	2656.77	236.47%	83290.12	21735.87	283.19%
菜籽油	1285.88	131.92	874.74%	6095.81	586.01	940.22%
总计	66741.45	44912.18	48.60%	271810.37	133876.36	103.03%

说明：①数字资料来源于郑州商品交易所和大连商品交易所。
②成交量、成交金额均按双边计算。

(二)2009年粮食市场体系建设工作思路

2009年，国家粮食局将继续组织实施《全国粮食市场体系建设“十一五”规划》，加强对粮食市场体系建设的规划和指导。一是督促各地贯彻落实《规划》，认真研究制定并组织实施本地市场建设规划，引导地方粮食市场建设合理布局、有序推进。二是抓紧建设北京、上海、云南、广西、新疆国家粮食交易中心，加快完善全国统一的粮食竞价交易系统，扩大交易市场联网范围，健全市场交易规则和监督机制，提高交易效率。三是积极推进储备粮轮换等政策性粮食购销进入全国粮食竞价交易系统交易，充分发挥统一竞价交易平台在提高宏观调控效率、降低调控财政成本、保障市场供应、维护价格基本稳定和保障国家粮食安全等方面的作用。四是继续加强对大中城市成品粮批发市场发展建设的指导与扶持，加强场内粮食质量监管，保证居民粮食消费稳定供应和质量安全。五是加强农村粮食流通体系建设，合理规划布局，引导部分信誉良好、服务周到、管理规范的基层粮食企业，按照市场化运作方式，发展乡村粮油超市、连锁店、配送中心等新型粮食流通业态，巩固和发展农村粮食流通网络。鼓励和支持多元粮食市场主体发展，大力培育农村粮食经纪人和粮食经济合作组织，搞活粮食购销和经营。

五 粮食储备体系建设与管理

2008年，各级粮食行政管理部门继续加强粮食储备体系的建设与管理，各项工作取得了新的进展。一是国家有关部门及时下达了中央储备粮年度轮换计划，进一步加强对中央储备粮轮换计划执行情况跟踪检查，保证了轮换工作的平稳有序开展。中储粮总公司按轮换计划认真组织实施，轮换工作进展顺利，计划完成情况好于上年，确保了库存粮食质量良好，储存安全。二是中央储备粮垂直体系建设取得新的进展。国家有关部门下发文件划转上收96个国债投资建设粮库为中央储备粮直属库，中央储备粮垂直管理体系逐步健全。三是积极充实地方粮油储备。2008年6月国家有关部门下达了地方粮食储备规模指导性计划，要求各地择机逐步充实地方储备粮，尤其是成品粮（含小包装）储备，以增强宏观调控能力和应急能力。地方储备布局和品种结构进一步改善，地方储备粮管理和运行机制不断健全，管理能力和水平稳步提高。四是各级食用植物油储备得到充实。积极落实《国务院办公厅关于促进油料生产发展的意见》（国办发[2007]59号），中央储备食用植物油规模得到进一步增加。

六 粮食产销合作现状与展望

2008年，粮食产销合作继续健康发展，合作水平不断提高，合作内容不断丰富，合作规模不断扩大。一是认真落实东北粳稻运费补贴政策，切实解决东北粳稻“卖粮难”问题。国家先后两次出台了关内销区采购东北粳稻（大米）入关运费补贴政策。2008年初，国家粮食局会同有关部门分别在哈尔滨市和长春市召开了产销衔接会，为促进产销区企业合作搭建了有效的平台。各地粮食部门积极加强与有关部门的沟通协调，认真抓好政策的具体落实，有力地推动了东北稻米向关内销区的顺利流通，缓解了东北地区的收储压力，优化了库存布局。据统计，2008年上半年，关内销区在国家运费补贴政策期内共采购东北稻米375万吨。2008年新粮上市后，国家继续实行了这一政策，进一步加快东北稻米向销区的流通。二是各地积极举办各类产销合作洽谈会，取得了可喜的成绩。2008年,各类产销合作洽谈会共签订粮食购销合同2050万吨。“黑龙江金秋粮食交易合作洽谈会”、“福建七省粮食产销协作洽谈会”等产销合作会参会企业和交易数量均比上年有所增加，示范带动效应日益显现，对促进区域粮食供求平衡发挥了重要作用。三是各地积极开展区域内的双边或多边产销合作，努力建立长期稳定的合作关系。江苏、四川等省连续多年开展省内市（县）产销合作；天津、浙江、上海等省（市）进一步扩大与产区的合作规模；江西宜春、湖北襄樊等市分别与销区多个市（县）签订了合作协议，努力探索建立产销区长期稳定的合作关系。

2009年，要贯彻落实好中央1号文件提出的要求，继续加强“北粮南运”，支持销区企业到产区采购；要继续做好关内销区到东北地区采购粳稻（大米）的调运工作。进一步加强与铁路等有关部门的沟通协调，完善促进产销合作发展的政策措施，积极引导粮食产销区建立利益协调机制，努力营造促进产销合作发展的良好环境，鼓励产区与销区建立多形式、深层次、长期稳定的粮食产销合作关系，努力扩大合作规模和范围。销区粮食行政管理部门要继续支持有实力的企业到产区开展订单生产、订单收购，或委托产区企业与农户签订定单；产区粮食行政管理部门要继续为销区企业提供便利和服务，进一步提升产销合作水平，促进粮食有序顺畅流通。

七 国家粮食安全中长期规划

粮食安全始终是关系我国国民经济发展、社会稳定和国家自立的全局性重大战略问题。为加强粮食宏观调控，切实保障中长期国家粮食安全，国家发展改革委会同有关部门研究编制了《国家粮食安全中长期规划纲要（2008～2020年）》（以下简称《纲要》），经国务院批准，于2008年11月向社会发布。《纲要》的主要内容包括：

（一）粮食安全取得的成就及面临的挑战

1.取得的成就

总的看，我国粮食综合生产能力稳步提高，食物供给日益丰富，粮食流通体制改革取得重大突破，保障粮食安全的政策支持体系初步建立，粮食宏观调控体系进一步完善。特别是近年来，在工业化和城镇化进程加快、耕地面积逐年减少、居民消费水平日益提高的情况下，粮食产量保持稳定增长，粮食自给率保持在95%以上，实现了供需基本平衡，满足了居民食物消费及经济社会发展对粮食的基本需求，为今后保障粮食和食物安全奠定了较好的基础。

2.面临的挑战

当前粮食安全形势总体良好，但从长远看，受人口、耕地、水资源、气候、能源、国际市场等因素变化影响，我国粮食安全将面临严峻挑战。一是随着人口增长、城镇化发展、居民生活水平的提高，粮食消费需求总量呈刚性增长；二是耕地数量逐年减少；三是水资源短缺矛盾突出；四是粮食供需区域性矛盾突出；五是粮油品种结构性矛盾加剧；六是种粮比较效益偏低，保护农民种粮积极性的难度加大；七是利用国际市场弥补国内个别品种供给不足的难度很大。

(二)保障粮食安全的指导思想和主要目标

1.指导思想

以邓小平理论和“三个代表”重要思想为指导，全面落实科学发展观，按照全面建设小康社会、构建社会主义和谐社会和建设社会主义新农村的重大战略部署和总体要求，坚持立足于基本依靠国内保障粮食供给，加大政策和投入支持力度，严格保护耕地，依靠科学技术进步，着力提高粮食综合生产能力，增加食物供给；完善粮食流通体系，加强粮食宏观调控，保持粮食供求总量基本平衡和主要品种结构平衡，构建适应社会主义市场经济发展要求和符合我国国情的粮食安全保障体系。

2.主要目标

为保证到2010年人均粮食消费量不低于389公斤、到2020年不低于395公斤，要努力实现以下目标：

(1)稳定粮食播种面积。到2020年，耕地保有量不低于18亿亩，基本农田数量不减少、质量有提高。全国粮食播种面积稳定在15.8亿亩以上。

(2)保障粮食基本自给。粮食自给率稳定在95%以上，到2010年粮食综合生产能力稳定在5000亿公斤以上，到2020年达到5400亿公斤以上。

(3)保持合理粮食储备水平。中央和地方粮食储备保持在合理规模水平。粮食库存品种结构趋向合理，小麦和稻谷比重不低于70%。

(4)建立健全“四散化”粮食物流体系。到2010年全国粮食物流“四散化”比例达到30%，到2020年提高到55%。

(三)保障粮食安全的主要任务及政策措施

1.主要任务

《纲要》提出了“提高一个能力、利用两种资源、完善三大体系”六个方面的任务。

(1)提高粮食生产能力。一是加强耕地和水资源保护；二是切实加强农田基础设施建设，稳步提高耕地基础地力和产出能力；三是强化科技支撑，着力提高粮食单产水平；四是加强主产区粮食综合生产能力建设，建设一批核心产区，开发一批后备产区；五是健全农业服务体系，不断强化对农业和粮食生产的产前、产中和产后服务。

(2)利用非粮食物资源。一是调整种养结构，逐步扩大优质高效饲料作物种植，大力发展节粮型畜牧业；二是积极发展水产养殖业和远洋渔业，促进水产养殖业可持续发展；三是在优先保证口粮作物生产的基础上，努力扩大主要油料作物生产，稳定食用植物油的自给率；四是合理利用山区资源，大力发展木本粮油产业。

(3)加强粮油国际合作。完善粮食进出口贸易体系。积极利用国际市场调节国内供需。加强政府间合作，与部分重要产粮国建立长期、稳定的农业（粮油）合作关系。鼓励国内企业"走出去"，建立稳定可靠的进口粮源保障体系，提高保障国内粮食安全的能力。

(4)完善粮食流通体系。一是继续深化粮食流通体制改革，推进国有粮食企业兼并重组，重点扶持一批国有粮食收购、仓储和加工骨干企业发挥主渠道作用，发展农民专业合作组织，推进粮食产业化发展；二是健全粮食市场体系，完善批发市场和城乡粮油供应网络，稳步发展粮食期货交易；三是加强粮食物流体系建设，推进粮食运输"四散化"和相关基础设施建设。

(5)完善粮食储备体系。一是进一步完善战略专项储备与调节周转储备相结合、中央储备和地方储备相结合、政府储备与企业商业最低库存相结合的粮食储备调控体系；二是优化储备布局和品种结构，重点向主销区、西部缺粮地区和贫困地区倾斜，适当增加大中城市成品粮油储备；三是继续健全储备粮管理机制，充分发挥储备粮调控作用，并加强仓储基础设施建设。

(6)完善粮食加工体系。一是大力发展粮食食品加工业，推进粮食加工副产品的综合利用，提高资源利用率和增值效益；二是积极发展饲料加工业，优化饲料产业结构，大力发展新型饲料资源，满足饲养业发展需要；三是强调在保障粮食安全的前提下，适度发展粮食转化加工，并加强宏观调控和科学规划。生物质燃料生产要把握"不与粮争地，不与人争粮"原则。

2.政策措施

一是强化粮食安全责任。建立健全中央和地方粮食安全分级责任制，全面落实粮食省长负责制，将耕地和基本农田保护、稳定粮食播种面积、充实地方储备和落实粮食风险基金地方配套资金等任务落实到各省、自治区、直辖市，并纳入省级政府绩效考核体系。粮食经营者和用粮企业要依法履行保持必要库存等责任义务。二是严格保护生产资源。落实省级政府耕地保护目标责任制度，确保基本农田面积不减少、用途不改变、质量不降低。加强草原等非耕地资源的保护和建设。三是加强科技支撑。建立健全农业科技创新体系，增加国家对农业科研的投入，加快推进农业科技成果转化和推广，加强农业科技国际交流合作，完善农民科技培训体系。四是加大支持和投入的力度。各级政府要按照存量适度调整、增量重点倾斜的原则，不断加大财政支农力度。继续完善粮食补贴政策、最低收购价政策和粮食风险基金制度。加强粮食产销衔接，建立健全粮食主销区对主产区利益补偿机制。加大对粮食生产能力建设和物流设施建设的投入。五是健全粮食宏观调控。进一步健全粮食统计制度，加强粮食应急体系和行政管理体系建设。进一步完善粮食市场准入制度，完善粮食流通产业政策。六是引导科学节约用粮。七是推进粮食法制建设。八是制定落实专项规划。

《纲要》是我国政府编制的第一个中长期粮食安全规划，是今后一个时期我国粮食宏观调控工作的重要依据，对加快构建供给稳定、储备充足、调控有力、运转高效的粮食安全保障体系具有重要意义。

第六部分

粮食依法行政

一 粮食行业依法行政现状分析

2008年，各级粮食行政管理部门深入贯彻落实《全面推进依法行政实施纲要》和《粮食流通管理条例》（以下简称《条例》），认真推进依法行政，全面提高依法管粮的能力和水平，依法行政取得了显著成效，粮食行政管理人员依法行政的意识和能力显著增强，粮食行政管理机关依法行政的水平逐步提高。

（一）扎实做好粮食立法工作，为依法行政提供法律依据

2008年，重点开展了《粮食法》的立法研究。在两部条例颁布实施的基础上，认真做好《粮食法》立法的前期研究工作，重点对两部条例的贯彻落实情况进行系统总结，进一步明确了立法需要解决的主要问题；并通过召开座谈会、实地调研、梳理分析国内外与粮食相关的法律法规等方式，对粮食基本法的立法目的、基本原则、适用范围、主要制度和内容框架等进行认真研究，初步提出了粮食立法设想。同时认真做好与有关部门的沟通协调工作，按照程序向国家发展改革委和国务院法制办报送《粮食法》立法项目。2008年底，《粮食法》已列入十一届全国人大的五年立法规划，列入2009年国务院立法工作计划，由国家发展改革委和国家粮食局起草。

各地粮食部门进一步加快粮食法制建设。截至2008年底，全国31个省（区、市）建立了粮食收购市场准入制度、粮食应急制度和粮食统计制度，30个省（区、市）建立了粮食储备制度，29个省（区、市）建立了粮食监督检查制度，27个省（区、市）建立了粮食经营者最低和最高库存量制度，26个省（区、市）建立了粮食质量卫生制度。

（二）继续做好粮食普法依法治理工作，为依法行政营造良好的法律氛围

1.研究制定2008年普法工作要点

根据《全国普法办公室关于印发〈2008年全国普法依法治理工作要点〉的通知》和《全国粮食行业法制宣传教育第五个五年规划》精神，结合粮食工作重点，制定下发了《2008年全国粮食行业普法依法治理工作要点》，对2008年的普法工作进行了安排，明确了工作重点，提出了工作要求。各地粮食部门也结合本地实际，制定了本部门的2008年普法工作要点。

2.组织开展“五五”普法中期督导检查

根据中央宣传部、司法部、全国普法办《关于组织开展“五五”普法中期督导检查的通知》的统一部署，在全国粮食行业组织开展了“五五”普法中期督导检查。各地粮食部门采取实地检查、召开座谈会、组织评查等多种形式开展检查，针对检查中发现的问题和存在的不足，认真制定整改措施，并抓好落实，确保检查工作取得实效。

3.积极开展《条例》宣传活动

在《条例》颁布实施四周年之际，以“维护市场秩序 服务宏观调控”为主题，认真开展《条例》宣传活动。组织设计、印制和发放《条例》宣传画，重点对粮食收购、销售等市场秩序方面的规定，以及粮食经营企业最低最高库存量制度、粮食最低收购价政策、粮食应急机制等方面的内容进行宣传；开展《条例》征文活动，组织各地系统总结《条例》颁布实施四年来的贯彻落实情况；开设《条例》四周年宣传活动专栏，介绍各地活动安排，采取的宣传形式，以及取得的宣传成效。2008年，全国《条例》宣传活动集中启动前，突发四川汶川特大地震灾害，许多地方自发地把宣传活动与维护灾区粮食市场秩序、献爱心送温暖、普及抗震救灾法律知识结合起来。灾区粮食部门除了向粮食经营者宣讲《条例》有关知识外，还深入到救灾粮食加工车间进行监督检查，保证了救灾粮食质量。

(三)积极防范和化解社会矛盾，认真做好行政复议和信访工作

认真落实国务院关于加强行政复议工作的有关要求，积极做好行政复议的各项工作。一是建立健全行政复议制度。及时修订粮食行政复议法律文书，进一步规范粮食行政复议工作。二是创新粮食行政复议工作体制机制。国家粮食局成立行政复议委员会，主要负责讨论决策粮食行政复议中的重大问题，下设办公室，负责协调、办理粮食行政复议工作中的日常事务。启用“国家粮食局行政复议专用章”。三是畅通粮食行政复议渠道。在国家粮食局政府网站开设行政复议专栏，公开粮食行政复议工作准则与流程，开通行政复议网上申请受理，进一步畅通粮食行政复议渠道。四是加强粮食行政复议能力建设。组织粮食部门行政复议工作人员的业务培训，提高他们的政治素质和业务能力；依法落实行政复议工作经费和必要的技术设备。五是定期报送粮食行政复议信息。按照国务院法制办要求，定期报送办理行政复议和行政应诉案件的情况。认真贯彻《中共中央国务院关于进一步加强新时期信访工作的意见》精神，按照《信访条例》要求，采取多种措施，积极开展排查工作，引导上访群众依法行使信访权利，努力化解矛盾纠纷，切实做好群众来访接待和来信处理工作，并将信访情况及时上报有关部门。

(四)切实做好粮食行政许可工作，积极推进粮食流通监管体系建设

1.扎实开展粮食收购资格审核工作

建立健全粮食收购资格许可制度，加大粮食收购资格审核工作力度，建立全国粮食收购资格信息共享机制，逐步完善粮食收购资格动态通报制度，同时，加强对地方粮食收购资格审核工作的指导。截至2008年底，全国具有粮食收购资格的经营者超过7.5万家。

2.认真做好中央储备粮代储资格认定工作

在总结经验和深入调研的基础上，健全中央储备粮代储资格认定工作制度，加强对已取得中央储备粮代储资格企业的管理，取消不符合中央储备粮代储条件的企业的代储资格，优化中央储备粮代储资格企业布局。截至2008年底，全国已有近2000户企业取得中央储备粮（油）代储资格。

3.深入推进粮食流通监管工作体系建设

截至2008年底，全国29个省（区、市）和80%以上的市、70%的县级粮食部门设立了监督检查机构，经过培训获得执法资格的人员超过2.5万人，为全社会粮食流通监管工作提供了坚实的组织保证。

（五）认真贯彻落实《政府信息公开条例》，积极推进政务公开

认真贯彻落实《政府信息公开条例》，结合国家粮食局实际，积极做好政府信息公开工作。一是成立政务公开工作领导小组，领导小组下设办公室，具体负责政务公开工作的实施，进一步健全了政务公开的工作机制。二是建立健全政府信息公开制度。根据《政府信息公开条例》的有关规定，先后制定《国家粮食局政府信息公开暂行办法》和《国家粮食局政府信息公开指南》，对国家粮食局政府信息公开的方式、内容、工作流程、实施步骤和保障措施等作出了明确规定；编写国家粮食局政府信息公开目录，开通了政府信息公开工作电话，方便广大公民、法人和其他组织查阅；建立新闻发布和新闻发言人制度，通过新闻媒体及时发布信息。三是加强电子政务建设。在局政府网站增加了信息搜索、行政复议、办事咨询、粮食收购资格查询、办事指南等服务功能，开设政府信息公开专栏，及时向公众发布有关信息，设立政府信息公开意见箱，主动接受公众监督，切实增强了政府网站的互动性和服务性，充分发挥了公开政府信息的重要平台作用。

（六）深入开展粮食依法行政示范创建活动，着力推进基层粮食部门依法行政

2008年，继续深入开展粮食依法行政示范创建活动，通过召开座谈会、编印经验材料、印发工作动态等多种方式，及时总结推广示范单位依法行政工作的经验和做法，充分发挥示范单位依法行政的示范辐射带动作用，推动基层粮食部门依法行政工作的深入开展。建立健全依法行政示范创建活动长效机制，对依法行政示范单位实行动态管理，对起不到示范作用的单位坚决摘牌，并取消其荣誉称号；对示范创建活动中涌现出的先进单位，经验收合格，按照程序及时予以增补。

（七）推进粮食依法行政的工作计划

依法行政工作取得阶段性成效的同时，还存在部分地方粮食部门人员的法律素质、粮食法制建设不能完全适应新形势下依法管粮的任务要求，部分县市级粮食部门属于事业单位，落实依法行政工作的难度仍然较大等问题。

2009年，要进一步贯彻落实党的十七大确定的“全面落实依法治国基本方略，加快建设社会主义法制国家”的依法行政目标和党的十七届三中全会提出的“确保国家粮食安全”的工作要求，紧紧围绕粮食流通中心工作，继续做好依法行政工作，努力实现依法管粮。

一是加快粮食法制建设。继续贯彻执行《中央储备粮管理条例》和《粮食流通管理条例》，健全两部条例的配套规章制度。按照立法程序，与国家发展改革委等部门研究起草《粮食法》草案。

二是扎实推进粮食普法依法治理工作。切实抓好粮食行业“五五”普法规划的贯彻落实，加强粮食部门领导干部、公务员、粮食经营者、种粮农民以及消费者等重点对象的法制宣传教育，探索粮食行政执法责任制。

三是进一步加强粮食流通监管工作。抓紧研究完善粮食收购市场准入制度，引导和规范粮食市场多元主体的收购活动，进一步做好粮食收购市场监管工作。依法加强对粮食质量、卫生情况的监督检查，确保粮食储存和消费安全。加强对政策性粮食的监督检查。

四是深入开展粮食依法行政示范创建活动。总结、交流和推广粮食依法行政示范单位的经验和做法，发挥示范单位的辐射带动作用。建立粮食依法行政示范单位动态管理制度，推动粮食部门特别是基层粮食部门重视依法行政，增强粮食部门依法行政的社会公信力。

五是继续做好粮食行政复议工作。认真贯彻落实2009年全国行政复议工作经验交流暨“双先”、“双优”表彰大会精神，结合粮食部门实际，研究提出贯彻落实的具体措施；抓好粮食行政复议队伍建设，切实提高粮食行政复议工作人员的法律意识和法律素质；积极创新粮食行政复议工作体制机制，不断完善粮食行政复议相关制度；加强对地方粮食行政复议工作的指导和监督，总结粮食行政复议工作经验，切实发挥行政复议化解行政争议的作用。

二 粮食收购资格情况分析

2008年，各级粮食行政管理部门按照《行政许可法》和《粮食流通管理条例》（以下简称《条例》）的规定，依法加强对全社会粮食收购市场经营主体的监管，继续做好粮食收购资格审核工作，进一步完善粮食收购资格审核程序，积极开展粮食收购资格核查工作，切实加强对取得收购资格经营者的指导、监管和服务。

（一）扎实做好粮食收购资格审核工作，维护粮食收购市场秩序

2008年，依法开展粮食收购资格审核工作，加大粮食收购市场监管力度，建立健全全国粮食收购资格信息共享机制，开辟全国粮食收购资格信息系统专栏，逐步完善粮食收购资格动态通报制度，定期更新取得粮食收购资格的经营者名录及相关信息，免费提供网上查询服务，并接受社会监督。

各地粮食行政管理部门按照《条例》要求，扎实做好粮食收购资格许可工作，严格规范粮食收购资格审核程序，定期报送粮食收购资格信息变化情况，初步实现了对粮食收购资格信息的动态管理。如湖北省建立粮食经营者电子档案系

统，实现了对粮食收购资格信息的实时监控和资源共享；贵州省对具有粮食收购资格的经营者进行统一登记建档，加强了粮食收购资格审核管理工作，进一步规范了粮食收购市场秩序。

（二）从事粮食收购活动的经营者数量保持平稳，粮食收购市场多元化格局明显

以国有粮食企业为主渠道、其他多元市场主体积极参与收购和经营的格局基本形成。国有及国有控股粮食企业积极创新收购模式，继续发挥收购主渠道作用，年收购量占到全社会收购量的一半以上，在应对国际粮食危机以及保持国内粮食市场供应和价格基本稳定等方面发挥了重要作用。私营企业、个体经营户和其他经济组织等多元市场主体积极入市收购，年收购量占到全社会收购量的四成以上，进一步促进了市场竞争，方便了农民售粮，活跃了粮食收购市场。截至2008年底，全国具有粮食收购资格的经营者7.75万家，与2007年基本持平，全年收购粮食29018万吨。

（三）及时总结工作经验，积极开展粮食收购核查工作

2008年3月，国家粮食局组织召开全国粮食收购资格审核和管理工作座谈会，及时了解粮食收购领域市场准入和管理的情况，总结交流各地粮食收购资格审核和管理的做法和经验，研究新形势下加强粮食收购资格审核工作的有关政策措施，部署下一步粮食收购资格审核工作，并向国务院有关部门报送加强粮食收购市场监管的相关建议。

各地粮食行政管理部门按照《条例》的规定和座谈会的精神，结合本地实际，抓紧建立健全粮食收购资格核查制度，加强对粮食收购资格审批制度、程序和管理的监督检查，积极做好对已经取得粮食收购资格的经营者的指导、服务和监管工作，基本实现了审核工作的制度化、程序化、规范化和便民化。如河北省主动做好对具有粮食收购资格经营者的服务，对已经审批的企业当场发放《条例》宣传资料，讲解粮食经营规则、粮食收购者具有的权利和义务等知识，提高了粮食经营者依法经营的自觉性和依法维权的法律意识；湖南省认真开展粮食收购资格核查工作，加强对取得粮食收购资格的经营者收购活动的检查，对情况发生变化，不符合许可条件的粮食经营者按照有关规定注销其粮食收购许可证，为粮食收购市场营造了良好的经营氛围。

（四）当前粮食收购审核工作存在的主要问题

一是各地制定粮食收购市场准入制度的文件效力存在较大差别。有12个省份的粮食收购市场准入制度仅在省级粮食行政管理部门和工商等相关部门联合发布的规范性文件中予以规定；16个省份在省级人民政府颁布的规范性文件中进行规定；以省长令颁布行政规章的形式进行规定的只有3个省份。

二是部分具有粮食收购资格的经营者履行粮食收购义务的意识还比较淡薄。由于建立粮食收购市场准入制度的时间还不长，部分粮食经营者对制度还不是很了解，因而缺乏足够的重视，履行粮食收购义务的意识也相对淡薄，如粮食经营

台账没有或不健全，粮食收购量等统计数据不报送、报不实或不按要求报送等现象时有发生，这给制度的具体执行和监督检查增加了难度。

(五)下一步加强粮食收购资格审核工作的措施

一是加强粮食收购市场准入制度的理论研究。在结合粮食行业自身特点和国内外各行业关于市场准入相关规定的基础上，积极开展粮食收购市场准入制度的理论研究。

二是继续指导督促各地做好粮食收购资格审核工作。指导各地严格落实粮食收购市场准入制度，建立健全粮食收购资格核查和监督机制，积极依法开展粮食收购市场的执法检查工作。督促做好毗邻省份的粮食收购资格标准的衔接工作，促进粮食经营者的公平竞争。

三是加大粮食收购市场准入制度的学习宣传和监督检查力度，引导督促粮食经营者认真履行粮食收购义务。加大宣传力度，通过开展多种形式的宣传活动，向全社会的粮食经营者广泛宣传建立粮食收购市场准入制度的内容和意义，使粮食经营者尽快了解制度的重要性，增强履行义务的法律意识。严格依法履行监督检查职责，对粮食经营者从事粮食收购活动的情况进行有效监控，对违反制度的粮食经营者，要按有关规定严肃处理，引导督促粮食经营者认真履行义务。

三　粮食流通统计制度作用及成效分析

为进一步贯彻落实《国家粮食流通统计制度》，做好新形势下的全社会粮食流通统计工作，更好地为国家粮食宏观调控服务，国家粮食局逐步完善现行制度：一是扩大了统计范围，将统计对象扩充到所有涉粮企业和所有食用植物油经营、加工企业；二是充实了统计内容，进一步改进和健全统计指标体系，不但涵盖了粮油收购、销售、库存及价格等粮食流通等基本情况，还包括粮食仓储设施、粮油加工业以及粮食行业机构人员等调查内容；三是丰富了统计方法，改变过去以全面报表为主的调查方式，根据调查内容和对象的不同特点，灵活运用全面调查与重点调查、抽样调查等方法，建立了科学有效的统计调查方法体系；四是规范了报告频率，根据调查内容和需求的不同，规定了各项任务的调查频率，确立了包括日报、五日报、周报、旬报、季报、半年报和年报的统计报告制度。新的统计制度为国家粮食宏观调控提供了可靠的基础信息，对掌握我国粮食流通基本状况、确保国家粮食安全发挥了重要作用。

(一)全面掌握了全社会粮食流通状况

各级粮食行政管理部门按照统计制度的要求，切实履行全社会粮食流通统计职能：一是认真做好粮食统计旬（月）报，及时掌握粮食购、销、存变化情况。二是在粮食收购旺季期间，重点监控主产区粮食收购情况，及时上报收购进展、市场价格等情况。加强对最低收购价和国家临时存储粮食的收购数量、价格、跨省移库等情况的统计和分析。三是认真组织年度社会粮食供需平衡调查工作，全面掌握粮食生产、流通、消费、库存等情况，对全国粮食供需平衡的现状以及未来发展趋势作出分析。四是加强粮油市场信息监测，及时反映各地粮油市场价格变化情况，为分析粮食供求形势和粮食价格走势提供信息。特别是粮油价格异常波动期间，对部分重要粮油品种实行日监测报告制度，随时掌握粮油市场出现的新情况和新动态。

（二）基本掌握了粮油加工业发展情况

基本掌握了粮油加工企业数量、规模、分布，企业从业人员、专业技术人员数量，主要粮油产品的产量、库存量，主要原料年消费量，粮油加工业经营效益以及生产设备设施及研究开发投入等情况，为科学制定粮油加工业发展规划、加快粮油加工业的结构调整和优化升级、正确指导粮油加工健康发展提供了基础资料和决策依据。

（三）基本摸清了粮食仓储设施和建设投资等情况

开展粮食企业仓储设施和粮食流通基础设施建设投资情况统计工作以来，已基本摸清了粮食仓容规模、仓型、区域分布、使用状况，专用码头泊位数量、铁路专用线、散粮中转设施，以及仓库配套设施等情况。初步掌握了粮食流通基础设施建设项目、投资规模、区域分布、资金来源以及项目完成进度等基本情况。有利于准确把握和分析主产区粮食仓容和收储能力、科学安排跨省移库，为加强粮食基础设施建设、推进粮食现代物流发展提供决策依据。

（四）基本掌握了粮食行业机构和从业人员情况

对粮食行业机构和从业人员的基本状况进行统计，掌握了粮食行业机构设置、从业人员总数、年龄结构、学历构成、专业技术人员数量等基本情况。为做好粮食行业职工教育培训工作，加强粮食行业技能人才队伍建设，整体提升粮食行业水平提供了基础信息。

四 粮食流通监督检查工作现状及对策

2008年，各级粮食部门认真贯彻党的十七大、十七届三中全会精神，深入学习实践科学发展观，履职尽责地完成了监督检查工作任务，在国家各项粮食政策贯彻落实情况专项检查，粮食库存检查，加强粮食监督检查体系、制度、队伍建设等方面取得了新的成绩。

(一)认真开展专项检查，维护粮食流通秩序

1.开展粮食收购政策落实情况专项检查

2008年5月，国家在6个主产省启动了小麦最低收购价预案。为保证这一惠农政策落到实处，6月，国家粮食局、国家发展改革委联合下发了《关于开展粮食收购政策落实情况专项检查的通知》（国粮检[2008]122号），对小麦最低收购价政策专项检查进行部署。国家粮食局聂振邦局长等局领导亲自带队赴有关省对夏粮收购进行检查。河北、江苏、安徽、山东、河南、湖北6个预案启动省粮食局会同物价等部门，对预案执行情况进行了认真检查。有关省粮食局成立了由局领导带队的夏粮收购督查组，分片包干，深入收购现场开展检查。为提高检查工作的透明度和公信力，江苏省通过江苏粮网向社会公布全省粮食监督检查举报受理联系方式；安徽省在专项检查中邀请新闻媒体参加，邀请人大代表、政协委员参与监督。预案启动省还加大对违反最低收购价政策举报案件的查处力度，查处了“转圈粮”等违反政策的行为。

2.开展国家临时存储粮销售出库和跨省移库工作专项检查

为加强对竞价销售出库的监管，2008年4月，国家粮食局与国家发展改革委联合下发了《关于开展最低收购价粮食竞价销售出库专项检查的通知》（国粮检[2008]78号），部署了最低收购价粮食竞价销售出库专项检查工作。有关省粮食部门根据政策规定，制定了专项检查方案，督导有关粮食批发市场加强协调，督促企业按合同及时出库。陕西省对本省最低收购价粮食竞价销售情况进行跟踪了解，每月通报一次。安徽省对个别拖延出库比较严重的企业，取消了最低收购价粮食收购资格。江西省粮食局公布检查举报电话，积极接受举报、投诉，切实履行监管职责，确保最低收购价粮食竞价销售按时出库。

3.开展其他政策性用粮购销活动的监督检查

各地积极开展了军粮供应、退耕还林粮食供应、水库移民粮食供应、救灾粮供应等政策性用粮经营活动的监督检查。北京市严格执行退耕还林补助粮供应政策，严把供应手续关，加强对退耕还林粮食供应的监管，由于各方面工作到位，使2008年退耕还林供应粮食任务完成时间较往年提前了一个月。天津、福建、海南、贵州、陕西等省（市）加强了对军供粮的监督检查，保证了军粮及时、优质供应，受到部队好评。

4.努力做好地震灾区、奥运举办城市及西藏供应粮油的检查

“5·12”汶川地震发生后，地震灾区各级粮食部门认真贯彻落实党中央、国务院的决策部署，全力投入抗震救灾，加强市场粮食供应监督检查。“5·12”汶川地震发生后的第二天，四川省粮食局即下发通知，安排部署抗震救灾期间的粮食监督检查，并派出工作组维护粮食流通秩序。四川、甘肃、陕西、重庆等灾区粮食部门，连续发出通知、派出人员，加强应急粮油和救灾粮食监管，确保原粮出库、加工、运输、储存、包装和发放的时间、数量、质量。受灾地区粮食部门与工商、卫生、质检部门密切配合，加大救

灾粮和其他政策性粮食质量监管力度，确保灾区粮食质量安全。由于监管到位,使受灾群众和救援官兵都吃上了放心粮油，受到了省委、省政府的充分肯定和灾区群众、部队官兵的广泛赞誉。北京、青岛、大连、上海等奥运举办和协办城市，为确保奥运期间粮油供应，认真开展了成品粮油检查。北京市粮食局在各区、县局检查的基础上，专门派出27名检查人员，对保奥运的储粮点再次进行检查，保证了奥运会举办期间全市成品粮油市场供应稳定和食用安全。西藏在“3·14”事件发生后，为了确保市场粮油供应，稳定民心，西藏自治区粮食局加大了对全区粮食市场和价格的监督检查，并对粮食质量进行跟踪监测，为保证全区市场供应和价格稳定发挥了积极作用。

5.加强粮食流通统计制度执行情况专项检查

为督促粮食经营者严格执行国家粮食流通统计制度，北京、河北、黑龙江、安徽、福建、湖北、江西、云南等省（市）和新疆生产建设兵团粮食部门开展了粮食流通统计制度执行情况检查，摸清了全社会粮食经营底数，增强了粮食经营者统计法制观念，规范了企业经营台账，提高了统计数据的质量，为国家粮食宏观调控提供有力支撑。

6.加强对粮食收购许可的核查

按照《粮食流通管理条例》的要求，海南、贵州等省加强对粮食收购许可的核查，保证直接收购农民粮食的企业具备必要的资金量，仓储和检化验条件符合有关要求。天津市还对外商进入收购市场严格审批，严格把关。

7.加强粮食经营者保持必要库存量检查

近年来，按照《粮食流通管理条例》的规定，许多省（区、市）相继制定了粮食经营者最低和最高库存量标准。2008年，受国际粮价大幅波动的影响，国内粮食市场不确定因素增加，为保证粮食市场价格在合理水平上基本稳定，江苏、福建、青海等省开展了此项检查，督导粮食经营企业履行义务。

据统计，2008年全国各级粮食部门开展各种形式的监督检查执法活动9万余次，出动人员40多万人，检查各类粮食经营企业36万多个。通过这些检查，有力地维护了粮食流通秩序，保护了粮食生产者、经营者和消费者的合法权益。

（二）搞好2008年粮食库存检查，认真做好2009年全国粮食清仓查库准备工作

1.圆满完成2008年全国粮食库存检查工作

为更好地开展粮食库存检查工作，经过广泛征求意见和认真研究，国家有关部门决定从2008年开始，将每年库存检查的时点由过去的8月末调整到3月末。2月，国家粮食局下发了《关于结合春季粮食库存普查开展2008年全国粮食库存检查工作的通知》，对2008年库存检查工作进行了及时部署。4月，国家粮食局再次发出紧急通知，要求各地重视和加强粮食库存检查工作。随后，在各地自查和复查的基础上，会同国家发展改革委等有关部门和单位先后派出5个工作组，对河北、辽宁、浙江、安徽、福建、河南、重庆、云南等8省（市）粮食库存检查情况进行了督查和随机抽查。从检查结果看，中央和地方储备粮以及其他政策性粮食库存账实基本相符、质量良好、储存安全，管理比较规范。检查中也发现个别地区企业自营商品粮库存账实差数较大等

问题，对查出的问题提出了整改意见并督促有关地区迅速整改。通过检查，摸清了全国粮食库存的基本情况，为国家制定宏观调控政策提供了可靠的依据。2008年全国粮食库存检查达到了预期效果，实现了库存检查时间的平稳过渡。

2.认真做好2009年全国粮食清仓查库各项准备工作

国家粮食局对国务院决定在2009年开展全国粮食清仓查库工作高度重视，会同国家发展改革委代拟了《国务院办公厅关于开展全国粮食清仓查库工作的通知》，以国办发[2008]118号下发，并提出了初步工作方案。为了增强查库工作的针对性，分别在山西、河北召开座谈会，广泛征求地方各级政府和有关部门、人大代表和政协委员、基层企业和专家的意见。在此基础上，起草了《2009年全国粮食清仓查库工作实施方案》、《2009年全国粮食清仓查库检查办法》和检查人员培训方案等文件。实施方案和检查方法经过广泛征求国家各有关部门和全国各省级相关部门的意见，并经全国粮食清仓查库工作部际联席会议审议通过，下发各地执行。

(三)巩固监督检查体系建设成果，进一步夯实工作基础

经过前几年的不懈努力，各地监督检查机构、制度和队伍从无到有逐步建立，监督检查工作逐步开展。做好监督检查工作，体系建设是前提，制度建设是关键，队伍建设是根本。

1.体系建设常抓不懈

截至2008年底，全国有30个省（区、市）粮食行政管理部门和新疆生产建设兵团粮食局设立了监督检查机构。284个市（地）级粮食行政管理部门设立了监督检查机构，同比增加10个，比例达到80%，提高了2个百分点；1701个县（市）粮食行政管理部门设立了监督检查机构，同比增加194个，比例达到70%，提高了9个百分点。天津、河北、山西、辽宁、吉林、江苏、安徽、山东、湖北、湖南、重庆、宁夏等12省（区、市）实现了国家粮食局年初提出的市（地）级85%、县级75%的机构建设目标。全国市、县两级成立粮食流通监督检查执法队1232个，同比增加136个。全国共有24个省级、148个市（地）和664个县（市）粮食行政管理部门得到了同级财政部门的监督检查专项经费支持。

2.制度建设全面推进

2008年，在各地粮食部门的大力支持下，国家粮食局制定了《全国粮食流通监督检查工作考核暂行办法》，并重新修订了《粮食行政执法文书》。各地在制度建设方面也做了大量的工作。一是建立和完善了监督检查相关配套制度，增强了法律法规的可操作性，提高了执法效率。天津市粮食局制定了粮食经营者最低最高库存量标准；河北、陕西省粮食局建立了案件处理工作规则；山西省粮食局制定了“放心粮油”经销网络监督管理办法、粮食质量安全追溯制度；广东省粮食局制定了地方储备粮库存检查暂行办法、部门协作机制的意见；辽宁省粮食局制定了行政处罚自由裁量权指导标准；江苏省粮食局制定了粮食流通企业信用体系建设三年行动实施计划、监督检查分级监管实施办法。二是建立了层级监督机制，促进了监督检查整体水平的提高。天津、河北、青海、西藏等省（区、市）粮食局相

应制定或完善了本地区监督检查工作考核（评）办法。辽宁省粮食局制定了行政执法层级监督办法。三是建立了监督检查机构内部管理制度。黑龙江、西藏等省（区）粮食局建立了监督检查人员行为规范监督检查操作规程。

3.队伍建设不断加强

2008年，国家粮食局举办了一期粮食流通监督检查行政执法培训班，对省级粮食监督检查人员及部分地市业务骨干进行了培训。北京、天津、辽宁、江西、福建、山东、山西、江苏、河南等省（区、市）粮食局根据执法人员基本状况和工作需要，进行了一系列培训。通过培训，全国取得行政执法资格的执法人员达到25427人，同比增加210人，其中市、县两级占96%。各地还通过开展经验交流会，组织业务调研等形式，提高执法人员素质及实际执法水平和能力。

4.执法环境继续得到改善

各地在开展执法实践活动的同时，积极采取多种措施，为粮食执法营造良好的社会氛围。一是加强粮食流通法律法规和粮食政策的宣传。各地利用“5·26”条例颁布日、“10·16”世界粮食日和“12·4”法制宣传日等有利时机，采取多种形式开展宣传，使社会各界了解有关粮食法律法规和粮食部门开展的监督检查活动。二是创新监管方式，积极探索和推动粮食市场联合执法，发挥监管合力，既保证了粮食部门执法不越位、不缺位、不错位，又提高了相关部门对粮食部门行政执法重要性的认识。湖北省粮食局联合省工商等部门制定实施了《湖北省粮食市场监管联合执法实施意见》，取得了初步成效。广东省粮食局会同省发展改革委、工商局等部门制定了《关于建立和健全粮食流通监督检查工作部门协作机制的意见》。三是各地在开展监督检查工作中，积极引导企业增强自律意识、社会责任意识，坚持预防在先，把检查融入服务之中。通过多种方式的努力，粮食监督检查行政执法环境进一步得到改善。

（四）加强粮食流通监督检查工作的对策

1.加强监督检查队伍建设

一是坚持以科学发展观为指导，将学习实践科学发展观的成果转化为开展粮食监督检查的工作思路、方法和动力，提高行政执法能力和水平。二是从增强责任意识、提高执法技能、注重工作成效三个方面增强粮食监督检查业务培训的针对性和实用性，进一步促进培训工作的制度化、系统化。三是督促监督检查行政执法人员严格遵守党风廉政建设的规定，遵守行政执法规定和程序。坚持依法执法，文明执法，廉洁执法。树立粮食行政执法的权威，维护粮食监督检查队伍的良好形象。

2.做好粮食流通监督检查的重点工作

一是搞好粮食清仓查库，确保粮食库存真实可靠。按照国务院的有关要求，加强组织协调，落实职责分工，细化工作要求，结合本地实际，积极做好全国粮食清仓查库工作。按照“有仓必到，有粮必查，有账必核，查必彻底”的原则开展市（地）级普查。对本省（区、市）内重点地区、重点企业的粮食库存及清仓查库工作情况开展复查。协助国务院抽查工作组开展粮食库存抽查。逐级汇总有关数据报表和检查工作报告。对检查结果层层把关，准确及时报送，确保清查结果真实可靠。二是积极开展国家各项粮食政策落实情况专项检查，确保政策落实到位。加强最低收购价和国家临时收储粮食的监督检查，督促收储库点严格执行国家粮食收购政策，严防扰乱市场、克扣农民、“转圈粮”等违规行为。加大对政策性粮食交易过程和合同履约情况的检查，规范交易行为，严格交易管理，确保交易正常。对检查中发现的违法违规问题，按有关规定严肃处理。三是依法加强全社会粮食流通监督检查，维护粮食流通秩序。开展粮食收购资格核查，规范粮食收购许可制度。开展建立粮食经营台账和执行粮食流通统计制度情况检查，检查督促各类粮食经营企业和转化用粮企业设置原始记录、建立粮食经营台账，及时准确报送统计报表和有关资料，保障粮食流通统计制度的贯彻落实。配合有关部门加强对粮油加工、批发、零售等重点环节经营行为的监督检查，加强对大型粮油批发市场、超市和农贸市场的巡查，督促企业加强自律和承担社会责任。

3.加大涉粮案件查处力度

一是认真受理群众举报。时时关注社会舆论，及时了解网络、报刊、电视等媒体的涉粮报道，认真受理人民群众以各种方式反映的涉粮问题，为提高涉粮案件办理的严肃性、权威性和时效性打好基础。二是规范案件查办程序。查办案件要有检查、有证据、有定性、有结论、有处理。加强案件督办、催办，将案件查处作为监督检查工作考核的重要内容，必要时对案件办理不及时、不认真的进行通报，提高办案效率，做到案件及时查结，避免久拖不结。三是加大案件查处力度。高度重视案件查处工作，及时分析总结案件查处中反映出来的问题和不同时段涉粮案件发生的规律，查找粮食流通管理的薄弱环节和漏洞，提出有针对性的完善政策措施和相关制度的建议，更好地发挥粮食监督检查的服务和保障作用。分析总结案件查处经验，不断提高案件查办质量和效率。

五 中央储备粮代储资格认定情况分析

2008年，国家粮食局根据《中央储备粮代储资格认定办法》的规定，开展了两批代储资格认定工作、一次代储资格变更工作，取消了两批代储资格到期企业，取消了中储粮上收库的代储资格以及部分违规企业的代储资格。

(一)2008年中央储备粮代储资格认定情况

2008年5月和10月开展了两批代储资格认定工作，共收到454户企业的申请。经审核，授予了218户企业代储资格，其中粮食类企业198户，授予资格仓容727.3万吨；油脂类企业20户，授予资格罐容20.2万吨。

(二)中央储备粮代储资格企业变更情况

报告期内，共有174户企业申请代储资格变更。经审核确认变更结果是：取消1户企业的代储资格；取消6户企业部分仓房资格；确认了130户企业名称发生变化；4户企业提出的变更事项不符合规定要求，未予以变更确认；其他企业属于备案性变更。

(三)取消了部分企业的代储资格

对在2005年2月和4月取得代储资格的部分企业，因三年内未承储中央储备粮，按照规定需取消其代储资格。2008年上半年按此规定分两批共取消了112户企业的代储资格，取消资格仓容418.1万吨；2008年下半年，有76户取得中央储备粮代储资格的粮库被上收为中央储备粮直属库，根据规定，注销了其中71户粮库的中央储备粮代储资格，注销了5户粮库部分仓房的中央储备粮代储资格；黑龙江省富锦市九〇国家粮食储备库和辽宁省喀左县大城子中心粮库存在违法或违规行为，按照规定，取消了这两户企业的中央储备粮代储资格。

(四)中央储备粮代储资格企业分布情况

到2008年底，全国共有1749户企业取得了粮食类中央储备粮代储资格，取得资格仓容9104.8万吨；175户企业取得了油脂类中央储备粮代储资格，取得资格罐容207.8万吨。中央储备粮代储资格企业分布在全国31个省、自治区、直辖市和新疆生产建设兵团。

按企业取得资格仓容规模划分，全国1749户取得中央储备粮粮食类代储资格的企业中，取得资格仓容为小于5万吨（不包含5万吨）的企业共有1099户，占62.8%，取得资格仓容为3559.0万吨；5万～10万吨（不包含10万吨）的企业共有508户，占29.1%，取得资格仓容为3410.7万吨；取得资格仓容10万吨及以上的企业有142户，占8.1%，仓容为2135.1万吨。

表6–1　取得资格企业仓容划分表（粮食类）

规模	企业数量		仓容	
	户数	所占比例（%）	仓容（万吨）	所占比例（%）
合计	1749		9104.8	
2.5万～5万吨	1099	62.8	3559.0	39.1
5万～10万吨	508	29.1	3410.7	37.5
≥10万吨	142	8.1	2135.1	23.4

在粮食类取得资格的1749户企业中，7户为私营企业，占0.4%，取得资格仓容为39.0万吨。无外资企业取得粮食类代储资格。

表6–2　取得资格企业所有制形式分类表（粮食类）

企业所有制形式	企业户数		仓容	
	户数	所占比例（%）	仓容（万吨）	所占比例（%）
合计	1749		9104.8	
国有及国有控股	1742	99.6	9065.8	99.6
私营	7	0.4	39.0	0.4
外资	0	0	0	0

油脂类取得资格的175户企业中，15户为私营企业，占8.6%，取得资格罐容为21.4万吨；外资企业为1户，占0.6%，取得资格罐容为1.5万吨。

表6–3　取得资格企业所有制形式分类表（油脂类）

企业所有制形式	企业户数		罐容	
	户数	所占比例(%)	罐容（万吨）	所占比例(%)
合计	175		207.8	
国有及国有控股	159	90.8	184.9	89.0
私营	15	8.6	21.4	10.3
外资	1	0.6	1.5	0.7

(五)中央储备粮代储资格情况分析

1.代储资格认定标准发挥了示范带头作用，有力地推动了仓储行业储粮管理水平的提升

中央储备粮代储资格企业的认定标准中仓容规模、设施水平、设备配置、人员素质等方面的要求，已成为各地方、企业新建粮库的标准，促进了仓储行业整体水平的提升。

2.通过新认定代储资格企业和取消不符合要求原有资格企业的代储资格，使中央储备粮代储企业的布局更加合理

目前，新认定的代储资格企业许多为新建或按国家有关标准进行改扩建的企业，无论企业规模还是设施设备和人员素质水平都比较高。取消资格企业一般都是条件相对不优越、三年未存储中央储备粮的企业，也有个别违法违规企业。通过这样的调整，有利于保障中央储备粮的存储安全。

3.企业变更情况增多，对中央储备粮代储资格企业的管理提出了更高的要求

这其中变化最多的是因体制改革变换企业归属、名称等，因此需要加强政策研究，做好管理。

第七部分
粮食质量与标准

一 粮油标准化工作

2008年，国家粮食局组织力量，对超龄标准和一批行业急需标准进行了全面制修订，粮油标准体系得到进一步完善。《小麦粉》、《食用植物调和油》等重要标准的制修订取得较大进展。《小麦》新标准在夏粮收购中顺利实施，农民、企业和地方政府普遍表示满意。国际标准化工作取得出色成绩，得到各成员国和有关国际组织充分认可。

(一)完成审定316项粮油国家和行业标准

2008年，根据国家标准委的计划安排，国家粮食局组织全国有关科研院所、院校、检验机构及粮油企业的一大批专家学者和技术骨干，对2003年以前发布的粮油标准进行了集中修订，同时完成了一批行业急需标准的制定工作。一年中，全国粮油标准化技术委员会讨论审定并原则通过了316项粮油国家标准和行业标准，基本解决了粮油标准标龄过长的问题。

1.原粮油料质量标准

完成审定《优质小麦》、《优质稻谷》、《花生》、《高粱》、《小豆》等21项原粮、油料质量标准。《优质小麦》标准调整了小麦分类，取消了等级划分，修订了降落数值、粗蛋白质、湿面筋含量、面团稳定时间等指标，增加了面条感官品评、延伸性等参考性指标。《优质稻谷》标准调整了整精米率、直链淀粉、黄粒米等指标，取消了出糙率、胶稠度、垩白粒率、粒型等重复性指标。在小品种粮食国家标准中，对小杂粮的分类和质量要求进行了重新梳理和调整，以适应消费者对其质量和品质的更高要求。

2.粮油产品质量标准

完成审定《营养强化大米》、《杏仁油》、《花生蛋白粉》、《小麦麸》《大豆异黄酮》等43项新粮油产品标准，对于规范新型粮油产品，推动粮食综合利用和深加工，将会起到积极作用。

3.检测方法标准

完成审定138项检测方法标准，其中修订81项，制定57项，主要为粮食及制品有关品质和卫生项目检测方法。粮油检测方法标准在采用国际标准方面，基本实现了应采尽采，尽可能与国际标准接轨。

4.粮油机械设备标准

完成审定43项粮油机械设备标准，包括稻谷、小麦、植物油加工的主要机械设备和储运机械设备标准。提出并规范了粮油加工及储运机械设备的技术条件、试验方法、检验规则等要求，对于提升我国粮油机械设备产品质量水平，规范粮油机械产品市场将起到重要作用。

5.储藏标准

完成审定35项粮油储藏标准，包括仓储设施设备、储藏技术、储藏管理等。规范了粮油储藏的质量管理要求和技术应用，明确了仓储设施设备的技术条件，对于促进标准化储粮、保障储粮安全、更好地服务于国家粮食安全有着非常重要的意义。

6.基础、管理标准

完成审定36项基础、管理标准，主要包括图形符号、名词术语、储运包装要求、管理控制规范等。重新整理规范了有关常用的名词术语和图形符号，提出了覆盖粮食收获质量调查、收购、储运、加工、包装销售等各环节的操作规范和管理要求，将更利于今后各领域术语、符号的统一，规范各环节过程控制和质量管理。

(二)正式发布实施178项粮油国家标准和行业标准

2008年，国家标准委发布实施粮油国家标准154项。其中新制定标准50项，修订标准104项。按标准类别分，原粮、油料和加工产品质量标准43项，检验方法标准93项，储藏标准3项，机械标准3项，基础标准10项，管理标准2项。国家粮食局发布实施了《粮油储藏技术规范》等24项粮食行业标准。

(三)积极推进关键标准研究

1.《小麦粉》和《食用植物调和油》标准

为推进《小麦粉》和《食用植物调和油》两项标准制修订工作，在全国粮油标准化技术委员会专家审定通过的基础上，2008年10月30日，国家粮食局召开专题座谈会，邀请国家发展改革委、商务部、卫生部、国家工商总局、国家质检总局、国家标准委以及有关协会、学会、科研院所院校、检验机构、部分粮油加工企业的代表和专家，围绕小麦粉中禁用化学增白剂和规范调和油名称、标识等问题进行了座谈讨论。与会的绝大多数代表和专家赞成在小麦粉中禁用过氧化苯甲酰、过氧化钙等化学增白剂。各方代表对《食用植物调和油》标准提出的明确标识原料油的名称和实际含量、高比例成分冠名、原料留样备查等要求表示充分认可，认为新标准对于规范调和油产品市场，维护消费者权益将会起到重要作用。会议建议对两项标准进一步完善后尽快报批。

2.真菌毒素快速检测方法

2008年，为了解决粮食收购现场真菌毒素含量快速检测难的问题，国家粮食局组织国内外有关企业和检验机构联合开发粮食中黄曲霉毒素B1、呕吐毒素、玉米赤霉烯酮胶体金试纸快速检测方法。经多次比对验证和调整，基本成功。采用此法可在20～30分钟内完成检验，且操作简便，无需特殊设备，检测结果与现行标准方法基本相符，适合基层单位使用，也适用于对大量样品进行快速筛查。

3.粮食定值实物标准样品

2008年，开展了粮食定值实物标准样品的制备及稳定性等方面的基础研究工作。研究制定了定值实物标准样品制备和定值规程，确定了方案制定、定值检验、报告编写、报告审定的基本要求。一年中以粮食行业标准形式，共发布粮食定值实物标准样品4项，为规范检测过程，提高检测结果的科学性打下了基础。

4.开展粮油标准验证比对

2008年，国家粮食局开展了粮油标准验证实验室的比对检验工作。组织全国14个验证实验室，对10个卫生检验项目进行比对检验，重点考核了验证实验室卫生指标的检验水平，并整理编辑了《粮油主要卫生指标测定技术要点》，为今后更好地开展粮食质量安全监管工作，组织标准验证，积极参与国际标准化工作，进一步提高我国粮食质量检测机构的技术水平打下了基础。

5.向世界贸易组织成员国通报重要粮油标准

我国根据WTO/TBT有关规定，将《稻谷》、《大豆》、《玉米》、《大米》、《橄榄油、油橄榄果渣油》等重要粮油国家标准向世界贸易组织成员国进行通报。针对美国、欧盟、阿根廷、巴西、土耳其、澳大利亚等国家和地区对上述标准的质询意见，国家粮食局组织专家进行了答复，得到了各成员国的认可。

（四）《小麦》新标准顺利实施

2008年元月1日，国家质检总局、国家标准委发布了《小麦》新国家标准，实施日期为5月1日。小麦是我国的主要粮食品种之一，新标准对小麦分类和检验方法作了重大调整，新标准在夏粮收购中能否顺利实施影响重大。元月7日，国家粮食局印发了《国家粮食局关于实施新〈小麦〉国家标准的通知》，全面部署了小麦新标准实施工作，及时开展了集中培训，并积极协调小麦硬度仪的生产。小麦产区各级粮食行政管理部门和中储粮有关分公司组织开展了逐级培训，采用各种方式开展宣传，积极组织配备硬度仪，确保了小麦新标准全面的贯彻实施。2008年小麦托市收购中，硬白麦比例大幅度提高，仅此一项，实施小麦最低价收购的6省农民增加收入27亿多元，农民高兴，企业放心，政府满意。

（五）国际标准化工作取得显著成绩

2008年是国家粮食局标准质量中心承担国际标准化组织食品委员会谷物与豆类分技术委员会（以下简称“ISO/TC34/SC4”）以来独立开展工作的第二年。经过上年的过渡阶段以后，秘书处把严格按照国际标准化工作程序开展工作，稳步推进谷物与豆类国际标准制修订各项工作作为工作重点。新发布国际标准4项；完成复审并得到确认的国际标准7项；注册立项的新工作项目4项，在研国际标准项目共计19个，其中有8个项目即将完成报批稿；秘书处完成11项阶段性标准文本的审核并提出处理意见报送国际标准化组织（以下简称“ISO”）中央秘书处。秘书处加强了与成员国的沟通，利用多种形式在成员国之间协调，发布正式文件64个；处理与成员国的往来电子邮件1250多封，有效地促进了分委员会工作的向前发展。

2008年，ISO/TC34/SC4在意大利罗马成功举办了第33次会议，这次会议是我国承担ISO/TC34/SC4分委员会秘书处以来首次在国外组织召开的会议。会议通报了第32次会议（北京会议）以来的秘书处工作情况，讨论了《大米》、《小麦》、《扦样》、《谷物水分测定》等19项标准，形成了23项决议。决定ISO/TC34/SC4第34次会议于2010年上半年在法国巴黎召开。

2008年，ISO/TC34/SC4秘书处应邀参加了国际标准化组织食品委员会（以下简称“ISO/TC34”）主席顾问团（以下简称“CAG”）会议和ISO/TC34全体大会以及欧盟标准化委员会谷物及其产品技术委员会（以下简称“CEN/TC338”）第11次会议。会议专门安排李美琴秘书长介绍了ISO/TC34/SC4的情况以及中国接任秘书处以来开展工作的情况，受到了与会代表的好评。CEN/TC338秘书处与ISO/TC34/SC4秘书处达成协议，对双方共同感兴趣的谷物标准项目，在维也纳协议框架下开展合作，即ISO和CEN同步开展相关标准制修订，同时发布相关标准。

2008年，ISO/TC34/SC4秘书处加强了与ISO/TC34其他分技术委员会和相关国际组织在国际标准制修订工作中的协作和交流。同国际标准化组织食品技术委员会所属油料、微生物、动物饲料委员会及相关专题工作组等在《谷物和油料水分测定》、《谷物及其加工产品微生物测定》、《谷物及其产品脂肪测定》、《近红外技术在测定谷物产品中的应用》、《散装谷物扦样》等标准的制修订中紧密合作，避免了重复交叉，提高了工作质量和效率。此外，还与国际水稻研究所合作，推荐实验室参加国际验证试验，为相关国际标准的修订提供了验证数据。

我国承担的ISO7970《小麦》标准项目提案于2008年7月顺利通过成员国投票，进入委员会草案（讨论稿）起草阶段。ISO6646《稻谷潜在出米率测定》已经完成前期环形实验验证工作，第33次会议审议并通过了中国组织的验证试验报告，同意中国根据验证试验结果正式提交新提案，目前，提案已经顺利通过成员国投票，进入委员会草案起草阶段。组团参加了在美国西雅图的“散粮扦样方法”国际研讨会和ISO/TC34/SC4第33次会议。中国代表活跃在粮食国际标准化舞台上，受到了国际同行的关注。

2008年，国家粮食局科学研究院、河南工业大学、湖北省粮油检验监测站等17家单位的实验室参加了《稻谷潜在出米率》《大米直链淀粉含量测定》等国际标准的实验验证工作，推荐专家参与了《稻米颗粒生物学特性的测定 》等9项国际标准制修订工作，有效地带动了我国粮油质检技术水平和整体素质的提高。我国以ISO的P成员国身份，参加了23项国际标准的投票表决。

表7-1 2008年新发布的国际标准

序号	标准号	标准名称
1	ISO 27971:2008	谷物与谷类产品——普通小麦（Triticum aestivum L.）——恒定加水量条件下商品面粉、试验面粉以及研磨试验面团筋力测定——吹泡仪法
2	ISO 7304-2:2008	杜伦麦颗粒粉通心粉——蒸煮品质感官分析——第2部分：常规法
3	ISO 3093:2004 Cor.1	小麦，黑麦及其面粉，杜伦麦和杜伦麦颗粒粉——降落数值的测定——波通法（技术勘误表1）
4	ISO 11085:2008	谷物，谷物类产品和动物饲料——粗脂肪和总脂肪含量的测定——兰德尔萃取法

表7-2 2008年系统复审确认的国际标准

序号	标准号	标准名称
1	ISO 4174:1998	谷类，油料和豆类——单维气流穿过散粮的压力损失测定
2	ISO 7305:1998	谷类研磨制品——脂肪酸的测定
3	ISO 15141-1:1998	粮食——谷类及制品中赭曲霉毒素A的测定——第1部分：硅胶清洗高效液相色谱法
4	ISO 15141-2:1998	粮食——谷类及制品中赭曲霉毒素A的测定——第2部分：重碳酸盐清洗高效液相色谱法
5	ISO 8981:1993	小麦——电泳法品种鉴定
6	ISO 11050:1993	小麦粉及杜伦麦颗粒粉——动物源杂质的测定
7	ISO 14864:1998	大米——蒸煮过程中米粒胶凝时间的评价

二 收获粮食质量和品质状况

为及时掌握新收获粮食的质量状况，国家粮食局组织继续开展主要粮食品种收获质量调查和品质测报工作。统一安排从农户采集小麦、稻谷、玉米和大豆样品6600份，扦样范围涉及18省200余市约900个县（区），采用集中会检方式获得检验数据4万余个，及时发布了我国主要粮食品种的收获质量状况，为指导粮食收购发挥了重要作用。除国家粮食局统一安排外，有些省粮食行政管理部门还自行组织了粮食品种的收获质量调查和品质测报，并及时发布了质量信息，促进了当地粮食种植品种的优化和优质粮食的产销衔接。

(一)主要粮食品种收获质量

早籼稻：安徽、江西、湖北、湖南、广西5个早稻主产省（区）会检结果为：中等（三等）以上质量等级的占92%，与上年基本持平，其中安徽省增幅达14个百分点；整精米率大于50%和44%的比例分别为85.7%和94.2%，安徽、湖北、湖南3省整精米率较上年有明显提高；不完善粒率平均为5.5%。

浙江、广东、重庆3省（市）调查结果为：中等以上比例分别为94%、97%、85%，整精米率平均值分别为53.0%、55.8%、49.8%。浙江、广东2省整体质量与上年基本持平。

中晚籼稻：江西、安徽、河南（信阳市）、湖南、湖北、四川、广西7个中晚籼稻主产省（区）会检结果为：中等（三等）以上质量等级的比例超过96%；整精米率平均为57.7%，大于50%和44%的比例分别为83.7%和93.8%，其中安徽省整精米率提高明显；不完善粒率平均值为3.5%，较上年有所降低。湖南、安徽2省整体质量较上年有所提高，江西省基本持平，湖北、四川2省略有下降。

浙江、广东、重庆3省（市）调查结果为：中等以上的比例分别为99%、98%、84%，整精米率平均分别为57.6%、67.6%、53.6%。浙江省整体质量较上年有所提高，广东省与上年基本持平。

粳稻：黑龙江、吉林、辽宁、江苏、安徽5个粳稻主产省会检结果为：中等（三等）以上的比例超过96%；整精米率平均值66.1%，大于60%的比例为93.5%，大于55%的比例为98.6%；不完善粒率平均值为3.0%，与上年基本持平。东北三省整体质量较上年有所下降，一等品率降幅明显；江苏省与上年基本持平。

浙江省调查结果为：整体质量与上年基本持平，中等以上的占93%，整精米率平均为66.6%，大于60%的比例为98.6%。

小麦：河北、江苏、安徽、山东、河南、湖北6个小麦主产省会检结果为：容重平均达到784克/升，较上年提高3克／升，中等（三等）以上占95.7%，较上年提高3个百分点；不完善粒率平均值为4.4%，较上年下降0.3个百分点。白硬麦和白软麦合计为70.8%，较上年提高约4个百分点，其中白硬麦为66.7%，白软麦为4.1%。红硬麦比例为2.1%，基本没有红软麦。混合麦比例为27%。河南、山东小麦整体质量比上年明显提高，江苏基本持平，安徽、湖北有所下降。河北省石家庄、保定等地小麦生芽粒超标（超过10%）比例较大，主要为芽萌动，对面粉加工品质有明显影响。

陕西、宁夏2省（区）调查结果为：陕西省小麦整体质量较上年有所提高，中等以上的占94%，白麦比例为84.1%。宁夏自治区小麦整体质量为近年来最好，中等以上的占95%，硬度指数全部达到硬麦标准。

玉米：河北、山西、辽宁、吉林、黑龙江、山东、河南、陕西8个玉米主产省会检结果为：容重平均756克/升，一等和二等以上的比例分别达到92.6%和79.5%；不完善粒率平均为3.2%。分地区看，关内地区一等品比例达到97.7%，较上年大幅提高；陕西、河南、山东3省一等品比例增幅明显；东北三省整体质量较上年有所降低，其中黑龙江一等品比例大幅降低。

大豆：吉林、黑龙江两省大豆纯粮率分别为95.8%和93.4%，中等（三等）以上的比例分别为100%和85.7%，较上年分别提高了15和1.4个百分点。

(二)优质（优良）和专用粮食品种品质状况

2008年，全国有18省（区、市）粮食行政管理部门，针对本省（区、市）主要推广种植的优质（优良）和专用粮食品种，组织开展了品质测报。

早籼稻：湖北、湖南、广东3省主要种植的优质（优良）中晚籼稻品种，全项目符合国家优质籼稻标准的比例，湖北省为4.1%，较上年有所提高；广东为6.1%，较上年下降1.4个百分点，湖南没有达标样品。垩白度、垩白粒率过高及胶稠度偏低是制约达标的主要因素。

中晚籼稻：浙江、湖北、湖南、广东、重庆5省（市）主要种植的优质（优良）中晚籼稻品种，全项目符合国家优质籼稻标准的比例，湖北省为5.5%，较上年提高4.4个百分点；广东、浙江两省分别为19.3%和3.1%，较上年分别下降了5.6和3.5个百分点；湖南省、重庆市达标率较低。垩白度是制约达标的主要因素。

粳稻：辽宁、吉林、黑龙江、江苏、浙江5省种植的主要优质（优良）粳稻品种，全项目符合国家优质粳稻标准的比例，黑龙江为46.2%，较上年提高20.1个百分点；江苏为11.1%，较上年提高10.3个百分点；浙江为6.1%，较上年降低2.3个百分点。辽宁省各主导品种，食味评分均在90分以上；吉林省各主导品种除胶稠度外，其他各项品质指标表现均好于上年，食味评分在80分左右。

小麦：河北、山西、江苏、安徽、山东、河南、湖北、陕西、宁夏9省（区）种植的主要优质（优良）小麦品种，全项符合国家优质强筋小麦标准的比例，河北为2.5%，江苏为5.7%，安徽为1.6%，山东为4.7%，河南为5.2%，新疆为9.2%。制约达标的主要因素是稳定时间和湿面筋含量。全项符合国家优质弱筋小麦标准的比例，湖北为10.9%，河南、江苏、新疆均不到1%。

玉米：辽宁、吉林、黑龙江、陕西4省种植的主要专用玉米品种，粗蛋白质平均含量分别为9.1%、10.0%、9.8%、9.5%；淀粉平均含量分别为72.6%、73.1%、73.3%、67.7%。辽宁、吉林、黑龙江3省样品全部符合饲料用玉米标准（GB/T 17890－2008）和淀粉发酵工业用玉米标准（GB/T 8612－1999），陕西省样品达标率分别为90%和29%。

大豆：吉林省种植的主要专用大豆品种粗脂肪和粗蛋白质含量平均为20.3%和40.8%，较上年分别降低了0.5个百分点和提高了0.9个百分点。黑龙江省主要品种粗脂肪和粗蛋白质含量平均为17.7%和39.0%，其中粗蛋白质含量在42%以上的比例占6.5%，主要分布在齐齐哈尔、绥化等市。

三 粮食质量安全监管体系建设

2008年，各级粮食行政管理部门以科学发展观为指导，认真履行《粮食流通管理条例》赋予的粮食质量监管职责，进一步完善粮食质量监管制度，加强粮食质量检验检测体系建设，扎实推进粮食质量安全监管体系建设工作，粮食质量安全监管工作取得新进展。

(一)积极完善粮食质量监管制度

2008年，各地粮食行政管理部门进一步推进粮食质量监管规章制度建设。河北、黑龙江、江苏、浙江、江西、山东、河南、广东、广西、贵州、西藏、陕西、宁夏等13个省（区）出台了27项涉及粮食质量安全监管的法规和文件，包括地方储备粮管理条例1项、管理办法3项、地方粮食质量监管办法和实施细则15项、其他质量管理文件8项。

各省（区、市）粮食行政管理部门还积极指导市、县粮食质量监管制度建设工作，利用各种形式加大规章制度的宣传力度，对于各地规范和加强粮食质量监管发挥了重要作用。

(二)大力推进粮食检验检测体系建设

2008年，各地粮食行政管理部门在当地政府和有关部门的大力支持下，积极推进粮食检验检测体系建设。山西、辽宁、黑龙江、江苏、浙江、安徽、山东、河南、湖北、湖南、四川、云南、陕西和新疆等14个省（区）共恢复和新建检验机构69个，其中地市级新增18个，县级新增51个。全国有64个粮食检验机构转变为财政全额拨款单位，19个机构由自收自支转变为财政差额拨款单位。通过争取财政专项拨款和自筹资金，各级粮食检验机构新增仪器设备和实验室改造投入共计7149.9万元，其中省级836.3万元（26个机构）、地市级4250.3万元（142个机构）、县级2063.3万元（345个机构）；新增单价2000元以上仪器设备2446台（套）；新增实验室及办公面积近6万平方米。

截至2008年底，隶属于各级粮食行政管理部门的粮食检验机构共计763个，其中省级32个、市级227个、县级504个；通过计量认证的机构408个。各级检验机构全年检测样品近30万份，为确保国家粮食质量安全、促进现代粮食流通产业健康发展起到了重要支撑作用。

国家粮食局组织152个粮食质量监测机构及候选机构开展了10个卫生检验项目共计27个梯度样品的比对考核工作，共制发样品4104份，收回比对数据7190个（应收回8208个）。北京、上海、浙江、福建、湖北、湖南、广东、四川、云南等9个中心和邯郸、石家庄、太原、呼和浩特、包头、乌兰察布、沈阳、鞍山、抚顺、锦州、辽阳等11个区域站取得了优秀成绩；部分机构检验偏差较大，一些机构缺乏重金属检验仪器，考核缺项。针对比对考核中发现的问题，国家粮食局分期对各监测机构的300多位技术骨干进行了培训，对比对考核情况进行了全面点评，对共性及难点问题进行了重点讲解和实际操作演示，并组织开展了交流研讨，达到了统一检测手法、统一操作程序、统一判定尺度的目的，对于促进粮食质量监测机构检验技术水平的提高起到了重要作用。

各省级粮食行政管理部门也根据本地实际和工作需要，不断开展地方粮食检验机构和粮食企业质检人员法律法规及技术培训。据全国27个省（区、市）的统计，2008年共培训粮食质检人员1.8万余人次，有效提高了粮食从业人员的政策理论水平和检验技术能力。

（三）认真开展粮食质量安全监管活动

1.继续加强中央储备粮质量监管工作

2008年，国家粮食局继续开展了中央储备粮质量专项抽查工作，共抽查中央储备粮承储库点415个，包括107个直属库和308个代储库，覆盖全国31个省（区、市），约占中央储备粮承储库点的25%。主要抽查质量合格率、宜存率、真菌毒素及储粮药剂残留等。扦取样品1500份，代表粮食数量394.2万吨，获得检验数据1.5万余个。检验结果显示：中央储备粮质量达标率97.9%，宜存率99.5%，卫生检验项目合格率99%。

2.地方粮食质量监管工作逐步规范化、制度化

2008年，各省级粮食行政管理部门以检查地方储备粮和国有粮食企业库存粮食的数量、质量和储存安全为重点，继续组织市、县级粮食部门认真开展了春季、秋季质量普查或不定期检查，并在此基础上组织开展了省级专项抽查。根据国家粮食局的统一部署，2008年，全国有25个省份组织开展了地方储备粮抽查工作，抽查库点574个，扦取样品3156份，地方储备粮抽查质量合格率86.2%，宜存率95.5%。

北京、河北、山西、吉林、黑龙江、上海、江苏、浙江、福建、江西、河南、广西、贵州、云南、陕西、青海、宁夏等17个省（区、市）结合本地实际情况，开展了收获及储存环节的原粮卫生状况调查与监测，进一步了解了本地区的原粮卫生污染情况。浙江、河南、青海等省在总结分析近年来原粮卫生调查结果的基础上，初步设立了当地原粮卫生必检项目，包括农药残留、重金属及真菌毒素三大类指标，为粮食质量安全把关提供了依据。

3.奥运、抗震救灾及军供粮食的质量安全得到充分保障

为确保奥运会期间粮油供应的质量安全，北京市粮食局在积极组织做好奥运专供粮油供应保障工作的同时，组织18个区县粮食局加大了监督检查工作力度，开展监督检查889次，出动检查人员3073人次，配合工商、质量监督部门抽检大米、小麦粉、方便食品、油料等697批次，确保了奥运会期间市场粮油产品的质量安全。河北省粮食局在全省范围内开展了迎奥运粮食质量安全专项整治行动，明确了整治重点环节、重点单位、重点区域、重点品种。辽宁省沈阳市粮食局对赛区的成品粮油市场及超市进行了重点突击检查。山东省青岛市粮食局积极参加了“奥帆食品百日会战”行动，保证了赛前、赛中和赛后的用粮安全。

“5·12”汶川特大地震发生后，四川、甘肃、重庆等地震灾区粮食部门在救灾粮食供应工作中，提出了严格的质量要求，并加大了监督检查力度。四川省成立了救灾粮质量安全工作领导小组，下发了一系列紧急文件，提出了严把原粮质量关、严把加工质量关、严把包装质量关、严把装车运输关和严把储存质量关的监管措施，确保救灾粮质量安全。四川省粮油质检中心组织180余人次，深入13个库点，进行原粮出库检验把关，共检验69批次18.6万吨原粮；受灾市、县粮食部门组织30个专项检查组，对265个灾民集中安置点、卫生院、学校、农贸市场及救灾物资发放点的粮食质量及储存安全状况进行了检查。

各级粮食部门在军粮供应质量管理工作中做

到了专项检查和平时检查相结合，采取现场取样、实地查看等方式对军供企业和定点生产企业质量管理和军粮质量安全情况进行监督检查。天津市着力规范军粮加工等级质量和卫生标准，落实军粮出入库检验、登记、岗位责任、军粮质量定期检验和质量回访等制度。河北省要求军供粮招标采购时，竞标企业必须提供有资质的粮食质量检验机构出具的原料粮和成品粮卫生检验合格证明，不符合规定质量等级和卫生标准要求的，不得采购和供应。青海省明确规定军供粮等政策性供应粮食必须经省级粮油检验机构检验合格后方可出库供应。

专 文

小麦新标准顺利实施 农民企业政府都满意

国家质检总局，国标委于2008年1月1日发布了国家粮食局组织修订的新《小麦》国家标准，并明确当年5月1日正式实施。在2008年夏粮收购中，小麦新标准得到全面贯彻实施，得到了农民、粮食企业和地方各级政府的一致好评。

一、提高标准的科学化水平，保障农民售粮利益

在以往的小麦收购中，一些粮食企业验质检验时，有意无意地将白硬麦作为混合麦收购，导致售粮农民利益受损。为解决这一问题，2007年7月，国家粮食局党组提出，要解决小麦收购长期依靠感官检验的问题，尽快对小麦标准进行修订，提高收购检验的科学化水平，实行仪器检验，减少人为检验偏差，力争2008年夏粮收购全面实施新的小麦标准。为此，局长聂振邦同志先后做出13次批示，督促和指导做好小麦标准修订和小麦硬度仪的生产配备工作。任正晓和郄建伟两位副局长分工抓落实、抓进度，与相关部门领导沟通、协调工作，确保了小麦标准修订和小麦硬度仪开发生产各项工作顺利开展。

为了做好小麦新标准修订工作，国家粮食局标准质量中心会同农业部种植业司组成了标准起草工作组。工作组对1999年发布的小麦国家标准实施以来的情况进行了认真分析，针对社会各方面提出的意见和按照提高收购检验科学化水平的要求，依据近年粮食部门组织开展的收获及库存粮食质量调查（会检）和抽查所取得的大量检验数据，经过反复论证，对小麦标准进行了全面修订。按照各方协商一致和新老标准尽可能相互衔接的原则，经过有关部门、各小麦主产省和粮食企业代表的共同会商，拟定了新的小麦国家标准。与1999年版相比，新标准有以下特点：一是对小麦分类进行了简化，即将原按冬、春各分硬、软共9个类别，调整为不分冬、春，只按硬、软共5个类别，即硬质白小麦、软质白小麦、硬质红小麦、软质红小麦和混合小麦。二是确定了我国的小麦硬度分类指标体系，即硬度指数大于等于60的为硬麦，小于等于45的为软麦，介于两者之间的为混合麦。以硬度指数取代了原标准中角质率、粉质率作为小麦硬、软的表征指标。三是将中等小麦不完善粒指标由6%放宽到8%，与国际标准相一致。四是增加了标签标识的规定，要求在包装物上或随行文件中注明小麦的品种、类别、等级、产地、收获年度和月份，以便小麦产品溯源。小麦标准修订文本面向社会征求意见后，按WTO规则要求进行了国际通报，在通报时限内，未收到反对或质疑意见。在各方共同努力下，新的小麦国家标准如期发布实施。

为了确保小麦新标准的顺利实施，国家粮食局还组织专家制定了小麦硬度测定方法、小麦硬度仪技术条件和规范、小麦硬度仪校正实物标准样品及标准样品制作规范、硬度仪检定规范等一系列标准和实物标样，对小麦硬度测定方法和仪

器进行了规范；对小麦硬度仪结构和性能的改进和完善提出了指导意见。

与此同时，积极开展了小麦硬度仪的生产和配置指导工作。组织专家对小麦硬度仪的原理、结构性能、实验验证数据、产业化技术条件等进行了论证，对仪器生产企业的生产能力、加工水平和经济运行情况等进行了审核和现场考察，指导仪器生产企业安排好生产计划，抓好质量控制，建立技术支持和售后服务体系，积极指导各地按照实施小麦新标准的要求配置检测仪器。

二、加大工作力度，为实施新标准做好准备

（一）积极部署夏粮收购实施新的小麦国家标准

做好小麦新标准的实施工作，是粮食系统贯彻落实科学发展观，落实中央惠农政策和国家粮食收购政策，切实保护种粮农民利益的具体体现。2008年1月3日，国家粮食局聂振邦局长在全国粮食局长会议的报告中强调："今年小麦收购将实施新的国家标准，开始推广使用小麦硬度仪，有关地区要在夏粮上市前做好培训和准备工作"。在全国粮食局长会议结束后，即召开了"小麦新标准及检测技术推介座谈会"，向各小麦主产省粮食局长和有关人员通报了小麦标准修订情况和小麦硬度检测技术及仪器推广情况，对2008年夏粮收购实施小麦新标准的各项准备工作进行了动员和部署。1月8日，国家粮食局发出了《国家粮食局关于实施新的小麦国家标准的通知》，要求各地加强对新标准实施工作的领导，尽快组织开展标准宣传、推广培训工作；要求承担托市收购任务的企业，及早配备必需的小麦质量检验仪器，加大宣传力度；夏粮收购时，要在显著位置公布新标准和国家粮食收购政策规定的质价标准，做到收购价格上榜、质量指标上墙、标准样品上台，让农民明白售粮；要加强对新标准贯彻实施情况的监督检查等。2008年新年伊始，小麦新标准的宣传、培训和小麦硬度仪的配备等工作在各小麦主产省迅速展开。

（二）抓紧做好小麦新标准分层次培训工作

2008年1月26日，国家粮食局举办了小麦新标准宣贯培训班，为各地和中央粮食企业培训小麦新标准宣传贯彻骨干和师资，来自全国26个省份粮食局和中储粮总公司的113名标准化技术骨干参加了培训。各地粮食行政管理部门积极落实国家粮食局关于加强小麦新标准培训工作的有关要求，在全国培训班结束后，各小麦主产省粮食局和中储粮分公司都陆续组织了分层级培训。据不完全统计，仅开展小麦托市收购的河南、山东、河北、江苏、安徽、湖北6省粮食部门和中储粮分公司组织开展的各层次培训达1.4万人次，山西、辽宁、陕西、宁夏等省（区）也都组织开展了新标准培训，使地方各级粮食行政管理部门和粮食购销企业的管理人员能够准确理解和把握新标准，确保了粮食收购检验人员能够正确掌握新标准的检验要求，能够熟练操作小麦硬度检测仪器。安徽、江苏等省的粮食部门还对粮食经纪人进行了新标准培训，通过他们进一步向农民宣传，指导农民对优质品种单收单放，实现优质优价。

（三）采用各种方式开展宣传，让农民了解新标准

为做好小麦新标准的宣传，国家粮食局标准

质量中心在标准发布的同时，即向有关新闻媒体提供了新闻宣传通稿，编写发行《〈小麦〉、〈小麦硬度测定　硬度指数法〉实施指南》，其后又编制了针对管理部门、粮食企业和农民等不同层面人群的小麦新标准宣传培训提纲，为托市收购站点制作了统一的小麦新标准与收购政策公示栏，帮助各地提高对小麦新标准和质价政策宣传的有效性、准确性和一致性。

各小麦主产省粮食局和中储粮分公司也高度重视小麦新标准宣传工作，统一印发宣传提纲，对新老标准和国家粮食收购政策进行了详细的对比和介绍。各市、县粮食局和中储粮有关直属库结合实际，采用各种方式对新标准和收购政策进行了宣传，包括利用电视、广播、报纸、政府网站、农民热线等媒体进行宣传；采用宣传车广播和散发宣传单等形式开展街头和入村、入户宣传；采用在乡镇显要街道、路口、村口拉横幅、挂条幅、张贴宣传公告等形式营造氛围开展宣传。中储粮河南分公司印发了10万余份宣传提纲；湖北省粮食部门印发宣传资料和宣传册达13.7万份。江苏省仅淮安市粮食局就印发宣传手册1万多本。山东、河南等省不少市、县粮食局通过地方电视台、广播电台等媒体，用谈话、问答等形式，向广大群众特别是种粮农民介绍新标准，宣传国家小麦收购质价政策，收到了良好效果。

(四)组织和指导收购企业配备小麦硬度仪

2008年国家小麦托市收购预案规定，实行按皮色和硬度分类计价。采用小麦硬度仪对小麦进行硬、软、混合分类检测，是实施小麦新标准的关键。

为保证新标准的顺利实施，各小麦主产省粮食局和中储粮分公司积极组织和指导收购企业配备小麦硬度仪。据不完全统计，截至7月底，全国各小麦主产省配备小麦硬度仪4549台，其中6个托市收购省配备了3900台，基本做到了每个大的收购库点有1台硬度仪。河南省粮食局和中储粮河南分公司明确规定，每个收购库点都必须配备1台以上的硬度测定仪，每份样品都要检测硬度指数，没有硬度仪的企业不得参与托市收购，由作为托市收购执行主体的各中央储备粮直属库统一垫支订购，再分发到下设的收购库点，该省共配置小麦硬度测定仪2532台。湖北和陕西省粮食局在要求粮食收购企业必须配备小麦硬度仪的同时，积极争取财政支持，对具有粮食收购资格的国有粮食企业购置小麦硬度仪每台分别给予30%或1/3价款的专项经费补助，为企业解了燃眉之急。

(五)开展小麦收获质量调查并及时发布信息指导收购工作

为全面掌握新收获小麦的质量状况，指导各地的小麦收购工作，国家粮食局在小麦收获的第一时间，组织开展了2008年小麦收获质量调查会检工作，国家粮食局统一组织6个小麦托市收购省采集小麦样品2018份，样品涉及6省70市337个小麦主产县，按照新的小麦国家标准检验了小麦的各项质量指标。

从调查检验结果看，2008年6省小麦质量总体良好，容重平均值为784克/升，较上年提高3克/升；中等（三等）以上占95.7%，较上年提高3个百分点。白硬麦和白软麦合计为70.8%，较上年提高约4个百分点，其中白硬麦比例为66.7%，白软麦比例为4.1%；红硬麦比例为2.1%，基本没有红软麦；混合麦比例为27%。不完善粒率平均值为4.4%，较上年下降0.3个百分点。河南、山东两省小麦质量比上年明显提高。江苏省与上年基本持平。安徽、湖北两省小麦质量总体良好，但较上年有所下降。

国家粮食局标准质量中心将调查会检结果及时向有关省做了反馈，并通过国家粮食局政府网面向社会发布，对于指导各地开展小麦收购工作发挥了重要作用。其他小麦生产省也自行开展收获质量调查并发布了小麦收获质量信息。

三、全面实施新标准，帮助农民实现增收

夏粮收购伊始，国家粮食局领导分别带队深入小麦主产省调研和指导夏粮收购工作，检查国家粮食收购政策和小麦新标准执行情况。国家粮食局标准质量中心也派出专题调研组，了解各地执行小麦新标准的有关情况。从了解的情况看，小麦新标准得到了全面实施，并受到广泛好评。

（一）托市收购企业在夏粮收购中认真执行小麦新标准

2008年夏粮收购中，国有粮食企业，特别是承担托市收购任务的企业都能认真执行小麦新标准。在调研中看到，绝大多数托市收购站点，都做到了在收购现场醒目位置公布新标准和国家粮食收购质价政策，按新标准要求制备和摆放不同类型及质量等级的小麦实物样品，各类小麦的质量要求、价格及增减价政策一目了然。许多收购站点设置了政策与标准咨询台，由经验丰富的技术人员现场解答售粮农民的疑问。河南省托市收购验质全面实行仪器检验，每个站点配备的小麦硬度仪不少于1台，凭仪器打印的检验结果结算。其他省份则主要采用参照收获质量调查信息、与预先制备的小麦实物样品进行对照、抽样进行仪器检验或出现争议再用仪器检验复核的方式进行收购验质检验。江苏省粮食局与中储粮江苏分公司共同制作了5000多份小麦实物样品，发放到每个托市收购库点。

在小麦收购中，组织专业检验人员对各地收购验质情况进行了抽样检验，从4省12市27个托市收购库点的35个货位的抽样检验情况看，入库小麦整体质量与收购码单记录相符率（即质价相符率）为97.1%，说明各地执行新标准总体情况良好。从调研情况看，售粮农民和经纪人对小麦新标准和新的收购验质要求都比较清楚，对实施新标准的检验验质结果没有争议。同时，也发现一些地方还出现了“配麦售粮”的现象，也就是在处于硬麦和混合麦“临界状态”的小麦中添加一定量的高硬度小麦，达到硬麦收购要求再出售。

（二）新标准的实施帮助农民实现增收

截至2008年8月25日，6省托市收购小麦3975万吨，其中白麦占90.4%，混合麦占9.6%，基本上没有红麦。收购白麦比例比上年提高了68.1个百分点，除山东、河北与上年基本持平外，其他4省均为大幅度提高。托市收购6省仅白麦比例提高就使农民增加收入超过27亿元。

白麦比例大幅度提高的原因：一是新标准指标客观，托市收购企业只要按客观要求验质不必担心验收过不去，消除了人为因素干扰，优质优价没有争议，农民和经纪人放心售粮；二是小麦品种不断改良和优化加上气候条件好，我国小麦主产区播种时墒情足，苗齐苗壮，生长期风调雨

顺，促进了小麦品质显著提高；三是农民特别是经纪人采用配麦售粮方式，提高了小麦硬度达标率；四是市场粮价特别是混合麦收购价比较高，农民和经纪人在托市收购站点验不上白麦的，就转而出售给其他收购主体。

2008年的实践证明，实施新标准对于农民增收、企业增效、保障粮食安全起到了重要作用。收购验质公开、公平、公正，售粮农民满意，放心售粮；收购和验收都用一个客观标准，委托收购企业满意，可以放心多收粮；实施新标准体现了以质论价、优质优价，各地政府满意。

第八部分

粮食行业发展

一 粮食流通基础设施和物流体系建设

2008年以来国家连续出台了多项涉及粮食仓储和物流设施建设的规划和文件，并进一步加强对粮食流通设施建设的投入。《国家粮食安全中长期规划纲要》（国发[2008]24号）、《国务院关于促进食用植物油产业健康发展保障供给安全的意见》（国发[2008]36号）以及《汶川地震灾后恢复重建市场服务体系专项规划》等都对加强全国粮食、油料和食用植物油储备、烘干、物流设施建设提出了明确的要求。全年国家共安排中央投资约20亿元，建设的主要专项包括：粮食现代物流建设专项、粮食仓房维修改造项目、黑龙江地区粮食烘干及仓储设施建设专项、四川震后粮食收购应急设施专项、新增中央投资粮油存储设施及粮食烘干设备专项。

（一）积极落实扩大内需政策，抓紧建设10亿元新增中央投资粮油存储设施和粮食烘干设备项目

为应对金融危机，落实扩大内需政策，国家在2008年第四季度新增中央预算内投资中，安排10亿元中央补助投资用于建设油料油脂储存设施及粮食烘干设施。共为中国储备粮管理总公司和中粮集团有限公司安排建设食用油油罐和油料库项目27个，为辽宁省、吉林省、内蒙古自治区和中国储备粮管理总公司、中粮集团有限公司、中国华粮物流集团公司在东北地区的粮库安排新建和改造烘干机项目280台。这批项目总投资约28亿元，建成后将新增食用油油罐罐容96万吨，新增油料库仓容122万吨，新增烘干能力1180万吨，可在一定程度上缓解我国食用油储备库罐容不足和东北地区的烘干压力。

（二）配合国家粮食宏观调控政策的执行，进一步加强粮食仓储和物流体系建设

根据全国《粮食现代物流发展规划》，为加强主要物流通道和节点的散粮设施建设，做好国家投资支持的粮食现代物流项目管理，国家发展改革委会同国家粮食局制定了《粮食现代物流项目管理暂行办法》（发改经贸2008[413]号），规定了粮食现代物流项目的范围、基本条件、国家扶持方式、项目申报和资金下达程序，以及组织管理的有关要求。为推进粮食现代物流体系建设，国家安排了中央补助投资2亿元用于支持50个粮食现代物流项目的建设工作。同时，各地通过政策扶持和投资引导，多渠道筹集资金，加快推进主要物流通道和节点项目建设，推广应用散粮运输装卸新技术新设备，湖北宜昌、广东东莞、福建福州、浙江杭州、陕西西安等地粮食现代物流设施建设发展迅速。

为解决我国粮食连年丰收后主产区收储、烘干能力不足的矛盾，配合最低价收购政策的执行，中央财政安排了2.1亿元补助资金用于河北、江苏、安徽、江西、山东、河南、湖北、湖

南、四川、黑龙江、吉林、辽宁、广西等13个启动最低收购价政策省（区）的粮食收储库点的仓房维修改造。截至2008年底，上述13省（区）除吉林、黑龙江、湖南3省外，其余10省（区）全面完成了维修改造工作，10省（区）共安排维修资金6.91亿元，维修库点7906个，维修仓容1861万吨。通过维修改造，有效缓解了上述地区仓容不足和收储条件差的问题，保证了粮食收购工作的顺利进行。

2008年全国粮食仓房维修改造共投入资金16.6亿元，主要集中在粮食主产区。北京、天津、广东、广西、云南、贵州、甘肃等非主产区也积极筹措资金，加大对仓房维修改造的投入。通过维修改造，上述地区的仓储设施得到了较大改善，仓容不足的压力得到初步缓解，科学储粮水平不断提高，一些地区露天储存粮食的数量大为减少，这对于增强粮食主产区的仓储能力，保障最低收购价政策的顺利实施起到了重要作用。

针对黑龙江省粮食收储、外运面临的突出问题，经过大量调研论证和投资测算，国家安排了3.72亿元中央预算内专项投资用于解决黑龙江省粮食仓储、烘干和流通设施不足问题。在黑龙江建三江地区建设中央直属储备粮库4个，仓容24万吨，建设地坪185万平方米，建设烘干机208台套，新增年烘干能力670万吨。

汶川特大地震发生后，根据国务院抗震救灾总指挥部部署，紧急安排四川灾区受损粮食仓库应急维修和烘干设备采购资金等1.72亿元，为灾区维修受损仓房387万吨，采购小型稻谷烘干机72台。

表8-1　农户科学储粮试点完成情况汇总表

试点省	试点县	试点农户数	完成储粮仓数量	试点仓型和数量
合　计	37	32460	32460	
辽宁省	9	6000	6000	金属网钢骨架矩形仓4000套
				木仓加网改造仓2000套
山东省	11	10000	10000	彩钢板圆筒仓10000套
四川省	17	16460	16460	新型砖混结构标准小粮仓6572套
				彩钢板圆筒仓9888套

（三）圆满完成农户科学储粮试点项目，为在全国范围实施农户科学储粮专项奠定基础

国家安排的农户储粮试点项目建设工作在2008年顺利完成。试点共完成总投资2177万元，其中中央补助投资600万元、地方政府配套1130万元、农户自筹447万元。试点共为辽宁、四川、山东等三个试点省3.2万个农户配置了标准化新型粮仓。试点专项取得了良好的社会和经济效益。从投资收益看，试点农户基本可在2～3年通过减损收益收回自己的投资成本。通过试点和宣传，新型储粮方式受到广大农民欢迎，普遍希望扩大试点范围，许多省（区、市）粮食局已将农户储粮试点列入今后的重点工作。

(四)加强粮食流通设施建设规划研究和标准制定工作，明确今后几年粮食流通设施建设的目标任务

《国家粮食安全中长期规划纲要（2008～2020年）》将健全粮食市场体系、加强粮食物流体系建设、加强储备粮仓储基础设施建设、推广农户科学储粮等作为今后完善粮食流通体系和储备体系的主要任务和重点工程。根据《国家粮食安全中长期规划纲要》，国家粮食局研究编制了《粮食储备体系建设规划》和《食用油储备物流设施建设规划》报送国家发展改革委。

为适应国家扩大内需加快建设食用油脂储存设施和实施农户科学储粮专项的需要，2008年加快修订了《植物油库建设标准》和《农户小粮仓建设标准》，并发布实施了《粮食仓库维修改造技术规程》、《粮食立筒库设计规范》等技术标准。

(五)粮食流通基础设施建设投资统计显示，2008年各项设施建设成效显著

2008年，粮食流通基础设施投资按照8类投资项目进行统计，包括储备粮库项目、粮食物流设施项目、仓房维修改造项目、粮食检验检测项目、粮食批发市场项目、粮食流通应急设施项目、农户储粮设施项目和其他项目。统计显示，2008年全国粮食流通基础设施建设项目共6921个（其中完工项目5651个，在建项目1270个），各类项目总投资317亿元，年度完成投资112.8亿元，新建仓容2742万吨（其中立筒仓和浅圆仓314万吨），新增油罐162万吨，大修仓容2213万吨；新增粮食专用码头泊位98个，容纳能力1419万吨；新增铁路专用线6.4千米，购置各类设备7.9万台（套），新增散粮接收发放能力3.96万吨/小时。

2008年全国粮食流通基础设施建设投资项目有以下一些特点：一是粮食仓储设施建设项目投资增幅大，新增仓容多。建设项目共增加672个，增幅11%。新建仓容共增加779万吨，增幅为40%，其中立筒仓和浅圆仓仓容增加139万吨，增幅为79%。二是建设项目主要为物流设施项目和储备粮库项目。其中物流设施建设项目总投资142亿元，占总投资的45%，储备粮库建设投资116亿元，占37%。三是粮食现代物流设施建设进度加快，散粮接收发放能力进一步增强。散粮接收能力同比增加2.5万吨/小时，增长7%；散粮发放能力同比增加2.0万吨/小时，增长6%。四是各地积极筹措资金，加强粮食流通基础设施建设，以保障粮食安全，推进粮食现代物流发展。以企业为主体、政府适当扶持和引导、拓展多渠道投资的粮食流通基础设施建设投资方式正逐步完善。其中中央财政资金相比上一年度有了较多投入。五是本年度全国六大粮食物流通道粮食流通基础设施建设中，长江中下游通道、华东沿海流入通道、黄淮海流出通道投入较多，而东北流出通道和京津流入通道投入相对较少。

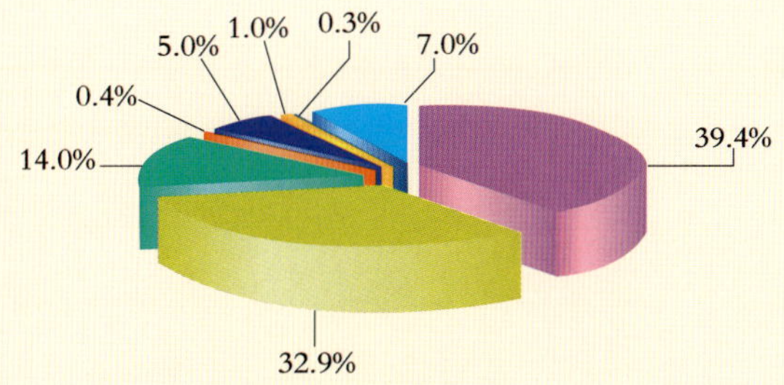

图8-1 2008年度全国粮食流通基础设施建设各类项目完成投资情况构成

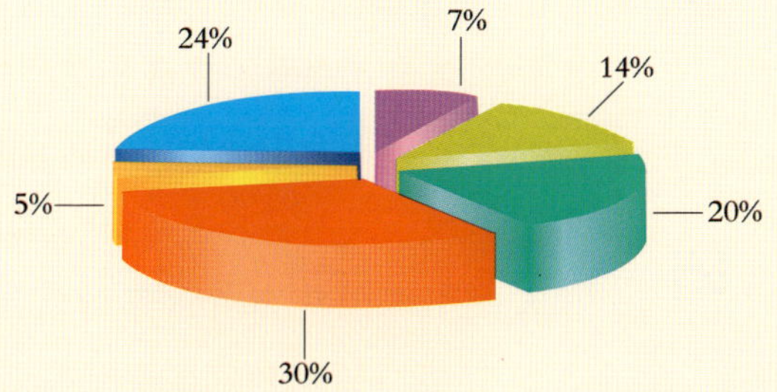

图8-2 2008年度全国六大粮食物流通道基础设施建设完成投资情况

二 粮食仓储行业管理现状与展望

(一)粮油仓储行业发展现状

总体上看，2008年粮油仓储行业发展有以下几个特点：

一是粮油仓储企业规模迅速壮大。据统计，截至2008年底，全国共有粮油仓储企业17869户，总仓容和户均仓容都比2003年有较大的增加。

二是粮油仓储条件进一步改善。从仓容总量看，2008年全国粮油仓储企业有效仓容较2007年增加730.4万吨，增长2.5%。从转运能力看，2008年全国粮油仓储企业散粮运输能力共74.8万吨/小时，较2007年多4.8万吨/小时，增长6.4%。另外，简易仓仓容、烘干能力比2007年也分别增长了12.8%、8.5%，达到了2039.9万吨和5.5万吨/小时。

三是人员素质进一步提高。2008年全国粮油仓储企业从业人员数量略有下降，为66.1万人，其中粮油保管员13.3万人，粮油质量检验员3.7

万人。截至2008年底，共有1.34万人取得了粮油保管员国家职业技能鉴定证书，0.97万人取得了粮油质量检验员国家职业技能鉴定证书。

四是先进粮食仓储技术得到广泛应用。截至2008年底，全国装备机械通风系统、计算机测温系统、环流熏蒸系统的仓容分别达到21102.7万吨、15494.8万吨和11472.3万吨，分别占有效仓容的71.6%、52.6%和38.9%，储粮安全得到保障。另外，谷物冷却机总数已经达到897台，谷物冷却技术应用效果得到认可。

五是规范化管理活动提高了粮油仓储企业管理水平。近年来，随着粮食仓储设施的不断改善，从业人员总体素质的不断提高，各地在粮油仓储企业规范化管理方面进行了有益的探索，如浙江省的星级粮库创建活动；中国储备粮管理总公司精细化管理活动；山东、河北、山西、北京等地规范化管理系列活动；北京、中粮集团的“千分制”评价活动。通过活动，企业管理理念得到创新，管理流程进一步优化，岗位职责更加详细，考评体系更加完善，经济效益也有所提高。

(二)粮油仓储行业发展特点

1.我国粮油库存总量将长期保持较大规模

受全球粮食供求多变，国内粮食增产难度加大，城市化水平提高，农户储粮减少等因素影响，我国的粮油库存总量将长期保持较大规模，这对粮食仓储工作提出新的挑战。

2.我国粮油物流总量将进一步扩大

我国粮油生产和消费存在品种、区域不平衡的问题，而且随着城市化的发展、农村消费习惯的改变，今后粮油商品率提高，进入社会流通的粮油总量将逐步增加，如何做好粮油仓储工作，提高粮油物流效率，是我们下一步面临的重要课题。

3.粮油仓储企业多元化增加了监管的难度

据统计，2008年全国粮油仓储企业中非国有企业已占19.6%。另外，粮油加工运输企业及非粮食行业的仓储企业也开始进入粮油仓储市场，给传统粮油仓储企业带来冲击。由于多元所有制企业中的大多数企业仓储条件较差，仓储设备不足，专业人员缺少而且游离在现有管理体系之外，加大了行业监管的难度。

4.随着国民收入水平的提高和生产生活条件的改善，居民消费结构升级，食品安全意识增强，对粮油质量标准提出了更高的要求

人民更加关注主食食品的营养、卫生和安全，这对粮油储藏期间的品质保证提出了新的要求。

(三)粮油仓储工作存在的主要问题

1.仓储设施还不能满足粮油储存的要求

一些地区的仓容总量偏少，不能满足粮油收购、储存的需要；需大修、待报废的仓容比例偏高，储粮安全存在隐患；现有仓储设施还存在布局、仓型不合理问题；另外，一些仓储设备还存在工作效率不高、粮食破碎率增加较多以及能耗较大等问题。

2.先进粮油仓储技术创新不足

生态储粮理论还需要进一步完善，粮油基础参数体系尚未建立。熏蒸剂替代技术、绿色储粮技术、节能技术、粮油减损技术等关键技术创新不足，有待取得突破性进展。粮油仓储技术推广体系尚未建立，一些成熟技术推广不够广泛，科

技对粮油仓储行业的贡献率偏低。

3.现行的仓储管理机制还不能适应行业发展要求

现行仓储管理机制还不适应仓储企业多元化发展趋势，在监管范围、监管手段、监管方法和监管目标等方面还存在一些差距。仓储管理还存在体制、机制不顺和管理粗放等问题，管理水平有待进一步提高。企业技术标准、地方技术标准体系的创建工作刚刚起步，行业技术标准的应用水平总体不高，阻碍了企业发展。

(四)粮油仓储行业发展展望

我国粮油仓储工作的总体目标是：进一步加快仓储设施建设步伐，不断改善粮油仓储设施的基础条件；以生态储藏理论为指导，加大粮油储藏技术创新和推广力度，提高粮油仓储技术应用水平；以贯彻新标准为契机，规范粮油仓储管理行为，降低粮油损失损耗、降低能耗和费用，保持库存粮油品质；以规范化管理为目标，创新管理模式，完善管理机制，提高企业管理效率和经营效益，提升粮油仓储企业从业人员知识水平和操作技能，为保证国家粮食安全做出贡献。为此，粮油仓储行业力争在以下几方面有所突破：

一是初步建立粮油仓储制度和技术标准体系。尽快出台《粮油仓储管理办法》，抓紧制修订《粮油仓储企业规范化管理评价》、《粮油仓储企业仓房编号办法》等规范性文件。同时，加快粮油储藏技术标准和操作规程的制修订进程，逐步建立一套满足粮油仓储企业管理、保证库存粮食安全的制度体系和技术标准体系。

二是企业管理水平有所突破。通过开展“粮油仓储企业规范化管理活动”，进一步提高企业管理水平，提高企业竞争力。

三是粮油储藏技术研究和应用水平有所提高。新技术研究的重点是成品粮油储藏技术、生态储粮技术、新型害虫防治技术、粮油品质快速检测技术、散粮运输关键技术等。在现有技术应用方面，要深入研究通风技术、熏蒸技术、谷物冷却技术系列应用模型的研究，提高技术适应性。

三 粮油加工业发展

2008年，国家出台多项有利于粮油加工业健康发展的政策措施，及时调整大豆加工产业政策，粮油加工业总体平稳较快发展，对提高城乡居民生活水平、促进农业增效农民增收、扩大就业、确保食用植物油行业健康发展等方面发挥了重要作用。龙头企业产业化水平逐步提高，行业资源整合进一步加快，企业规模进一步扩大，粮油加工规模大型化、产业布局向原料产地转移的趋势明显。企业在发展主食工业化、精深加工、技术改造，实现资源综合利用、节能降耗等方面亮点突出，企业在提升科技水平、优质粮源基地建设等方面都取得了长足进步。但整个行业不可避免受到金融危机的冲击，行业发展受到影响，植物油行业更应引起高度重视。

(一)行业发展得到各级政府和部门的政策支持，大豆加工产业政策及时得到调整

粮油工业发展与保障国家粮食安全、促进农民增收、新农村建设有机结合，继续得到各级政府、部门有力的政策支持，一系列促进产业发展的政策措施逐步落实。尤其是国务院高度重视保障国内植物油供应和促进食用植物油及大豆产业的健康发展，出台了促进食用植物油产业健康发展、保障供给安全的指导意见；国家发展改革委、国家粮食局提出了具体落实意见，财政、税务部门也在税收政策方面给予优惠，减轻了企业税负。国家粮食局积极配合有关部门参与了《轻工业调整和振兴规划》、《全国新增1000亿斤粮食生产能力规划（2009～2020年）》及黑龙江、吉林和河南三省增产规划有关粮油加工业部分内容的政策研究和制定工作，研究提出了相关措施建议。为发挥加工行业指导作用，加强粮油加工业产能监测、预测分析服务，国家粮食局加强了粮油加工业统计工作，修订实施了“粮油加工业统计制度”。

表8-2 2008年粮油加工业发展的政策支持

行政机构	具体文件	政策措施
党中央国务院	《中共中央 国务院关于切实加强农业基础建设进一步促进农业发展农民增收的若干意见》（中发[2008]1号）	支持农业产业化发展。抓紧研究完善农产品加工税收政策，促进农产品精深加工健康发展。允许符合条件的龙头企业向社会发行企业债券。龙头企业要增强社会责任，与农民结成更紧密的利益共同体，让农民更多地分享产业化经营成果。健全国家和省级重点龙头企业动态管理机制。
	国家粮食安全中长期规划纲要（2008～2020年）（国发[2008]24号）	完善粮食加工体系。大力发展粮油食品加工业。引导粮油食品加工业向规模化和集约化方向发展。按照“安全、优质、营养、方便”的要求，推进传统主食食品工业化生产，提高优、新、特产品的比重。推进粮油食品加工副产品的综合利用，提高资源利用率和增值效益。强化粮油食品加工企业的质量意识和品牌建设，促进粮油食品加工业的健康、稳定发展。
	《国务院关于促进食用植物油产业健康发展保障供给安全的意见》（国发[2008]36号）	各地区和有关部门要在继续落实好《国务院办公厅关于促进油料生产发展的意见》（国办发[2007]59号）基础上，立足当前、着眼长远，从全局和战略高度，在油料油脂生产、加工、流通、储备、进出口等各个环节采取综合措施，促进食用植物油产业健康发展，保障我国食用植物油供给安全。

续表

行政机构	具体文件	政策措施
国家发展改革委	《关于印发促进大豆加工业健康发展的指导意见的通知》（发改工业[2008]2245号）	积极引导油脂加工企业走原料多元化加工道路，增加油菜籽、花生、棉籽、向日葵、山茶等其他油料品种的产量，提高油料综合自给率;合理控制大豆油脂加工产能扩张的速度和规模；促进大豆加工业技术进步，提高自主创新能力，整合油脂加工设备制造企业，推动行业结构调整与产业升级；加强市场监管，规范大豆加工企业商业行为，维护市场竞争秩序，增强我国大豆生产、加工和销售环节的主导权；扶持国内龙头企业，改变内资加工企业市场竞争力不足、市场占有率低的局面；积极发展大豆深加工，延伸产业链，提高资源综合利用水平。
财政部 国家税务总局	《关于发布享受所得税优惠政策的农产品初加工范围（试行）的通知》（财税[2008]149号）	粮食初加工（含小麦初加工、稻米初加工、玉米初加工、薯类初加工、食用豆类初加工、其他类粮食初加工）以及油料植物初加工（不含植物油精炼）等范围农产品加工的企业，免征企业所得税。
国家粮食局	《关于做好2008年度粮油加工业统计工作的通知》（国粮办展[2008]209号）	引导和促进粮油加工业健康发展,全面准确了解粮油加工业产能产量统计监测预警体系，进一步加强粮油加工业统计工作。扩大统计范围为大米、小麦、植物油、玉米、粮食食品、杂粮、粮油机械设备制造、饲料八类加工企业，完善了指标体系。
湖北省粮食局	《湖北省粮油精深加工贷款贴息项目及资金管理暂行办法》（鄂粮食文[2008]70号）	安排2008年度1亿元资金，建立产业集群发展专项资金，扶持全省粮油精深加工项目，扶持粮食加工龙头企业重点项目，采取贷款贴息、专项补助、资本金投入等方式，重点支持产业集群骨干企业、公共服务平台和信息化建设、共性技术攻关和产业链的延伸。

（二）粮油加工业行业总体实现盈利，产业化水平逐步提高，行业资源整合力度加大，企业规模化经营效果显著

据国家粮食局不完全统计，2008年全国大米、小麦、植物油、玉米、饲料、杂粮、粮食食品、粮油机械设备制造八类企业共13668个，全年实现工业总产值9802.1亿元，工业增加值1161.9亿元。虽然受全球金融危机影响，但在国家一系列政策支持下，全行业实现利润总额221.3亿元，利润率2.25%。

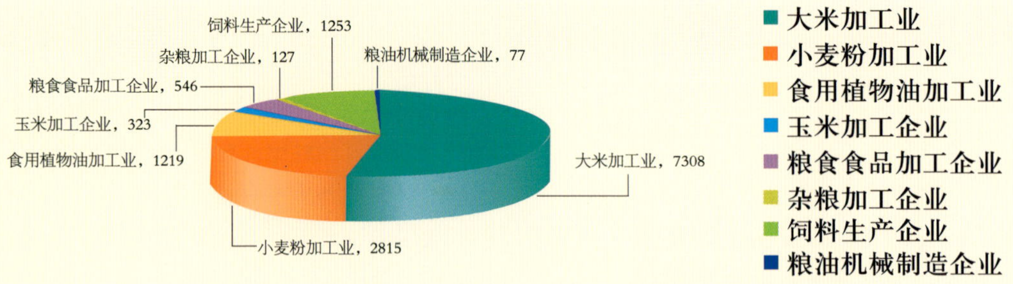

图8-3 全国粮油加工业企业分行业数量情况图

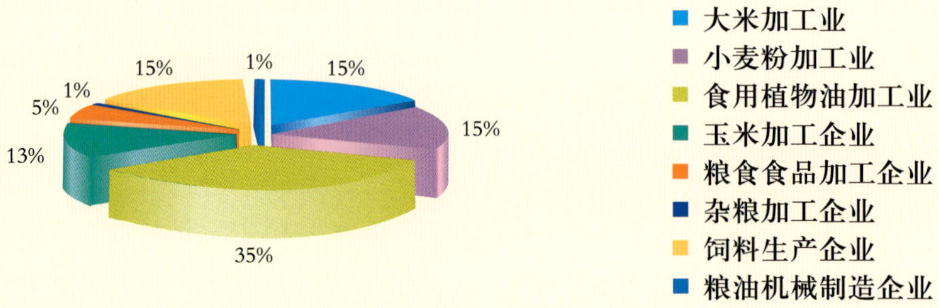

图8-4 粮油加工业分行业工业总产值占比情况图

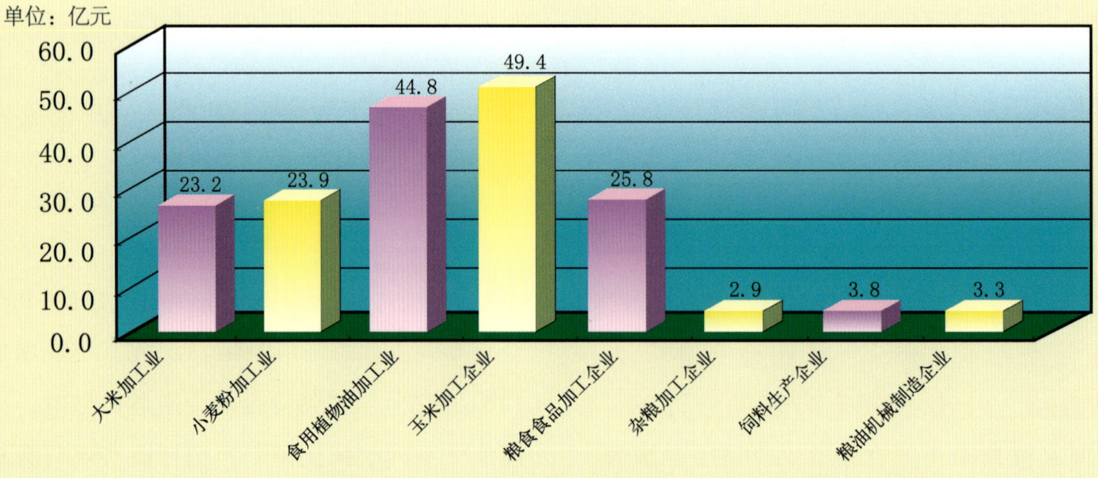

图8－5 全国粮油加工业分行业利润情况图

2008年，国家粮食局和中国农业发展银行重点支持了1684家粮食产业化龙头企业在粮食收购、技术改造、基地建设等方面贷款997.7亿元。江苏、安徽、湖北、新疆等省(区)将粮食产业发展纳入地方经济发展规划，继续安排专项资金对粮油精深加工和产业化项目予以贴息，大力支持全面提升龙头企业的规模和实力，提高粮油加工业综合效益和整体发展水平。

2008年，政府部门大力推动粮油加工业企业通过兼并、重组，粮食加工业的规模化、集约化经营取得了进展，形成了一批集贸、工、商一体化、具有较强竞争力的大型粮油加工龙头企业。据国家粮食局不完全统计，粮油加工业国家级、省级及市级产业化龙头企业共1770家，占全部粮油加工企业的12.9%，其中国家级粮油产业化龙头企业140家，省级产业化龙头企业548家，市级产业化龙头企业1046家。1770家产业化龙头企业实现工业总产值3482.6亿元，占全行业企业工业总产值的35.5%；利润96.7亿元，占全行业利润的45.8%，带动效益显著。

（三）加工企业在发展主食产业化、精深加工、技术改造，实现资源综合利用、节能降耗等方面亮点突出

国家发展改革委启动了“食品机械装备自主化”和“食用植物油加工技改升级”专项，在扩大投资、拉动内需项目中安排部分资金补助企业装备国产自主化和技改升级。国家粮食局组织推荐“数字化色选机国产化”、“婴幼儿米粉膨化生产线关键设备国产化”2个项目申报2009年食品机械国债专项补助项目；组织13个省（区、市）46个食用植物油项目向国家发展改革委推荐，部分项目获得支持。2008年，一些企业在注重技术改造、技术创新的同时，又加大了粮油产品的综合利用开发力度，在行业内起到了示范作用。

（四）粮油加工业企业与高校、科研单位产学研合作日益密切，科技水平得到提高，企业创新能力增强

粮油加工龙头企业积极开展技术创新，与高等院校、科研院所合作，采用新技术，开发新产品，提高科技对企业发展的贡献率。2008年，国家粮食局统计粮油加工业企业科技研发经费投入为19.4亿元，获得专利数1277项，其中发明专利419项。

（五）企业通过建立加工基地，创新合作社模式带动农民增收取得突出成效，企业与农民利益实现双赢，部分龙头企业还通过实施“走出去”战略积极开拓原料基地

粮油加工龙头企业通过与种粮农户共同利益纽带联结起来，实现互利双赢，一些销区粮油加工企业主动到主产区建立加工基地，签订合同定单。粮食加工企业通过定向投入、定向服务、定向收购等方式，建立优质粮源基地，引导农民按照市场需求进行标准化生产，为粮食加工提供稳定可靠的优质粮源，既提高粮食产品规模效益，又使种粮农民心里有底，粮价有保障，得到实惠。据福建省粮食局统计，该省有12家粮油工业龙头企业，在省内外建立粮食生产基地13万多公

顷，通过引粮入闽，在确保粮食安全方面发挥着积极作用。为保证油源，部分食用植物油企业积极到国外寻找稳定的原料生产基地，实施“走出去”战略。

(六)食品安全重视程度提到了新的高度，放心粮油示范工程取得新成绩

2008年，“三鹿奶粉事件”发生后，政府、企业对食品安全的重视都提到了新的高度。卫生部、国家发展改革委等部门联合开展了食品安全整顿工作。国家粮食局按照分工对中央储备粮开展了质量卫生专项抽查，组织25个省级粮食部门对地方储备粮质量进行抽查，进一步加强对粮油加工产品标准制修订工作。小麦粉、食用调和油等多项标准制修订工作取得重要进展。同时，为保证居民健康消费，保障粮油食品安全，国家粮食局积极推动面粉行业禁用化学增白剂工作。粮油加工企业也更加重视生产和保证各环节的食品安全，尤其关注源头，控制保证面粉生产环节不出现污染，不滥用食品添加剂。面粉行业继续呼吁禁止化学增白剂在面粉中使用，希望国家尽快出台新的小麦粉标准。中国粮食行业协会组织全国百家面粉骨干企业向有关部门发出《再次呼吁禁止在小麦粉中使用增白剂的呼吁书》，并作为第二批开展行业信用评价试点单位组织引导行业开展食品安全诚信体系建设。

中国粮食行业协会“放心粮油”示范工程建设取得新成绩。到2008年底，全国先后共认定1600多个放心粮油生产企业和2600多个放心粮店，起到了带动生产、引导消费的作用。示范项目在经营范围和服务功能上以经营粮油食品为主，兼营其他消费品，为城乡居民一日三餐和日常生活服务，其中的“进农村”项目还开展粮食收购、“两代一换”（代农储粮、代农加工、品种兑换）、农业生产资料经营等业务，为农民种粮提供产前、产中、产后服务。

(七)2009年粮油加工业展望

2009年，我们要加大力度落实《国家粮食安全中长期规划》（国发[2008]24号）和《国务院关于促进食用植物油产业发展健康发展保障供给安全的意见》（国发[2008]36号）文件精神，继续开展战略研究，引导促进粮油加工业健康发展。配合有关部门做好“粮油加工业发展”规划编制工作，加强加工企业调研和产业政策措施研究，积极推进《轻工业调整和振兴规划》的落实。配合做好国家技改专项的推荐和筛选，积极引导粮油加工企业整合资源，加快产业结构调整和整合，壮大龙头企业，创建品牌，扩大市场份额，进一步提高现代粮食流通产业竞争力。提高粮油加工企业自主创新能力，推广加工高效节能降耗先进技术，探索建立加工企业与科研院所、产业技术联盟、农户之间紧密的利益联结机制，促进农民增收和企业增效。积极争取国债专项资金补助，为大米、面粉、油脂、粮机制造和粮食食品企业发展创造条件。

四 粮油科技发展与创新

2008年，粮食行业科技工作以科学发展观为统领，以国家粮食安全和市场需求为导向，以支撑粮食流通产业可持续发展为重点，坚持“自主创新、重点跨越、支撑发展、引领未来”的科技发展指导方针，以信息化、高技术引领行业技术创新为切入点，通过科技开发和行业发展的紧密结合，以生态理论为指导的绿色储粮技术、成套高技术设备和生物技术为重点的粮食深加工技术、粮食质量快速检测和粮食物流信息等技术为标志的科技进步，对保障国家粮食安全、促进粮食产业化发展起到了重要的支撑作用。粮食科技项目和资金投入明显增长，经济社会效益显著提升，行业科技管理水平明显提高。

(一)编写《国家粮食安全中长期规划纲要(2008～2020年)》科技规划落实意见

2008年，国务院发布了《国家粮食安全中长期规划纲要（2008～2020年）》，根据国家统一部署，为落实规划纲要，国家粮食局组织有关大专院校和科研院所近30名专家在粮食储藏、产后减损、加工、检测、物流、基础与高技术等6个技术领域开展编写工作，分别编写了6个粮食科技专题规划报告。提出了粮食科技规划的整体目标是：到2020年，粮食科技自主创新能力显著增强，科技促进粮食流通与储运产业发展和保障国家粮食安全的能力大幅度提高，基本实现粮食流通与储运的现代化。通过生物技术、基因技术、信息技术、检测技术等高新技术的引领和应用，完善与现代农业相适应的产后粮食流通与储运科技体系，促进粮食流通与储运产业实现跨越式发展，在重点技术、重要工艺、关键设备上实现技术创新。

根据粮食行业科技创新能力建设需要，结合行业技术发展现状，提出了利用现代分子生物学方法，与育种技术相衔接，依据粮堆物理及其生化特性变化规律、不同作物品种和品质特点，系统开展储粮安全领域的研究和新技术开发，对传统粮食储藏技术实行全面升级；大力发展环保节能技术，实现粮食清理、干燥技术装备现代化；采用现代生物技术、基因技术，挖掘有害生物信息等技术，开发一批快速的检验、探测仪器和方法，实现储粮有效防控和消费全过程的科学检测，确保食品安全；研究应用物流新技术与装备，提升粮食流通“四散化”流通技术水平，实现粮食物流现代化；应用现代信息技术，完善粮食宏观调控监测信息系统，建立健全粮油应急保障体系；积极开发推广农村粮食产后减损新技术，加快科技成果转化；加快粮食科技创新平台建设，建立粮食产后技术服务体系等7项重点研究任务。

(二)成功举办粮食科技活动周，宣传主食营养健康知识

为促进粮食科技发展，提高公众对主食膳食营养作用、地位及粮油加工技术发展趋势的认识，引导公众科学的粮食消费观念，根据科技部、中宣部和中国科协《关于举办2008年科技活

动周的通知》（国科发政[2008]37号）要求，国家粮食局于5月17～23日成功举办了以“提倡科学膳食，推动主食工业化”为主题的2008年粮食科技活动周。本届科技周突出了粮食科技惠及民生和科技支撑发展的指导思想。科技周期间，国家粮食局直接组织或参与了2008年全国科技周开幕式、“科技列车贵州行”活动、粮食科普知识专题讲座、上海市粮食科技周与河南省粮食科技周，国家粮食局科学研究院开放部分实验室，与中央电视台联合录制播放了“与主食的亲密接触”专题讲座，并组织指导了全国27个省（区、市）粮食局的科技周宣传活动。据不完全统计，27个省（区、市）粮食局共组织了100多场科普讲座，进行了50多场现场宣传，发放100多万份宣传材料，参加活动周的粮食行业职工约6万人，企业200多家，受益民众约400多万人。

（三）完成国家粮食局工程技术研究中心验收并授牌

为在市场经济条件下探索科技与经济结合的新途径，通过缩短成果转化的周期，提高现有科技成果的成熟性、配套性和工程化水平，发挥其在行业中的辐射作用，促进粮食行业科技进步和经济增长，带动整体技术水平的提升，国家粮食局组建包括储藏、加工、检测、流通等技术与设备、粮食信息监控技术与设备等重点领域的13个工程技术研究中心。已有9个工程中心顺利完成组建工作并通过专家验收。

这9个工程中心都建立了比较规范的内部运行管理制度，具有了一定的工程化技术转化水平，具备了对社会的开放服务能力，培养了一批专业人才（学科带头人均在8人以上）。组建期内，各中心投入均在300万元以上，年均利润在200万元以上，共申请了63项专利，承担标准修订107项，国家级和省级项目173项，完成成果转化872项，培养硕士212人，博士13人，培训4300多人，创造利润4372万元。通过工程中心的组建，构建了粮食行业创新平台，初步形成了产学研相结合的运行机制，在行业专业领域内提升了辐射能力，对粮食行业的科技发展产生了积极影响。

（四）召开粮食科研创新体系座谈会

2008年12月15～16日，在黑龙江省哈尔滨市召开了以“落实科学发展观，调动各方积极性，

表8-3　9个顺利通过验收的工程中心

序号	名　称
1	国家粮食局粮油质量检测仪器工程技术研究中心
2	国家粮食局粮食物流工程技术研究中心
3	国家粮食局粮油加工装备工程技术研究中心
4	国家粮食局谷物加工工程技术研究中心
5	国家粮食局油脂工程技术研究中心
6	国家粮食局储藏物保护工程技术研究中心
7	国家粮食局粮油食品工程技术研究中心
8	国家粮食局粮油资源综合开发工程技术研究中心
9	国家粮食局粮油质量检测工程技术研究中心

构建粮食科技创新体系”为主题的全国粮食省级科研院所联席会议。共有中央级科研院所、省级科研院所、大学及大中型龙头企业等80名代表参加了会议。会议为9个工程技术研究中心授牌；3个粮食物流工程中心和江西等4个省级科研院所作了经验交流；还开展了创新体系建设座谈和讨论。参会代表参观了由黑龙江省粮食科研所承担的高技术产业化专项“利用膜技术提取大豆活性因子高技术产业化示范工程”。

(五)小麦硬度仪在2008年度夏粮收购中推广应用

为配合新的《小麦》国家标准的贯彻落实，以仪器（小麦硬度指数测定仪）检验取代感官检验，保证检验结果的客观性公正性，国家粮食局会同中储粮总公司、各小麦主产省粮食部门，在2008年夏粮收购期间推广应用了约6000台小麦硬度仪进行收购检验。小麦硬度仪的推广应用，提高了粮食收购检验过程的公开透明性，有效防止了压级压价、擅自放宽质量标准收购和以次充好行为的发生，为切实保护农民利益、确保小麦收购工作有序进行发挥了重要作用。

(六)开展国家重点计划项目研究，加强粮食行业共性技术研究开发

2008年共受理行业科技项目申报32项，当年批复立项13项。

表8-4 2008年度国家粮食局国家科技计划项目

国家科技支撑计划课题	科研院所技术开发专项	农业科技成果转化资金	重点新产品计划	软科学计划	合计
4	1	5	1	2	13

1.组织“十一五”支撑计划项目“粮食丰产科技工程”（产后）课题和“安全绿色储粮关键技术研究开发与示范”等课题实施

（1）“粮食丰产科技工程（产后）”三个课题。在全国12个省（区、市）开展了大规模的农户储粮损失调查工作，研发了载药PE防虫膜和纳米保鲜膜；研制出1种新材质并开发了8种农户储粮新仓型；形成了12种仓型的标准设计图，制定了2个规范；完成了“农户储粮专家咨询系统”多媒体查询一体机的研制并已经得到应用，其中，掌上型“农户储粮专家咨询系统”能够有效地为农户提供技术服务。通过研究制定农户储粮技术标准、建设标准和企业标准，初步构建了农户储粮技术标准体系。在长江中下游平原已开展了以收纳库为中心的粮食储藏技术服务站建设，研究探索农村粮食产后技术服务的长效机制，提出农村储粮经济阈值和粮食收纳库最佳经济优化配置方案。

课题取得的阶段成果是：

一是已经在全国三大平原12个省建立农户科学储粮示范基地48个，建立科学储粮示范户7960户，辐射带动全国农户安全储粮示范户建设

217521户；建立农户储粮装具加工生产基地24个，年加工能力达到56.6万套。

二是开展了植物杀虫药剂的产业化示范，处理小麦中主要储粮害虫数量显著低于对照，处理12个月后，防治效果达到91.4%～93.3%，防护期达一年。

三是研究开发了VD3沙杀鼠剂，已在浙江、内蒙古、北京三地进行了现场试验，以考核、验证室内试验的结果，试验选择相对鼠密度较高的养殖场、饲料厂、宾馆、粮库、农户等二十余个试验点进行现场试验。已有试验结果显示0.10%、0.15%和0.3%浓度的VD3毒饵对褐家鼠灭效达90%以上，杀鼠效果良好。

四是开展了伪向磁场驱鼠设备开发，设计了供生物试验的随机无定向旋转磁场驱灭鼠模拟装置硬件电原理及其配套软件，通过物理磁场，在一定范围内防止老鼠靠近。

五是辣椒素趋避鼠技术经过试验，有效防护期大于8个月，使用效果明显。

六是研究开发了农村地区使用的生物质燃料小型玉米干燥机、小型高效稻谷干燥机、就仓通风干燥技术方案等十几套，并进行了设备样机的试制。目前，使用生物质秸秆作为燃料的生物质干燥机已具备生产能力，能够批量生产。通过支撑计划实施，使农户储粮技术水平得到提升，初步形成了良好的综合研究和示范效应，带动了行业绿色储粮技术的推广应用，有效地减少了粮食损失。

（2）“安全绿色储粮关键技术研究开发与示范”七个课题顺利实施。结合粮情测控、绿色杀虫防霉、原粮绿色储藏、成品粮保鲜、仓库优化设计、粮食干燥和质量快速检测等七大重点技术领域的新需求，开展产学研联合攻关。在2007年完成项目研究的基础上，2008年进行了开发工作。课题制定了粮情监测平台软件及接口标准；开发、生产了适合粮食行业绿色环保的储粮防护药剂，包括绿色杀虫剂、防霉剂、熏蒸剂等；优化集成了低温储粮技术、气调储粮技术、绿色药剂等多种绿色储粮技术，取得良好示范效果；已开展多批次、多种劣变条件成品粮（大米、面粉）的品质裂变机理的试验工作；进行了粮库通风技术、新型建筑材料的研究开发；真空粮食干燥机设备研究其关键设备已生产；粮食收购环节粮食检测一体机完成了技术调研，粮食品质检测仪器已完成样机制造。目前已经发表论文18篇，出版两部专著；申请国内专利13项，其中发明专利1项；开发了2种新技术、10种新工艺、3种新材料、3种新装置和2种专用软件。

其一，课题组已经进行了多杀菌素产生的多次复合交替物理、化学诱变育种，已完成了七次亚硝化学药剂诱变育种，获得了惰性粉致死原因的显微照片，提出了惰性粉杀虫的机理；研究确定了准确检测稻谷水分、呼吸强度、霉菌计数、稻谷霉菌感染粒、稻谷发芽粒等检测方法，完成了粳稻储藏25℃、30℃两个温度梯度，14.05%、15.2%、15.5%、16.7%、14.45%五个水分梯度的研究实验，测定了带菌量、菌相、发芽势、发芽率、脂肪酸值、水分、品尝评分值等指标，对指导粮食储藏减少储粮损失奠定了基础。

其二，成品粮储藏课题对大米、面粉的低温储藏保鲜工艺研究，完成大帐气调保鲜的效应、优势致病菌和专用功能材料的改性、保鲜膜配方、工艺研究。研制出防虫、防霉功能保鲜膜新配方15种，试制出试验膜9种，开发了PP、PET功能层用高阻隔性材料防潮、防霉、防虫效果明显，能达到大米气调包装的要求。

表8–5　“安全绿色储粮关键技术研究开发与示范”项目课题表

序号	课题名称
1	网络化多功能粮情监控集成技术和系统研究开发
2	储粮高效绿色杀虫防霉技术研究开发
3	绿色储粮新技术优化集成示范
4	成品粮储存保鲜技术和设备设施的研究开发
5	现代粮仓建设配套新技术材料研究开发
6	粮食干燥新技术装备研究开发与示范
7	粮食品质快速检测关键技术及仪器研究开发

其三，开发研制出吹泡示功仪两台样机，开展了物性仪样机的研制。对吹泡仪进行了初步对比实验，将样机醒发箱部件进行了重新设计，设计了自带PLC控温装置，降低功率，仪器控温稳定性更好，仪器的整体性能好。将揉混器进行了产品定型设计，制作了铸造模具。对物性仪进行了影响物性测试结果的相关仪器测试参数初步试验，得出了最佳的实验条件参数，随后根据最佳的测试条件参数对采集的样品进行了相关物性测试，得出了一系列的结果数据，并进行了相关的数学分析，为进一步开展样机制造和产业化奠定了基础。

（3）“粮食宏观调控信息保障关键技术研究与应用示范”课题开始实施。围绕粮食宏观调控的基本信息需求与调控技术，开展粮食供应、收购、储备、流通以及价格信息的采集技术和相关设备研究，重点突破粮食收购品质快速检测设备、粮库储粮数量的非接触式快速检测技术和粮食物流信息追踪技术；研究粮食供应能力监测与预测技术；研究粮食价格预测技术；研究粮食宏观调控多源信息的校检技术；建立独立的粮食宏观调控数据集成平台，开展应急信息发布平台建设工作；开展粮食宏观调控支持模型、预警技术和预案设计研究，开发粮食宏观调控应急信息集成技术；通过全国粮食宏观调控、大型粮食流通企业和国家储备粮库等集成示范应用，为粮食宏观调控提供信息保障。

首先，为落实国务院领导同志关于“有仓必到、有粮必查、有账必核、查必彻底”的要求，以科技支撑粮食清仓查库工作，在“十一五”国家科技支撑计划研究中，开发了以激光、微波等高技术为依托的清仓查库设备开发研究。课题组利用激光、微波等技术开发的清仓查库设备已能够探察粮库粮堆内部异物情况，能够从仓外进行非接触检测，同时测量的粮库体积能够保证精度在0.1%的误差范围。目前，清仓查库技术业已进入实质实验阶段。

其次，以RFID技术开发出了适应粮食流通的信息读写设备，并在江苏与有关粮食流通企业开展现场示范工作，通过在粮食收购、储藏及流通过程中应用RFID读写设备，保存粮食流通、质量、数量信息，保证粮食进出仓房的信息准确，服务粮食流通管理和粮油加工企业，目前，快速收购检测仪器已开展样机制造。

（4）“粮库物流装备、粮食运输技术研究及产业化示范”课题。针对传统粮食物流效率低、成本高、损耗大等问题，开展了粮食散装集装一体化技术研究。重点是原粮专用运输及装卸技术，粮库现代物流装备等技术。将关键技术与装备在粮食物流通道上进行集成和产业化示范研究工作开始实施。

首先，完成了散粮专用汽车两种车厢、散粮汽车专用接卸装置、集装箱汽车卸车装置的设计。

其次，分析现有粮食转运技术状况，调查研究影响散粮在途质量的有关因素，按粮食品种和区域的不同，分析筛选出主要影响因素。

最后，对散粮运输高效模式进行研究，开展了散粮专用无托辊移动输送装置、高效移动粮食清理筛、移动式高效气力输送机、固定式螺旋出仓装置的设计。

2.农业科技成果转化工作

国家粮食局组织的“小型高效稻谷保质干燥机中试与示范”等5个农业科技成果转化资金项目批复立项。

表8-6 2008年农业科技成果转化资金项目表

序号	项目类别	项目名称
1	农业科技成果转化资金项目	小型高效稻谷保质干燥机中试与示范
2	农业科技成果转化资金项目	粮食真空干燥机
3	农业科技成果转化资金项目	粮食绿色熏蒸杀虫机的中试生产
4	农业科技成果转化资金项目	籼米淀粉基质脂肪替代品生产技术的中试研究
5	农业科技成果转化资金项目	腐植酸生物饲料生产技术中试

3.粮食行业政策引导类项目立项

表8-7 2008年科技产业化项目立项表

项目类别	项目名称
重点新产品计划	LJS-2000粮食购销存管理专用机及其采集信息传输、处理系统软件

4.院所技术开发专项资金项目

国家粮食局组织申报的无锡粮食科学研究设计院“食用米半干法调质制粉技术和装备研究开发”项目获得科技部批复立项。该项目主要针对国内米粉加工企业规模小、加工水平低下、环境污染严重等问题，拟采用一种全新的半干法加工理念，既保持传统的湿法加工法对大米分子结构破坏较少、口感好的特点，又能够降低能耗，减少用水量，解决传统湿法加工中废水量大对环境污染问题，系统开展对食用米半干法调质制粉加工工艺和装备研究和技术集成，实现工业化生产。

5.软科学项目立项

国家粮食局组织申报的“东北地区粮食物流与外运战略研究”、“我国粮食周期波动与国家粮食安全研究”项目被列入2008年度软科学研究计划。

6.推动高技术产业化

（1）在粮食物流领域中引入RFID技术。针对粮食流通中日益增长的信息化需求，将RFID技术、传感器技术、无线网络技术、地理信息系统、通信和计算机网络技术等引入粮食行业，通过集成自动称重设备，实现实时、准确地获取粮食入库、出库以及日常管理信息，实现粮食流通信息的集成化、系统化，在此基础上构建粮食物流应用系统，为政府和粮食物流企业提供综合服务。该项目通过应用RFID，实时采集粮食流通数据，汇总粮食流通信息，提高大型粮食物流企业信息化能力，旨在以点代面，在行业逐步推广信息化应用技术，从而构建信息网络和服务平台，提高粮食行业科技水平。

（2）注重推广资源环境节约型技术。“中谷天科（天津）生物工程有限公司油脂副产物生产生物柴油项目”列入“2008年第六批资源节约和环境保护专项”，主要建设年处理15000吨油脂副产物生产线，生产生物柴油、天然维生素E、植物甾醇，年产生物柴油13000吨。产品无硫化物排放、二氧化碳的排放也明显降低，对环境保护具有明显的促进作用，对油脂生产中的副产品进行精深加工，延伸油脂加工的产业链，对提高现有企业的市场竞争力、促进企业优化升级具有积极的意义，具有良好的经济效益和社会效益。

（3）通过产业引导生物育种。由国家粮食局推荐的“山农12小麦良种繁育高技术产业化示范工程”已列入“2008年生物医药、生物医学工程、生物育种高技术产业化专项”。该项目依托大型企业，以产业需求推动分子聚合育种体系的应用，提高种子的选育和生产能力，实现强筋优质小麦品种的繁育和产业化，满足我国粮食生产对高产优质小麦的需求。建设新品种实验、原原种基地、原种基地等，产销联合，以销带产，形成了年产小麦原良种2925万公斤的生产能力。

（七）“十五”国家科技计划项目完成验收，取得一批科技成果

1.农业科技成果转化资金项目

国家粮食局组织实施了4个2005年度农业科技成果转化资金项目，经过2年的开发转化，各项目均完成了《合同书》中规定的转化任务，各项技术指标达到了预计要求，并取得了良好的社会经济效益，引导了粮食行业科技成果为产业服务，促进了成果向市场化过渡，提高了科技成果转化率，经科技部确认，4个项目全部通过验收。

表8-8 经科技部确认通过验收的2005年农业科技成果转化资金项目汇总表

序号	项目名称	承担单位
1	饲料添加剂朴菇多糖粉生产技术中试	国家粮食局科学研究院
2	配混米装置的转化	无锡粮食科学研究设计院
3	低温升碾米技术成果转化	武汉粮食科学研究设计院
4	超滤膜法分离精制油茶皂甙中试生产	西安油脂科学研究设计院

2.院所技术开发资金专项

"面粉散装发放接收成套技术与装备的研究开发"研究出了面粉散装发放、接收工段的工艺技术，研制成功料气分离循环卸料装置填补了国内空白，关键结构已获国家实用新型专利。研制成功闭风分配喂料装置，通过变频、伺服控制喂料速度，实现物料均衡分配，保证流程中的流量平衡。研制成功伸缩装车软管，可有效控制装车过程中的粉尘外扬，实现自动发放作业。研制成功粉料分配器，实现粉状物料均匀地一分多的功能，保证下道设备流量分配平衡，并便于工艺布置，降低楼层高度。研究成功在线监控、计量、脉冲喷吹等智能化仪表，可实现智能仪表通讯标准化。对配套的计算机器件和程序软件进行研究开发，达到料位、设备运行情况等信号的监控。同时全工段采用PLC控制，工段的启停有序，并有连锁控制功能。该技术已在产业项目中获得应用，取得了良好的经济效益和社会效益。

3.社会公益项目

（1）"我国粮油储藏加工重要科技基础标准研究"。主要研究我国粮食储藏、加工中粮油真菌毒素，对现有粮油中玉米赤霉烯酮、棕曲霉毒素、伏马毒素检测方法进行各项技术参数比较研究，筛选最优方法；进行小麦强化营养素VB族在成品粮强化营养素检测技术标准比较研究；摸索主食制作与品质评价标准方法；研究粮油储藏标准体系建设及相关标准方法；开发粮油重要标准物质。项目形成了20项标准文本，研制了11项标准物质，发表了12篇学术论文。项目的实施为粮食生产与流通的质量控制等提供技术支撑，对于保障我国粮油食品的质量、促进粮食行业的科技进步具有重要意义。

（2）"粮食中麦角甾醇含量检测技术体系建立与研究"。该项目以储粮真菌化学成分麦角甾醇为检测对象，建立了粮食麦角甾醇正相液相色谱测定方法，解决了储粮真菌检测周期长、准确度差的问题，对于及时预测发现储粮真菌危害、减少储粮损失有着重要的意义。通过对分布于21个省（区、市）仓储企业主要储粮品种（小麦、稻谷、玉米）中麦角甾醇含量的大量调查，掌握了第一手资料，首次建立了我国主要储粮品种麦角甾醇含量和分布状况数据库，提出了相应的限量标准，为确保储粮安全发挥积极作用。

4.科技成果登记管理

2008年国家粮食局共登记科技成果2项，包括无锡粮食科学研究设计院承担的"面粉散装发放接收成套技术与装备的研究开发"项目和国家粮食局科学研究院承担的"我国粮油储藏加工重要科技基础标准研究"项目。同时按照属地化统计原则，国家粮食局组织所属承担国家科技计划课题单位，开展了课题实施统计工作。

5.高技术产业专项项目验收

2003年高技术产业化专项项目“利用膜技术提取大豆活性因子高技术产业化示范工程”通过国家粮食局组织的项目验收。该项经过3年的建设，建成一条年产12000吨的生产线。项目采用膜分离技术，通过提取大豆活性因子，分离大豆功能蛋白，提高产品价值，延伸大豆产业链，引导大豆产业向高技术方向转变。该项目设计规划异黄酮原粉产量为亚洲第一、全球第二大规模，醇法浓缩蛋白工艺技术为国内首创，填补国内工业化生产的空白。项目建成当年将建设种植基地20万亩，可直接为种植该品种的农民增加收入1600万元，实现农民增收、企业增效、社会增益的“三增”效果。

(八)开展粮食科技信息交流和粮油科技奖励

1.粮食科技期刊

2008年，粮食行业科技期刊共计发行27.1万册，为粮食行业新技术的推广和促进科技进步发挥了积极作用。

2.粮油科技奖励

2008年，经过行业专家评审委员会审议评选，产生2008年度中国粮油学会科学技术奖获奖项目30项，其中一等奖4名、二等奖11名、三等奖15名。通过科技评奖进一步调动了行业科技创新意识，促进了粮食行业的科技进步。

表8-9 2008年度中国粮油学会科学技术奖获奖项目

序号	项目名称
一等奖（4项）	
1	利用淀粉质原料好氧发酵法工业化生产优级品（医药级）甘油
2	我国储粮害虫微生物污染物调查监测预报防治
3	小麦加工副产品转化增值技术
4	ZY338型螺旋榨油机研发与推广
二等奖（11项）	
1	全密封多点卸料带式输送机
2	高纯度大豆磷脂酰胆碱的制备
3	日照港木薯干输送及灌包工艺系统
4	“谷物储存品质判定规则”的研制
5	食用油中黄曲霉毒素去除技术和装备的研究与应用
6	挂面加工技术的优化研究
7	饲料添加剂植物甾醇的研发与应用
8	储粮微生物活性快速检测技术研究与开发
9	10t/h面粉散装发放接收成套技术与装备的研究开发
10	米糠膨化预处理、浸出成套设备

续表

序号	项目名称
11	大米蛋白和淀粉的改性技术研究及产品应用开发
三等奖（15项）	
1	低温升碾米技术成果转化
2	SFSP138×60E正昌冠军王粉碎机
3	我国粮油储藏加工重要科技基础标准研究
4	大型油厂节能减排关键技术研究与应用
5	组织化大豆蛋白挤压技术与设备研发
6	功能性饲料蛋白——肠膜蛋白粉的研究与开发
7	LSM20实验磨粉机
8	淀粉及其衍生物质量指标检测方法标准的制定
9	MUZL1610颗粒机
10	GB/T 11762－2006 油菜籽
11	稻谷整精米率标准样品
12	特级棕榈液油的研制
13	改善全麦粉口感、保质期和营养成分的新工艺研究
14	应用充氮保鲜技术开发保健食用油
15	北京市储备稻谷延长储存年限生产性试验及其成果推广应用

五 粮食行业特有工种职业技能鉴定工作发展情况

（一）粮食行业特有工种职业技能鉴定工作步入全面发展阶段

粮食行业特有工种职业技能培训和鉴定工作启动以来，从夯实基础入手，立足质量，锐意进取，逐步构建起一套完善的工作体系，提高了鉴定管理水平，拓宽了人才成长渠道，实现了培训鉴定范围的逐年扩大、人数逐年递增，显著提高了行业技能人才的数量和质量，改善了技能人才队伍的结构，为深化粮食流通体制改革提供了坚实的人才保障。

1.加强标准和教材建设，夯实工作基础

2005年，国家粮食局在组织行业专家论证的基础上，申报并经原劳动和社会保障部批准，将粮油保管员、粮油质量检验员、制米工、制粉工、制油工、粮油竞价交易员、粮油购销员、粮油信息员、粮仓机械员和粮库中央控制室操作工等10个职业确定为粮食行业特有职业，并正式列入《中华人民共和国职业分类大典》。随后，国

家粮食局颁布了粮油保管员、粮油质量检验员、制米工、制粉工、制油工、粮油竞价交易员和粮油购销员等7个职业《国家职业标准》，结束了粮食行业无职业标准的历史，为开展粮食行业技能鉴定工作提供了可靠的依据。

2006年，国家粮食局组织人员陆续编辑出版了粮油保管员、粮油质量检验员、粮油竞价交易员、制米工、制粉工和制油工等6个职业的技能培训教程，填补了粮食行业职业技能培训教材的空白。近年来，随着粮油保管员和粮油质量检验员《操作技能考试手册》和技师、高级技师培训教程编制工作的完成，在上述两个职业建立起了完整的培训教程体系。

2.注重鉴定体系建设，健全各项规章制度

国家粮食局充分利用大中专院校、科研院所等行业资源，择优布点，建立起覆盖全国各省、自治区、直辖市（除海南省外）和中央企业的49家粮食行业特有工种职业技能鉴定站网络；审核备案了57家职业技能培训基地；组建了一支由大中专院校教师、企事业单位专业技术人员构成的，共832人的考评人员队伍。

为确保鉴定质量，国家粮食局还从健全制度入手，先后印发了《粮食行业特有工种职业技能鉴定规程》、《粮食行业特有工种职业技能鉴定站管理办法》等14项规章制度，规范了包括考试、考务、试卷、考评人员和鉴定站在内的各个工作环节。

3.扩大鉴定范围和规模，加快高技能人才队伍建设步伐

近年来，鉴定范围逐年扩大，鉴定人数逐年递增。截至2008年底，全行业共有54818名粮食行业职工学习了职业技能培训教程，27541人参加了职业技能鉴定，其中23448人取得了不同层级国家职业资格证书，占参加鉴定人数的85.1%。

2007年9月，国家粮食局印发了《粮食行业特有职业（工种）技师和高级技师技能鉴定考评办法（试行）》，奠定了高技能人才队伍建设的制度基础。2009年初，国家粮食局职业技能鉴定指导中心先后进行了粮油保管员和粮油质量检验员技师鉴定考评试点，正式启动了粮食行业高技能人才考评工作，全国粮食行业特有工种职业技能鉴定工作迈出了崭新的一步。

4.服务依法行政需要，提供人才保障

《中央储备粮管理条例》对中央储备粮代储企业粮油保管员和粮油质量检验员设立了资格准入行政许可要求。国家粮食局2007年1号公告对中央储备粮代储企业中持有国家职业资格证书的职工数量进行了规定。同时，为满足广大职工提升技能水平的实际需要和中央储备粮代储企业的人才需求，切实保障中央储备粮安全，国家粮食局职业技能鉴定指导中心组织各地鉴定站先后为中央储备粮代储企业进行了200余次的职业技能鉴定。

5.开展技能竞赛，树立鉴定品牌

为在全行业形成“尊重技能、尊重人才”的氛围，国家粮食局、原劳动和社会保障部于2007年12月成功举办了首届全国粮食行业职业技能大赛。全国有28个省（区、市）粮食局、新疆生产建设兵团粮食局和2个中央企业共31个代表队186名选手参加了决赛。通过初赛和决赛，100多名参赛选手获得“全国技术能手”、“全国粮食行业技术能手”和“全省技术能手”荣誉称号；600多人晋升了高级工以上职业资格。

国家粮食局在组织第八、九届中华技能大奖、全国技术能手和技能人才培育突出贡献奖单位评选表彰活动中，共有4人获得“全国技术能手”荣誉称号，2家单位获得“技能人才培育突出贡献奖”。几年来，还评选产生了49名“全国粮食行业技术能手”和5家“粮食行业技能人才培育突出贡献奖”单位。

(二)制约粮食行业特有工种职业技能鉴定发展的主要问题

目前，粮食行业特有工种职业技能鉴定工作已打下了基础，进入了全面发展的阶段，但也存在一些不可忽视的问题，如保证鉴定质量的机制没有形成，各职业鉴定发展不平衡，对技能人才激励措施不完善等。分析其原因，主要有以下三个方面：

1.对技能鉴定工作的重要性认识不足，严重影响了鉴定工作的健康发展

2008年，粮食行业特有工种职业技能鉴定工作中发生的违规违纪事件数量有所增加，干扰了鉴定工作的正常秩序，严重影响了鉴定工作的质量，对鉴定工作的开展造成了较大的影响。一些地区和单位在开展工作时，对鉴定工作服务于人才队伍建设的意义认识不足，片面地把取得资格证作为组织鉴定的唯一目的，违反有关规章制度，盲目追求鉴定人数指标和高通过率，直接导致了质量不高、责任不明、监管不力等问题，严重影响了职业技能鉴定工作的健康发展。

2.政策保障缺位，制约了职业技能鉴定工作的深入发展

《中央储备粮管理条例》对中央储备粮代储企业粮油保管员和粮油质量检验员设立的资格准入行政许可要求，为两职业技能鉴定工作的顺利开展提供了坚实的政策保障，而在粮油加工和购销类职业中缺乏有关的政策支持。据统计，截至2008年底，全国取得制米工、制粉工、制油工、粮油购销员和粮油竞价交易员等职业资格证书的人数只有363人，仅占取证总人数的1.55%。

此外，粮食行业还普遍存在技能人才激励政策缺乏或力度不够的问题。粮食市场逐步放开之后，“铁饭碗”式的薪酬分配制度被打破，在市场经济条件下，干多干少、干好干坏的差别在薪酬待遇上得到了比较充分的体现。随着行业竞争的加剧，技能型人才在企业发展中占据了越来越重要的地位，但其价值却难以得到体现，工资制度与技能水平脱节的现状也制约了职工参与培训和鉴定的积极性。

3.职业技能培训和鉴定经费不足，限制了职业技能鉴定工作的推广普及

开发职业技能教材、题库，试验新的培训、鉴定方式，以及加强培训机构、鉴定站的设施、设备，壮大培训师资和考评人员队伍，都需要投入大量的人力、物力、财力。粮食行业特有职业工种的从业人数比重小，由于粮食行业开展职业技能鉴定工作较晚、粮食行政管理机构和粮食企业改革等历史原因，各级行政管理部门、企事业单位对其从业人员职业能力建设经费投入较少。同时，其吸引市场投入的能力也较弱。目前，粮食行业职业技能培训和鉴定工作只能依靠有限的

财政资金进行滚动发展，在一定程度上影响了粮食行业职业技能培训和鉴定工作的进一步推广普及。

(三)加强粮食行业特有工种职业技能鉴定工作的措施

1.继续提高对职业技能鉴定工作的认识

在粮食行业推行职业资格证书制度，开展职业技能鉴定，不但是落实党中央、国务院“科教兴国”战略方针的重要举措，也是实施“人才兴粮”战略的必由之路。各级粮食行业行政管理部门、职业技能培训和鉴定工作的具体实施机构，都应当从国家发展、行业兴盛的高度正确认识职业技能鉴定工作，切实增强责任感和使命感，把坚持质量作为鉴定工作的导向，从基础工作入手，紧扣各项规章制度，扎实开展粮食行业特有工种职业技能鉴定工作。

2.为技能人才培养工作提供制度保障

各级粮食行政管理部门应根据辖区的行业发展现状、职工数量和素质、培训和鉴定能力等因素，研究制定辖区内粮食行业技能人才培养规划，建立和完善各项有关保障制度和纪律要求，明确各单位职能，强化责任，确保有步骤、有层次、规范地实施行业技能人才队伍建设工作。

同时，各级粮食行政管理部门应当加强与劳动保障、质检、市场管理等部门的联系，扩大行政许可类职业范围，通过对从业人员岗位知识和技能水平的严格管理，为粮油质量安全提供充分的人才保障。

3.健全各类技能人才激励措施

鼓励和引导企业根据市场需求和经营状况，完善对各类技能人才的激励办法，适度改善技术工人的待遇，对优秀的高技能人才应实行特殊的奖励政策，合理拉开高技能人才与普通技术工人的收入。指导企业建立职工凭技能职业资格水平高低得到使用、凭贡献大小确定薪金的机制，促进职业资格证书制度与企业劳动工资制度的衔接。另外，企业应积极在薪酬、福利、培训等方面向关键岗位的高技能人才倾斜，建立有利于高技能人才队伍形成的激励机制，提高技能人才的待遇水平。只有建立健全技能人才激励机制，才能充分调动职工培训和鉴定的积极性，提高自身技能水平。

4.多渠道解决培训和鉴定经费问题

按照谁投入、谁受益的原则，建立政府指导、企业投入的融资渠道，解决职工培训经费短缺的问题。各级粮食行政管理部门应根据工作需要，向同级财政部门争取经费支持，用于培训和鉴定工作软硬件设施建设。企业应结合自身特点，配合各类技能人才培养工作，采取从职工工资、项目经费等费用中划拨职工教育经费的方式，进行适度的投入，改善粮食行业职工技能培训条件。

5.加强对鉴定工作的质量管理

鉴定工作必须始终坚持质量是鉴定工作生命的原则，从切实提高职工队伍素质出发，建立健全关于鉴定工作的质量监管制度，严格落实质量督导员制度和巡考制度，明确对每个环节的监管责任，尤其要注重对试卷管理、考场纪律、评分等关键环节操作规范性和工作质量的管理，严厉查处各类违规违纪行为。要进一步加强对鉴定站的质量评估，促进鉴定质量的提高。只有通过各种有效的措施，建立保证鉴定质量的工作机制，才能使粮食行业特有工种职业技能鉴定工作沿着健康的轨道发展。

6.用高技能人才队伍建设带动培训和鉴定工作

粮食行业要进一步加强高技能人才队伍建设工作，从教材、师资、设备等基础工作入手，通过提高培训能力，健全评价体系等具体措施，努力打造一支具备较高道德素质和业务水平的粮食行业高技能人才队伍。同时通过高技能人才的示范带头作用，鼓舞和带动全行业职工学习技术、苦练技能的热情，在行业内营造良好的技能人才培养氛围，推动粮食行业特有工种职业技能鉴定工作更好更快地发展。

六 国际交流与合作

2008年，国家粮食局积极开展粮食领域的国际交流与合作，全年共接待国外来访团组20多个，来访外宾200多人次，举办各类国际研讨会6个，签订双边粮食科技合作协议1个。

(一)促进粮食行业的对外交流与合作

2008年，国家粮食局把对外工作的重点放在促进粮食科技对外交流与合作方面，并取得了明显的成效。国家粮食局科学研究院下属的北京东方孚德技术发展中心与瑞士布勒公司签订了《粮食科技合作框架协议》，进行小麦糊粉层在中式食品的应用和散粮运输技术方面的合作研究。国家粮食局流通与科技发展司与日本佐竹公司合作，在郑州召开了“中日稻谷烘干新技术研讨会”，及时了解了国外稻谷烘干最新技术，促进国内稻谷烘干新技术的提升。中国粮油学会在成都成功地举办了“第八届国际储藏物气调与熏蒸大会”。国外100多位和国内200多位储藏专家、学者参加了会议，有60多位专家和学者分别作了专题报告。国家粮食局发展交流中心和中国粮食行业协会在南京举办“中国国际榨油商大会”，400多位国内外油脂专家和企业家参加了大会，就国际油脂油料的生产、消费、加工和贸易的现状及发展趋势进行了研讨。国家粮食局还选派人员出国参加有关粮食的国际会议，介绍我国的粮食情况，阐明我们对世界粮食形势的看法和对有关问题的立场，扩大了我国在国际粮食领域的影响。

为了使有关国家了解我国粮食科技发展状况，加强相互了解与沟通，国家粮食局邀请有关国家驻华使馆农业参赞和农业专员、联合国粮农组织驻华代表处以及欧盟驻华代表团的代表，参观了国家粮食局科学研究院。通过实地参观和座谈，使有关国家的农业参赞和农业专员对我国的粮食科技水平有了较深入的了解，为今后进一步加强我国与这些国家在粮食科技领域的交流与合作打下了基础。

(二)借鉴国外粮食科学技术和管理经验

为了提高我国粮食储藏、加工、标准质量、行业职业教育等科技水平，借鉴国外粮食管理的先进经验，2008年，国家粮食局科学研究院、标准质量中心和中谷集团科技总公司等单位，向国家外专局申请到6项引进国外智力项目，共聘请国外专家20人。在实施引进国外智力工作中，严格按照国家外专局的有关规定，高度重视、精心组织，切实做好这些引智项目的实施工作，注意发挥引进国外专家的作用，取得了较好的效果。

国家粮食局科学研究院的“粮油功能食品加工技术研究”项目邀请了三位美国专家来院，对科研院相关科研人员进行了粮油加工及功能性碳水化合物实验设计和数据分析方法培训，并到该院小汤山实验基地和粮科大厦实验室与相关科研人员直接交流，指导科研人员的具体研究工作。通过该项目的实施，增强了我科研人员对国际碳水化合物研究前沿信息与动态的了解，建立了与国际接轨的先进碳水化合物研究平台，对科研院正在开展的“十一五”国家科技攻关项目“杂粮加工品质评价与加工适用性研究”课题和院所基本业务费项目“功能性谷物基益生菌食品的初探性研究”，以及将要开展的功能食品技术研究都有很大的帮助。

国家粮食局科学研究院还先后邀请了美国、加拿大、法国和澳大利亚的五位专家，到科研院与科研人员进行专题研究和深入交流，讲授粮食生态储粮基础参数研究方面的先进理论和试验操作方法，作了有关粮食生态储藏参数研究方面的专题报告，使有关科研人员对美国、加拿大、澳大利亚等国家的生态储粮基础研究现状、储粮系统的结构设计等有所了解和掌握，特别是及时了解了加拿大在储粮生态系统方法应用研究的最新进展，促进了我国粮食生态储藏参数的研究。

国家粮食局标准质量中心的“ISO6646大米——稻谷和糙米潜在出米率测定”项目，邀请了菲律宾稻谷研究院和瑞士FOSS公司两位专家来华做专题讲座。并就现有ISO6646《稻米——潜在出米率测定方法》的科学性和存在的问题，同我国具体承担该国际标准制修订任务的专家进行了认真的交流和讨论，使有关专家明确了ISO6646国际标准的整体结构、适用范围、杂质分类、平均长度的变异系数以及卫生要求、糙米的加工精度要求等，为完成我国有关标准制定提供了借鉴。

国家粮食局标准质量中心还邀请了欧盟农产品与食品标准技术委员会和阿根廷国家标准机构的两位专家到中心与我国从事稻谷、小麦标准制修订和检验检测技术研究的专家进行了交流。 针对ISO7970小麦规格标准的制定，两位国外专家从小麦卫生指标的限量、小麦标准中水分、酶活性指标的设定等方面，向我国具体承担该国际标准制修订任务的专家提供了详实的信息并提出了诚恳的建议。通过交流与研讨，使国内有关专家全面地了解国际谷物标准和有关国家标准化发展情况，为制定我国标准提供了技术支持和参考。

国家粮食局帮助中谷集团科技总公司申请的“玉米深加工技术改进研究”项目邀请美国两位专家来华，专题介绍了美国玉米深加工技术。其中介绍的玉米酶促干法粉碎工艺(E–mill)、干法脱胚脱纤维工艺(3D Process)、同时液化糖化发酵和蒸馏(SLSFD)等先进技术，对于进一步改进和优化中粮集团生物质能源和生物化工产业技术具有重要参考价值。中谷集团科技总公司还通过国家粮食局帮助申请到引智项目，邀请了澳大利亚两位专家来华参与储粮害虫防治项目的研究。通过交流与研讨，使我国相关科研人员进一步了解了主要发达国家储粮害虫综合治理的发展状况和采取的措施，对推动我国储粮害虫防治技术的发展具有借鉴意义。

(三)热情接待国外来访的团组

2008年受汶川特大地震等因素的影响，来国家粮食局访问的外国政府和企业粮农代表团比上年有所减少，但9月后开始增加。国家粮食局领导分别会见和接待了加拿大艾尔伯塔省农业及食品部部长、阿根廷农牧食品卫生质量管理局副局长、美国农业部世界农业展望局局长、日本秋田县知事、国际谷物理事会理事长、联合国粮农组织驻华代表等政府和国际组织高级代表团以及美国邦基公司董事会主席、法国路易达孚公司首席运营官、加拿大小麦局总裁、丹麦丹中商业协会主席、前福斯公司董事长、法国粮食金融公司董事长、法国经济社会理事会经济景气分委会主席、澳大利亚散粮处理公司总裁、美国伯灵顿北方圣特菲铁路公司副总裁等率领的农粮企业高级代表团。局领导向他们介绍了我国粮食生产、消费、贸易、储藏、质量检测以及深化粮食流通体制改革的情况，使外宾对我国的粮食供需和市场情况有了正确的了解，希望进一步加强与国家粮食局的交流与合作。对于其他来访的团组，国家粮食局有关司及直属单位的领导会见他们，回答他们所关心的问题，并探讨进一步加强合作与交流的方式和途径。通过接待国外来访团组，进一步加强了国家粮食局与国外粮食主管部门和企业的交流与合作。

(四)认真组织出国考察和培训

为了深化我国的粮食流通体制改革，借鉴国外在粮食管理、流通、储存、加工等方面的经验和技术，2008年国家粮食局5位局领导分别率团赴有关国家考察粮食流通体制和粮食管理政策，以及粮食储藏、检测、加工技术等。国家粮食局有关单位还报经国家外国专家局批准，组织6个出国培训团，分别赴美国、法国、德国、加拿大、巴西、澳大利亚等6个国家进行粮食流通监管体系、粮食储藏技术管理与标准及依法管理粮食市场经验，粮食行业电子政务及粮食职业教育等方面的学习和培训。如流通与科技发展司组织的赴法国“粮食储藏技术管理与标准培训”、监督检查司组织的赴美国“粮食流通监管体系培训”、政策法规司组织的赴加拿大“依法管理粮食市场的做法和经验培训”、办公室组织的赴巴西“国外粮食行业电子政务与政府信息公开管理培训”、人事司组织的赴澳大利亚“粮食职业教育培训”和外事司、中谷集团科技总公司组织的赴澳大利亚“储粮机械通风与害虫防治技术培训”。通过赴国外培训，使地方粮食管理部门和企业的干部及技术人员，了解了国外的先进技术和经验，开阔了眼界，增长了知识，为提高粮食管理与储粮技术水平起到了积极的促进作用。

七 会展业发展

(一)粮食行业会展业概况

2008年,全国举办的各类综合性、专业性的展览会、交易会和公益性展览共6个，展览总面积共计约25000平方米，展位总数834个，参加展示、交易的企业总数2209个，参观总人次84900人次。粮油交易总量达1154.7万吨，交易总额80.34亿元（含意向交易），其中，机械设备交易总量367台套，总金额6805.4万元。以上数据表明，会展活动在粮食流通中为衔接产销，促进交流和贸易发挥了应有的作用。粮食行业会展活动已逐步成为促进贸易、交流信息、宣传品牌、引导消费的平台。

(二)粮食行业会展发展主要特点

1.全国性品牌展会规模稳步扩大，地方性交易会规模稳定

2008年举办的6个粮食会展中，“第八届中国国际粮油产品及设备技术展览会”面积达到20000平方米，比上届扩大8000平方米，全国性品牌展会的优势日渐明显。地方性的交易会有5个，分别是“中国优质粳稻米（建三江）交易合作洽谈会暨首届‘中国绿色米都’稻米节”、“全国爱粮节粮成果交流展览会”、“2008黑龙江金秋粮食交易合作洽谈会”、“第十届湖北粮油食品展示交易会”、“第四届安徽粮油精品展示展销会”，展销会规模较为稳定，基本上在2000平方米以下。

2.交易合作洽谈会逐步成为粮食主产区促进产销衔接的良好形式

2008年粮食主产区举办的产销衔接性质的交易合作洽谈会有3个，分别是“中国优质粳稻米（建三江）交易合作洽谈会暨首届‘中国绿色米都’稻米节”、“2008黑龙江金秋粮食交易合作洽谈会”和“第十届湖北粮油食品展示交易会”，其中黑龙江已举办3届、湖北已举办10届，均为本省产销衔接起到了积极作用，并逐步形成品牌。

3.展会国际化、市场化程度有所提高

2008年举办的全国性的粮食会展中，国外企业参展净面积比2007年增长了2倍多，达到522平方米，外商参观人数也有显著增加，但仍不足百人。组展方式方面，全国性的粮食会展以行政发文与市场化自主招展手段并重，地方性展会、交易会均以地方行政发文组织为主。随着展会市场化程度的提高，对专业观众的组织提出了要求，全国性的粮食会展越来越重视对专业观众的邀请和现场信息记录工作，并建立了专业观众信息数据库。

(三)粮食行业会展业的发展趋势

一是粮食行业会展将以市场化为趋势，走向更加专业化、贸易化、国际化的方向，逐步成为企业了解行业发展信息，开拓国内外市场，展示形象、推广产品的重要手段。

二是在品牌展会的带动下，粮食会展规模的扩大将日趋理性，加强专业观众邀请工作，提高参展企业的综合收益率，提高展会综合服务质量是粮食会展业健康发展的有效途径。

三是交易合作洽谈会将成为粮食主产区促进产销衔接良好会展形式。

八 爱粮节粮宣传活动

(一)爱粮节粮、世界粮食日宣传活动概况

2008年10月16日所在周是我国第18个全国爱粮节粮宣传周，10月16日是联合国粮农组织确定的第28个“世界粮食日”。全国爱粮节粮宣传周和世界粮食日主会场宣传活动于10月16日在江苏省南京市举办，国家发展改革委、农业部、国家粮食局、江苏省的有关领导及联合国粮农组织代表为世界粮食日纪念活动揭幕，并参与了2008年全国爱粮节粮宣传周南京主会场的宣传活动。中国粮食行业协会代表有关同业团体及全国150家知名粮油企业在宣传活动启动仪式上宣读了爱粮节粮宣言。为配合主会场活动，全国18个省粮食局同期在当地组织开展了不同形式的宣传活动。

2008年全国爱粮节粮宣传周活动主题为“科学用粮，节约用粮，共建节约型社会”。主会场宣传活动包括全国爱粮节粮公益展览、爱粮节粮主题书画展、粮食文物展等，展出总面积达3000平方米。此外，还在主会场组织开展了爱粮节粮小型调查、爱粮节粮公众签名、发放爱粮节粮宣传贴和宣传册等活动。2008年联合国粮农组织确定的“世界粮食日”宣传主题为：“世界粮食安全：气候变化和生物能源的挑战”。国家粮食局、农业部、联合国粮农组织中国代表处在主会场举办了专题展览，向公众宣传目前世界粮食安全所面临的巨大挑战。

第18个全国爱粮节粮宣传周取得了较好的宣传效果，通过开展系列活动，建设节约型社会、爱惜粮食、节约粮食、保障国家粮食安全所具有的重大意义得到了进一步宣传，参加活动的业内人士及群众的爱粮节粮意识进一步得到增强。

(二)加大宣传力度，强化从生产到消费全过程节粮措施，为建设节约型社会做贡献

党的十七届三中全会通过的《中共中央关于推进农村改革发展若干重大问题的决定》明确提出，要“提高全社会节粮意识，强化从生产到消费全过程节粮措施”，提高粮食资源利用效率。在倡导建设节约型社会的大背景下，要继续做好节粮工作，积极宣传推广在粮食物流、加工、储存等方面的节粮新技术，提高行业及民众爱粮节粮意识，广泛深入地宣传“爱惜粮食、节约粮食”的风尚，增强全民节粮意识和自觉性。

专栏

一 2008/2009年度国际粮油市场回顾

2008/2009年度全球谷物产量增加。根据美国农业部2008年4月数据，2008/2009年度全球谷物产量预计达22.2亿吨，同比增加1.033亿吨，增幅为4.91%；全球谷物消费量为21.5亿吨，同比增加5210万吨，增幅为2.51%；由于产量增幅高于消费，库存将增至4.3亿吨，是近五年来最高水平。2008/2009年度全球主要油料产量为4.03亿吨，比上年度增加1196万吨，库存量5855万吨，比上年度减少385万吨。

（一）小麦

全球小麦产量增加。气候条件适宜以及播种面积增加是小麦产量增加的主要因素。只有部分国家和地区产量下降。根据美国农业部供需报告，预计2008/2009年度全球小麦产量为6.82亿吨，比上年度增加7299万吨，增幅为11.9%。2008/2009年度美国小麦产量为6802万吨，比上年度增加1220万吨，增幅达21.9%，是近10年来美国小麦最高产量；欧盟27国小麦产量为1.5亿吨，比上年度增加3081万吨，增幅达25.9%。乌克兰小麦产量为2590万吨，比上年度增加1200万吨，增幅达86.3%。俄罗斯小麦产量由上年度的4940万吨增加到6370万吨，增幅达28.9%；而澳大利亚小麦产量连续两年恢复性增长，从上年度的1383万吨增加至2150万吨，增幅为55.5%。

全球小麦消费量增加。预计2008/2009年度全球小麦消费量为6.46亿吨，比上年度增加3147万吨，增幅为5.12%，其中饲料消费为1.18亿吨，比上年增加2391万吨。

全球小麦贸易量比上年度增加。预计2008/2009年度全球小麦进口量为1.27亿吨，比上年度增加1376万吨，增幅为12.1%，出口量为1.28亿吨，比上年度增加1109万吨，增幅为9.48%。

全球小麦库存量比上年度增加。预计2008/2009年度全球小麦库存量为1.58亿吨，比上年度增加3572万吨，增幅为29.2%，这是2002年以来的最高值，但仍处于历史较低水平。除中国外世界小麦库存消费比为20.7%，比上年有所回升。

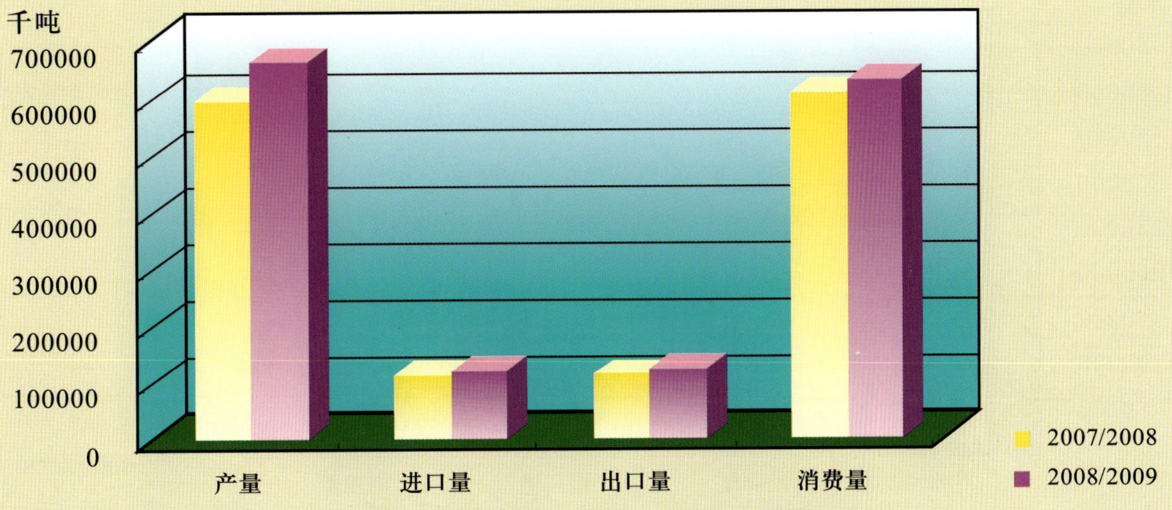

图1　2007年、2008年小麦供求情况

2008年全球小麦价格经历了剧烈波动行情。年初，全球小麦价格基本延续了2007年下半年以来的上涨行情。特别是在2月，在美国春小麦价格飙升的带动下，其他品种小麦价格开始急速上涨。上涨的主要动因是美国和加拿大预计其播种面积将下滑，而当时正处于全球小麦库存位于30年低点，市场对于春麦播种面积减少的消息极为敏感。但在3月以后，随着全球小麦产量前景逐渐明朗化，小麦价格开始下滑。在6月和8月，小麦市场价格曾有两次小幅度的反弹。主要原因是受到其他农产品如大豆、玉米价格上涨的带动。因此，在庞大的全球小麦供应压力下，小麦价格未能出现大幅度上涨，转而缓缓下跌。10月份之后，受全球经济危机影响，小麦价格下跌。截至12月30日，芝加哥最近交割期小麦结算价为604.75美分/蒲式耳，比上年同期下跌了280.25美分/蒲式耳，减幅为31.7%。

（二）大米

全球大米产量增加。根据美国农业部供需报告，预计2008/2009年度全球大米产量为4.41亿吨，比上年增加918万吨，增幅为2.12%。

全球大米消费量增加。预计2008/2009年度全球大米消费量为4.33亿吨，比上年度增加524万吨，增幅为1.22%。

全球大米贸易量增加，预计2008/2009年度全球大米进口量为2722万吨，比上年度减少65万吨，减幅为2.33%；出口量为2933万吨，比上年度减少150万吨，减幅为4.87%。

全球大米库存量继续增加。预计2008/2009年度全球大米期末库存为8613万吨，比上年度增加759万吨，增幅为9.66%。除中国外世界大米库存消费比为13.5%，比上年略有回升，但仍处历史较低水平。

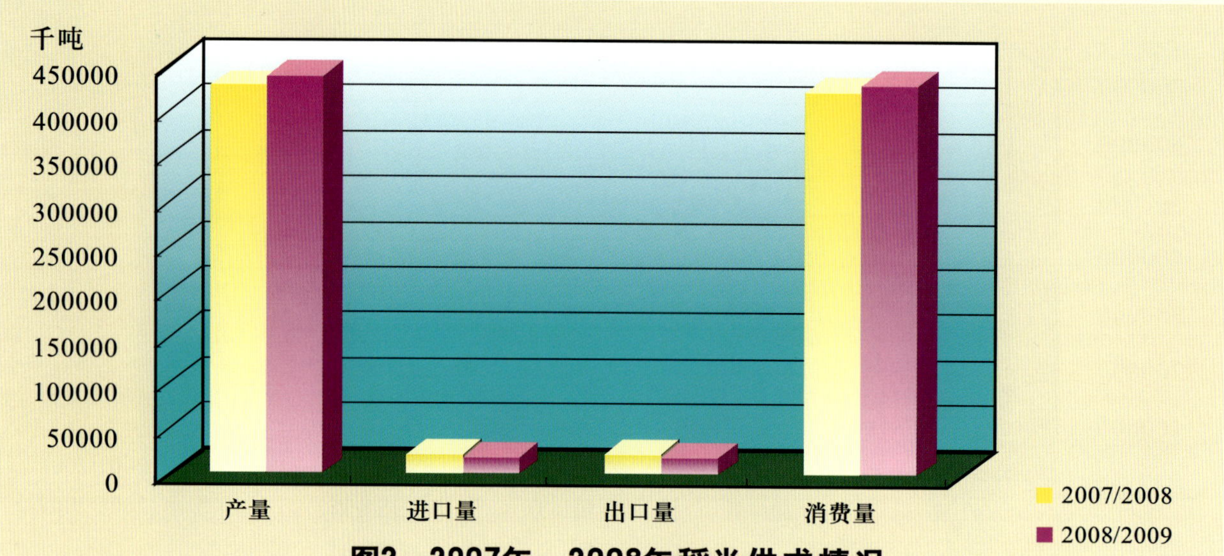

图2　2007年、2008年稻米供求情况

2008年国际大米价格走势分为两个阶段。1～4月，大米价格快速上涨并很快达到历史最高。以泰国高质长粒大米为例，其出口价格在4月末已超过了1000美元/吨，是2月初价格的两倍。传统大米出口国家为保证其国内供应所制定的各种出口限制措施是大米价格上涨的主要原因。据统计，到2008年4月末，大米出口国中只有泰国和美国没有限制出口措施。5月以后，大米出口国国内供应数量增加，以及试探性放宽出口限制措施，国际大米价格开始下滑。不过全年来看，国际大米价格上了一个新台阶。12月30日，泰国大米100%B级大米出口FOB价格为500美元/吨，比上年同期上扬120美元/吨，增幅为31.58%。

（三）玉米

全球玉米产量略有减少。根据美国农业部供需报告，预计2008/2009年度全球玉米产量为7.86亿吨，比上年度减少446万吨，减幅为0.56%。产量减少的主要原因是美国玉米播种面积降低以及南美玉米产区天气干燥。虽然中国以及欧盟的主产国产量增加，仍不能完全弥补产量的减少。

全球玉米消费量比上年略有增加，处于历史最高水平。其中饲料消费减幅较大，工业消费增加部分弥补了饲料消费的减少。预计2008/2009年度全球玉米消费量为7.72亿吨，比上年度增加326.5万吨，增幅为0.42%,其中饲料消费4.77亿吨，比上年减少1840万吨，减幅为3.71%。

全球玉米贸易量锐减。预计2008/2009年度全球玉米进口量为7458万吨，比上年度减少2246万吨,减幅为23.1%；出口量为7531万吨，比上年度减少2303万吨，减幅为23.4%。

全球玉米库存量增加。预计2008/2009年度全球玉米期末库存数量为1.43亿吨,比上年度增加1372万吨,增幅为10.6%。除中国外世界玉米库存消费比为14.5%，比上年水平有所提高。

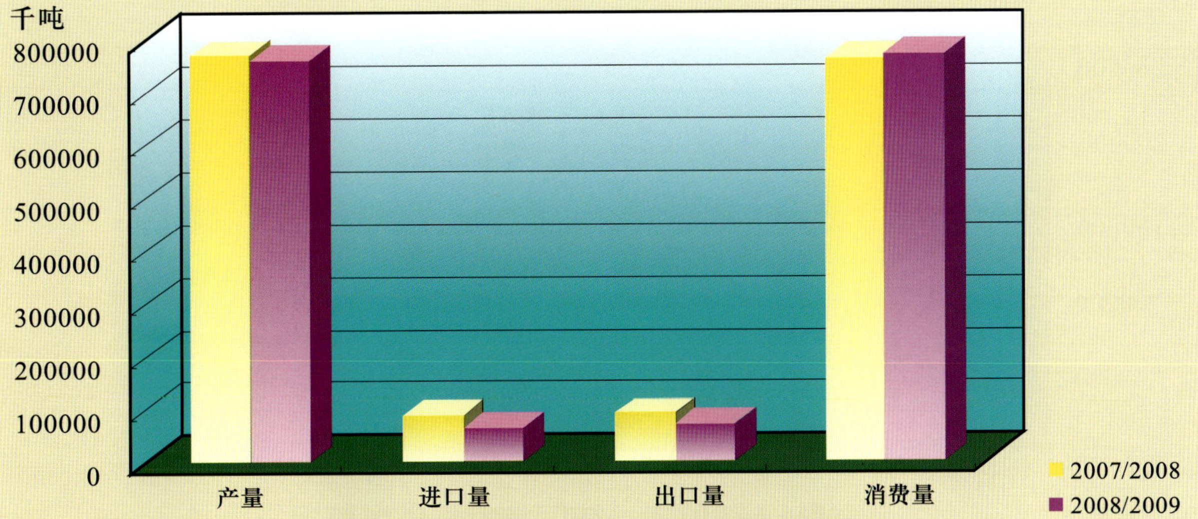

图3　2007年、2008年玉米供求情况

2008年玉米价格大起大落。1～7月，玉米价格经历了从缓慢增长到急速上涨的过程。6月之前，玉米价格受全球玉米产量减产预期以及南美天气干燥的影响缓慢增长。6月和7月在原油价格大幅飙升、美元走软以及美国玉米播种和生长状况堪忧背景下，玉米价格大幅攀升，芝加哥期货价格达到753.75美分/蒲式耳的历史最高值。原油价格从年初的50美元左右一路走高，到7月国际原油价格达147.25美元的历史顶点，带动了玉米市场。而美国新能源法案中规定，到2020年汽车制造商必须将燃料效能提高40%，达到行业平均水平35英里/加仑，也就是每100公里/6.7升。同时该法案还规定，到2022年乙醇年用量将增至1360亿升，将促进玉米消费增加。7月以后，能源价格下滑以及金融危机来临，玉米价格展开下跌行情。12月30日，玉米芝加哥最近交割期结算价为396.25美分/蒲式耳，比上年同期下跌59.25美分/蒲式耳，减幅为13.1%。

（四）大豆

全球大豆产量比上年减少。根据美国农业部供需报告，预计2008/2009年度全球大豆产量为2.18亿吨，比上年度减少208万吨，减幅为0.94%。虽然美国大豆产量增加，仍未能弥补南美天气干燥造成的大豆减产。

全球大豆压榨消费量减少。预计2008/2009年度全球大豆压榨消费量为1.95亿吨，比上年度减少665万吨，减幅为3.29%。

全球大豆贸易量减少。预计2008/2009年度全球大豆进口量为7347万吨，比上年度减少534万吨，减幅为6.78%；出口量为7408万吨，比上年度减少542万吨，减幅为6.81%。

全球大豆库存量大幅减少。预计2008/2009年度全球大豆期末库存为4584万吨，比上年度减少725万吨，减幅为13.7%。

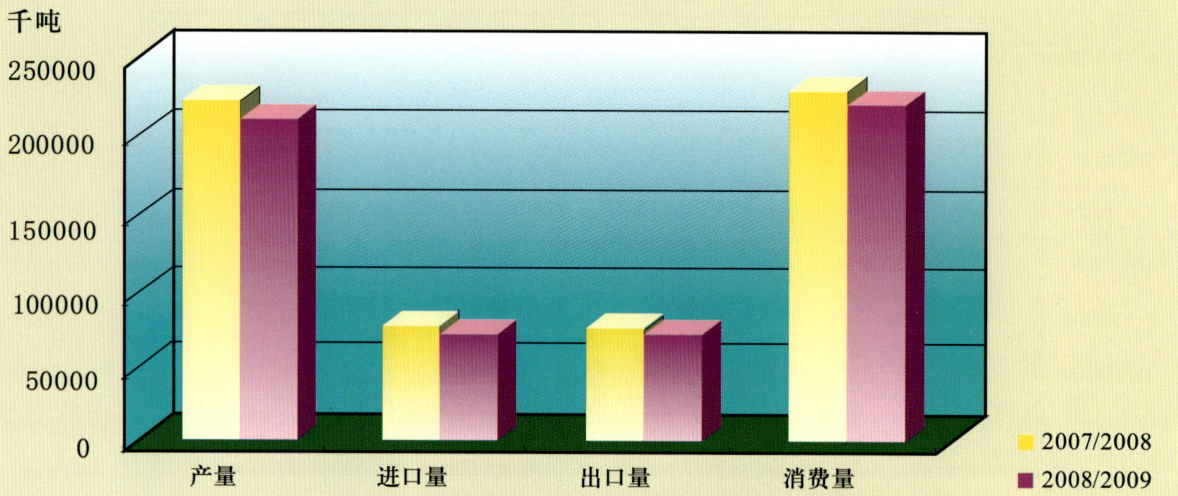

图4 2007年、2008年大豆供求情况

2008年全球大豆价格走势可分为三个阶段：第一阶段为1～3月。由于市场对于南美大豆产量前景的担忧，大豆价格上涨。芝加哥大豆期价首次创下历史高值。第二阶段为3～7月。在大豆价格达到历史高位后，随着国际植物油价格下滑，以及市场对于美国大豆增产前景看好，大豆价格进入调整期。随着国际原油价格的飙升以及美国大豆播种和初期天气情况不佳，大豆价格重拾涨势。同时，由于阿根廷国内农户与政府在对大豆实施累进税制政策上出现争执，农户举行大规模罢工，导致阿根廷大豆交易几乎停滞。缺少了阿根廷的大豆市场凸显了美国、巴西大豆出口的有利形势。芝加哥大豆期货价格再次刷新历史纪录。第三阶段为7～12月。原油价格快速下滑、金融危机爆发，油料需求疲软，而市场预计产量大幅增加，大豆价格从高点回落。12月30日，芝加哥大豆最近交割期结算价为945.75美分/蒲式耳，比上年同期下跌253.25美分/蒲式耳，跌幅为21.1%。

二 联合国粮农组织（FAO）全球粮食供求形势预测

2008～2009年度全球粮食供求平衡将明显好转，主要原因是2008年全球粮食产量大幅增加，预计总产量为22.89亿吨，比粮农组织2月的预测高200万吨，比2007年的产量高7%。全球粮食库存消费比预计将从2007～2008年度的20.2%增至24.6%。全球粮食供应量增加使得各种粮食的国际价格下跌，与2008年上半年的价格水平相比，多数粮食的降价幅度甚至高达50%以上。尽管如此，在绝大部分发展中国家，粮价依然维持在较高的水平。

根据早期预测和目前一些粮食主产国在种植期遇到的不利气候条件，2009年全球粮食产量预计比2008年下降3%。然而，由于2008～2009年度全球粮食结转库存将增加，2009～2010年度的粮食供应不会因为减产而受到太大影响。2009～2010年度全球粮食消费情况目前尚不明朗，全球经济危机可能对粮食需求产生负面影响，尤其是饲料和生物燃料行业，可能导致国际粮价因粮食供大于求变得更低。

(一)2009年全球粮食产量将下降

粮农组织对2009年全球粮食产量的首次预测为22.17亿吨（包括去壳大米），比2008年的产量下降3.1%，减产的作物主要是小麦和粗粮，而稻米的产量可能还将创历史新高。粮食减产的主要原因是种植面积（主要是小麦）低于2008年的水平。粮食主产国的农民由于粮价远低于上一年而生产成本却居高不下，种植积极性下降。在欧盟，土地自主抛荒率上升。由于油料种植成本相对较低，很多农民改种油料作物。与此同时，2009年许多国家的粮食单产预计也要低于上一年的创纪录水平，回落至平均值。

表1　全球粮食产量

单位：百万吨

	2007年	2008年（估计值）	2009年（预计值）	2009年较2008年的变化率（%）
亚洲	955.0	968.7	973.4	0.5
远东	852.1	883.4	879.0	−0.5
中东	69.2	55.0	63.3	15.1
亚洲独联体国家	33.6	30.2	31.0	2.6
非洲	133.7	151.3	153.8	1.7
北非	29.1	31.9	36.2	13.4
西非	46.4	54.0	52.4	−2.9

续表

	2007年	2008年（估计值）	2009年（预计值）	2009年较2008年的变化率（%）
中非	3.2	3.3	3.3	0.0
东非	32.6	34.0	35.1	3.2
南非	22.3	28.0	26.8	−4.3
中南美洲和加勒比海地区	40.0	41.6	39.5	−5.1
南美	131.3	135.3	120.6	−10.9
北美	461.3	457.0	435.9	−4.6
欧洲	389.7	502.1	460.9	−8.2
欧盟	260.1	314.9	297.0	−5.7
欧洲独联体国家	115.1	169.4	146.4	−13.6
大洋洲	22.8	34.4	34.1	−0.8
全球	2132.4	2289.1	2217.0	−3.1
发展中国家	1207.5	1241.8	1233.3	−0.7
发达国家	924.9	1047.3	983.7	−6.1
小麦	610.3	688.5	655.0	−4.9
粗粮	1081.4	1141.9	1100.0	−3.7
稻米（去壳）	440.8	458.7	461.9	0.7

1. 小麦

根据粮农组织的预测，2009年全球小麦产量为6.55亿吨，比2008年的历史最高水平下降近5%，但仍然高于过去五年的平均产量。在北美洲，美国冬小麦的种植面积将下降7%，加拿大也将面临小麦种植面积下降和减产。欧洲几个小麦主产国，特别是东欧地区的小麦种植面积均下降。尽管目前种植情况良好，欧盟的小麦产量仍预计比2008年的历史纪录低7%，独联体国家的小麦也将减产。在亚洲，几次降雨缓解了中国部分地区的旱情，冬小麦的长势有所改善。在经历了2008年的干旱后，中东地区的小麦产量在2009年预计会有明显的恢复性增长。北非的小麦种植情况良好。

南美洲在4月末5月初进入播种期，由于小麦价格下跌和金融危机引发的借贷困难等问题，南半球小麦种植面积将低于平均水平，比2008年减少5%左右。尽管如此，预计澳大利亚的小麦产量如果不能增加，也将与上年的产量持平。

2. 粗粮

粮农组织预计2009年全球粗粮产量为11亿吨，比上年的历史最高水平减产3.7%。南美正进入粗粮收获时期，由于气候条件不佳和生产成本高，预计粗粮产量将明显低于上年。在非洲南部，虽然受到降雨和种植面积减少的影响，南非的粗粮产量仍然前景看好。

北半球进入粗粮播种时期后，预计主产国的种植面积均会下降。粮价下跌而生产成本较高是影响农民种植粗粮的决定因素。

3. 稻谷

粮农组织将2008年稻谷产量调整到6.87亿吨，比2007年增长4.1%。对2009年全球稻谷产量的首次预测为6.92亿吨（约合4.62亿吨大米），比2008年增产0.7%。但这个数据只是粗略的预测，作为稻谷主要生产地带，北半球2009年的稻谷种植才刚开始。粮农组织对稻谷增产的预计主要基于目前市场价格依然较高。

表2　全球粮食基本情况

单位：百万吨

	2006～2007年度	2007～2008年度	2008～2009年度	2008/2009年度较2007/2008年度的变化(%)
		产量[1]		
小麦	601.6	610.3	688.5	12.8
粗粮	992.4	1081.4	1141.9	5.6
稻米（去壳）	428.9	440.8	458.7	4.1
所有谷物	2023.0	2132.4	2289.1	7.3
发展中国家	1166.6	1207.5	1241.8	2.8
发达国家	856.4	924.9	1047.3	13.2
贸易				
小麦	113.6	112.2	119.5	6.5
粗粮	111.8	130.2	110.5	−15.1
稻米	32.3	30.3	30.7	1.3
所有谷物	257.7	272.6	260.7	−4.4
发展中国家	79.2	84.2	70.4	−16.4
发达国家	178.5	188.4	190.3	1.0
		消费[2]		
小麦	622.2	617.9	646.3	4.6
粗粮	1018.4	1064.6	1107.3	4.0
稻米	427.5	437.9	449.1	2.6
所有谷物	2068.0	2120.4	2202.7	3.9
发展中国家	1265.7	1301.1	1336.9	2.7
发达国家	802.3	819.3	865.8	5.7
人均口粮消费（kg/年）	152.0	152.7	153.0	0.2
		库存[3]		
小麦	160.8	151.3	193.7	28.0
主要出口国[4]	36.5	26.4	51.1	93.6
粗粮	165.3	183.9	218.7	18.9
主要出口国[4]	60.8	79.8	92.9	16.4
稻米	104.5	109.3	119.1	9.0

续表

	2006～2007年度	2007～2008年度	2008～2009年度	2008/2009年度较2007/2008年度的变化(%)
主要出口国[4]	23.1	25.8	29.2	13.2
所有谷物	430.5	444.6	531.5	19.6
发展中国家	298.8	314.6	349.7	11.2
发达国家	131.7	129.9	181.8	39.9

注：1.产量指的是年度中前一年的全年产量（如2006～2007年度的产量即为2006年的产量）。
2.小麦和粗粮的贸易量指的是年度中前一年7月到后一年6月市场年度的贸易量，稻米的贸易量指的是年度中后一年的全年贸易量。
3.库存量依据的是各国作物年度期末结转库存的总和，因此不能代表任何时期全球库存水平。
4.小麦和粗粮的主要出口国和地区为阿根廷、澳大利亚、加拿大、欧盟和美国，稻米主要出口国指的是印度、巴基斯坦、泰国、美国和越南。

(二)2008～2009年度粮食饲用消费和燃料工业消费量均有回升

2008～2009年度全球粮食消费量预计达22.02亿吨，比2007～2008年度增长近4%。其中饲用消费量预计比上一年度增长3.8%，食用消费量的增幅为1.5%。全球人均口粮消费继续保持稳定，每年人均消费量约为153公斤。2008～2009年度生物燃料工业消耗的粮食数量将有大幅增长，比上年度增长23%，达1.2亿吨，占粮食工业消费量的1/2以上。

2008～2009年度全球小麦消费预计增长2800万吨，增幅为4.6%，主要原因是小麦的饲料用量将比上一年度增长20%，其中欧盟是小麦饲用消费量增加的主要区域。全球小麦食用消费量预计增长1.2%，而发展中国家的小麦食用消费增长较快，增幅为1.6%。

2008～2009年度全球粗粮消费预计达11.07亿吨，比上一年度增长3.9%。粗粮的饲用消费量预计比2007～2008年度增长1.2%，增幅较前几年有所放缓，饲料小麦的消费量增加是主要原因。2008～2009年度燃料乙醇工业预计消耗粗粮近1.15亿吨，比上一年度增长22%。燃料乙醇工业的原料最主要来自于玉米，其消费量也将扩大。全球粗粮的食用消费将达到1.91亿吨，比上一年度增长2%，增幅最主要来自非洲。

2009年全球稻谷消费（主要是食用消费）预计为4.49亿吨，比上年增长2.5%。尽管绝大多数国家的稻谷价格无法回到2007年上半年的水平，但人均稻谷消费量预计将由2008年的56.9公斤增至2009年的57.1公斤。

(三)全球粮食库存量恢复较快

粮农组织对2009年全球粮食期末库存最新预测为5.315亿吨，比2月的预测高3500万吨，也高于2008年的库存水平。调高预测的主要原因，一方面是一些国家的粮食产量不断增加，最为显著的是中国从2006年以来的连续增产；另一方面是粮农组织调低了粮食消费总量的预测，主要考虑的是粮价上涨的影响。2008～2009年度全球粮食期末库存量与2009～2010年度全球粮食消费量的比值预计为24.6%，明显高于上一年度的20.2%，略高于过去5年的平均水平。

全球小麦库存增长最快，将达到1.94亿吨，比期初库存高28%。小麦主要出口国的库存总量预计为5100万吨，创3年来最高水平。由于2008年小麦丰收，澳大利亚、欧盟和美国的库存增加了一倍以上。因此，2008～2009年度小麦主要出口国的期末库存和消费总量（国内消费加出口）的比值将从上一年度的11%增加到19.5%。其他国家的小麦库存也都有较大增长，尤其是中国。

2008～2009年度全球粗粮库存预计增长较快，期末库存预计比期初库存量高19%，达2.19亿吨，库存增加主要来自几个主要出口国。粗粮主要出口国的期末库存与消费总量的比值将升至16.8%，中国的粗粮库存量预计也有显著增长。

由于2008年稻谷丰收，2009年全球稻谷库存量也将增加，预计为1.19亿吨，创2001年以来最高水平。孟加拉国、中国、埃及、印度、印尼、韩国、泰国和越南的稻谷库存都有较大增长。全球稻谷的库存消费比将从2008年的24.3%增加至2009年的26.1%。

（四）2008～2009年度全球粮食贸易由于粗粮进口需求减少而下降

2008～2009年度全球粮食贸易量预计为2.61亿吨，比2007～2008年度下降4%。其中粗粮进口预计显著减少，而小麦和稻谷贸易将增加。

2008～2009年度（7月至次年6月）全球小麦贸易量预计增加6.5%，增幅主要来自亚洲的一些国家，增长原因主要是小麦国际价格较上一年度下降以及一些传统进口国的小麦减产。

全球粗粮贸易预计比上一年下降15%。主要原因是欧盟由于地区内粮食产量增加尤其是饲用小麦的增加而减少了粗粮进口。粗粮主要出口国的供应量充足，因此贸易竞争也促使价格下降。

粮农组织预计2008年全球稻米贸易量为3070万吨，略高于2007年。由于一些主要出口国，尤其是伊朗、印度、泰国和越南的贸易限制政策，稻米贸易依然偏紧。但由于2008年稻谷丰收缓解了进口压力，价格也开始回落。预计中国、印度、缅甸、巴基斯坦和越南的稻米出口将增加。

（五）国际小麦和稻米价格从2009年3月起下降而玉米价格坚挺

国际小麦价格最近受到2009年小麦供应量前景看好，尤其是亚洲和中东地区小麦种植状况改善等消息的影响而下跌。但美国农业部（USDA）最近称美国小麦种植面积将减少7%，这一消息又使得小麦价格降幅放缓。未来的小麦价格走势还将受到2009年全球期末库存水平，尤其是几个小麦主要生产国和出口国库存以及外部其他市场的影响，因此，小麦期货价格很难走强，可能会接近于2009年3月的水平。

在2009年4月的前两周，全球玉米出口价格虽然有所波动，但整体高于3月的平均价格。南美的旱情和美国因持续阴雨玉米播种延后，是目前玉米价格坚挺的主要原因。然而，饲料小麦供应充足对玉米出口价格造成了一定压力。目前，玉米出口价格比2008年4月低31%，比2008年6月的最高价低39%。美国农业部最新报告显示，美国2009年玉米播种面积由于生产成本居高不下，将减少1%。2008年4月芝加哥期货市场（CBOT）7月的玉米价格比3月高4%，但比2008年同期低34%。

根据粮农组织的稻米食品价格指数，全球稻米价格从2009年1月起保持稳定，价格指数在270左右，价格稳定的主要原因是几个出口国的政府干预政策。最近稻米市场价格略显疲软，主要是出口需求持续下降以及泰国政府目前宣布泰国将在4月中期出口部分库存稻米。其他稻米出口国的稻米价格相对稳定，目前市场比较关注的是印度，印度可能会放宽目前的稻米出口限制政策。政府的各种干预政策会导致一些国家的稻米出口竞争力不同，比如美国的稻米出口价格比泰国的出口价格平均低17%。

表3　粮食出口价格*

单位：美元/吨

	2008年		2009年			
	4月	12月	1月	2月	3月	4月
美国						
小麦[1]	382	240	256	241	244	242
玉米[2]	247	160	172	163	165	171
高粱	243	151	148	145	153	141
阿根廷[3]						
小麦		177	213	219	214	213
玉米	224	152	160	158	163	168
泰国[4]						
稻米[5]	873	582	611	624	637	607
碎米[6]	726	310	332	333	335	346

注：*价格指的是每月均价，2009年4月的价格为前两周的平均价格。
1.2号硬红冬麦（中筋）离岸价；
2.2号黄玉米；
3.上游离岸价；
4.指导贸易价格；
5.B级稻米，曼谷离岸价；
6.A1特级碎米，曼谷离岸价。

附录

一 2008年大事记

一月

1月3～4日，全国粮食局长会议在北京召开。会议的主要内容是以党的十七届三中全会精神为指导，深入学习实践科学发展观，落实中央经济工作会议、中央农村工作会议和全国发展改革工作会议精神，总结2008年粮食流通工作，分析面临的新形势，研究加强粮食宏观调控体系建设、保障国家粮食安全等问题，部署2009年粮食流通的各项工作，表彰抗震救灾先进集体和先进个人。聂振邦、郄建伟、任正晓、张桂凤、杨兵、曾丽瑛同志出席会议。

1月5～6日，全国粮食行业教育培训暨职业技能鉴定工作会议在黑龙江哈尔滨召开。会议的主要内容是传达贯彻全国干部教育培训工作会议精神，研究部署粮食行业教育培训、职业技能鉴定等工作，为粮食行业国家高技能人才培养示范基地授牌，为粮食行业第九届全国技术能手获得者和国家技能人才培育突出贡献奖获奖单位颁奖。

1月11日，为加强粮食市场调控，稳定玉米市场价格，保护种粮农民利益，经报请国务院同意，国家发展改革委、国家粮食局、财政部、中国农业发展银行联合下达中央储备和国家临时储存玉米收购计划，安排中储粮总公司在东北产区收购新玉米400万吨，其中200万吨中央储备玉米收购计划用于增加南方销区中央储备规模，200万吨国家临时储存玉米收购计划用于南方销区中央储备玉米竞价销售补库。

二月

2月1日，国家粮食局召开党组扩大会议，传达国务院第207次常务会议精神，提出确保南方大部分地区和西北地区东部出现雨雪冰冻灾害后粮油市场供应的措施：一是及时掌握灾情和粮油市场供应情况，要求各地粮食部门加强市场监测，采取积极措施，克服雪灾给市场供应带来的不利影响；二是要求各地加强货源组织调度，保证市场供应，必要时可投放部分地方储备粮油供应市场，确保市场供应不断档、不脱销；三是发出做好防范雪灾等冬季灾害性天气的通知，要求各地要加强检查，做好事故防范工作，切实消除安全生产隐患。

2月13日，为认真贯彻国务院第208次常务会议精神，国家粮食局召开党组扩大会议，研究部署做好灾区群众粮油供应工作。一是派出4个工作组，分赴安徽、江西、湖北、湖南、贵州和广东等受灾地区，调查了解灾区粮油市场供应和粮食仓储设施受损等情况，指导和督促各地粮食部门进一步做好灾区粮油供应和灾后恢复重建工作。二是组织人员深入灾区，摸清灾区断粮、缺粮、断电等情况，掌握当地粮油库存、加工能力及布局情况底数。三是根据灾民缺粮、市场供应和粮食库存等情况，制定切实可行的粮油供应工作方案。四是搞好协调配合，加强与民政等有关部门的沟通联系，积极配合民政部门做好救灾救济粮的供应工作。五是做好中央储备粮和国家临时存储粮食的跨省移库工作，优先安排落实调往灾区的跨省移库计划。六是完善粮油应急预案，调整充实粮油应急加工和供应网点，进一步优化地方储备品种结构，按照有关规定切实落实应急成品粮油储备。七是加强粮油质量卫生检查，严禁将不符合卫生质量标准的粮油投放市场，保证人民群众吃上放心粮油。

2月28～29日，全国军粮供应管理工作座谈会在广东珠海召开。会议主要内容是总结2007年军粮供应管理工作，交流军粮供应管理工作的经验，分析研究当前的新形势、新任务，积极推进网络体系、成本费用控制机制建设等方面工作，努力提高军供体系平战结合的供应保障能力、平战转换能力和市场经济条件下经营管理能力，布置2008年军粮供应工作。任正晓同志出席会议。

三月

3月4日，国家发展改革委、国家粮食局、财政部和中国农业发展银行下发通知，决定自2008年开始，将每年的全国粮食库存检查工作时间调整至上半年，与各地例行的春季粮食库存普查一并进行。

3月27日，全国粮食流通监督检查工作会议在山东济南召开。会议的主要内容是总结2007年粮食流通监督检查工作，部署2008年工作，交流各地开展粮食流通监督检查工作的经验，表彰2007年监督检查工作先进单位。任正晓同志出席会议。

3月27日，经国务院批准，国家发展改革委、国家粮食局、财政部、中国农业发展银行联合下发通知，将吉林、黑龙江省粳稻最低收购价由每市斤0.75元提高为每市斤0.77元（国标三等质量标准），收购截止期由2008年3月31日延长至2008年4月30日。同时，对辽宁省粳稻市场价格低于0.77元/斤的地区，由中储粮总公司按每市斤0.77元（国标三等质量标准）的价格，设点挂牌敞开收购，作为国家临时储存粮食。

3月28日，国家粮食局召开局长办公会议，传达国务院召开的全国农业和粮食生产工作电视电话会议精神，学习温家宝总理的重要讲话，并结合粮食部门实际，重点从粮食收购、管好库存和保证市场供应等方面研究提出落实会议精神的主要措施。一是做好粮食宏观调控，保证市场供应；二是大力宣传促进农业和粮食生产的各项政策措施；三是督促检查各项政策的贯彻落实；四是做好夏粮收购的各项准备工作；五是认真做好军队粮食供应保障工作。

四月

4月9～10日，全国粮食财会工作会议在安徽合肥召开。会议主要内容是总结2007年粮食财会工作，研究和布置2008年粮食财会工作，会审汇编2007年度国有粮食企业会计决算报表。会议重点研究了以下问题：了解各地粮食收购资金的供应和管理情况，进一步做好粮食收购资金供应工作；研究国有粮食购销企业政策性粮食财务挂账遗留问题和企业经营性财务挂账的有效解决办法；完善粮食风险基金使用政策、支持地方储备粮体系建设及现代粮食流通产业发展的有关财务政策问题；进一步做好国有粮食企业扭亏增盈工作。任正晓同志出席会议。

4月15～18日，全国粮食系统纪检监察工作会议在江西南昌召开。会议主要内容是贯彻落实中央纪委全体会议和国务院廉政工作会议精神，对2007年全国粮食系统纪检监察工作进行总结和交流，部署2008年系统纪检监察工作，各地汇报2007年工作情况和2008年工作安排。聂振邦、杨兵同志出席会议。

4月23～24日，全国粮食调控与统计工作会议在重庆召开。会议主要内容是总结2007年粮食调控和统计工作，讨论并部署2008年工作，研究分析2008年粮食供求和购销形势，会审、汇编2007年度全国粮油统计年报，表彰2007年度全国粮食流通统计工作先进单位和先进个人。曾丽瑛同志出席会议。

五月

5月12日，四川汶川特大地震发生后，国家粮食局立即部署全国粮食系统紧急做好抗震救灾军粮供应保障工作。国家粮食局工作组13日下午即赶赴灾区，协调当地军粮调送和供应。四川、甘肃、重庆、陕西、云南等省军供部门紧急部署，落实保供措施。有关军粮供应站紧急为当地将奔赴灾区的部队配送军粮，有的还采取伴随保障方式随军保供。受灾的四川、甘肃、陕西、云南省部分军供设施损毁严重，军供部门紧急开展自救，恢复供应能力，主动加强与部队的沟通联系，打破常规和供应区域限制，调整供应保障关系，前后方衔接，不分昼夜，按部队所需供应。截至5月18日，供应大米333吨，面粉203吨，食油168吨，并紧急调运和筹措粮源139吨。

5月17～24日，2008年粮食科技活动周在全国各大中城市展开，活动主会场定在上海、郑州。本届粮食科技活动周的主题为“提倡科学膳食，推动主食工业化”。提倡科学膳食，就是合理选择食物特别是主食品，改善营养状况，提高城乡居民的健康素质；推动主食工业化，就是在粮食加工行业倡导科技创新，运用现代生产技术促进主食品发展的产业化、集约化、标准化、现代化。

5月18日，国家粮食局召开局长办公会议，研究落实国务院抗震救灾会议精神，部署灾区粮食供应工作，就安排好受灾群众生活口粮和方便食品供应问题提出以下实施方案：一是按照就地就近、高效快捷、保障有力、确保供应的原则，经与国家发展改革委、财政部研究，主要安排动用中央储备粮和必要的地方储备粮；二是按照国务院决定的供应标准，受灾地区生活困难、没有口粮来源的受灾人口，每人每天供应一斤口粮，供应3个月；三是会同有关部门根据地震灾区受灾人口数，具体测算需供应的粮食数量并尽快落实；四是保证运输，及时将救灾粮运送到受灾一线地区；五是组织落实，尽快派出联合督导组赴受灾地区，帮助、指导和检查落实工作。

5月19～20日，全国粮食仓储工作会议在江苏南京召开。会议的主要内容是：宣传贯彻新颁布的粮食储藏技术标准；分析当前粮食仓储工作形势，总结近年来粮食仓储工作；交流仓储管理工作典型经验，推动粮食仓储工作规范化、标准化管理进程；研究下一步粮食仓储工作总体思路。郄建伟同志出席会议。

5月20日，国家发展改革委、国家粮食局、财政部、中国农业发展银行联合下发《2008年小麦最低收购价执行预案》。2008年小麦最低收购价格水平为，白小麦（标准品，下同）每市斤

0.77元，红小麦、混合麦每市斤0.72元。执行区域为河北、江苏、安徽、山东、河南、湖北等6个小麦主产省。预案适用时间为2008年5月21日至9月30日。

5月21日，国家发展改革委、粮食局、财政部、中国农业发展银行联合下发《关于做好四川地震灾区小麦代储和收购工作的紧急通知》，要求四川省各级粮食部门对农民手中无处存放的小麦进行登记，就近运输到安全库房代农民存储，一旦需要及时向农民支付，存取自愿；农民愿意交售新产小麦的，按照不低于今年国家公布的小麦最低收购价格，由收储企业随行就市收购，自行销售。

5月22～24日，聂振邦同志带领工作组赴四川德阳、绵阳、成都等重灾区，实地了解和查看灾情，指导灾区抗震救灾粮油供应和夏季粮油收购工作。

5月21～29日，任正晓同志带领工作组赴四川、甘肃、陕西等地震灾区了解灾情，检查指导抗震救灾部队军粮供应和灾区粮食供应工作。

5月28～29日，全国粮食系统党建研究会议在福建厦门召开。会议主要内容是总结全国粮食系统党建研究会成立以来的工作情况，研究布置2008年的党建研究工作，交流党建研究成果，表彰党建研究优秀论文。张桂凤同志出席会议。

六月

6月6日，第一批粮食烘干机共30台运抵四川地震灾区。为贯彻落实国务院领导同志批示精神，解决四川地震灾区粮食收购困难问题，郄建伟同志带领工作组到有关省落实烘干和收购设备的生产厂家，共采购72台烘干机支援四川灾区。

6月10～13日，曾丽瑛同志带领工作组赴四川绵阳、德阳、成都等地震重灾区，检查指导夏粮收购、代农储粮和救灾粮油发放工作，并看望慰问灾区粮食职工及家属和受灾群众。

6月16～17日，国家粮食质量监测中心主任会议在湖北武汉召开。会议主要内容是检查中央储备粮质量安全抽检工作进展情况，部署粮食收获质量调查和品质测报工作及粮食安全储存水分标准制订工作，通报144家国家粮食质量检测机构比对考核结果，讨论《粮食质量追溯管理办法》和《国家粮食质量监测机构管理办法》。任正晓同志出席会议。

七月

7月7～10日，曾丽瑛同志带领工作组，赴甘肃省甘南州、陇南市和天水市等地震灾区，检查指导灾区抗震救灾粮油供应等工作。

7月18日，为支持四川省地震灾区畜牧业生产恢复和发展，确保畜牧养殖业的饲料用粮，国家粮食局会同国家发展改革委、财政部、中国农业发展银行等四个部门联合下发通知，安排中储粮总公司从吉林省向四川省的部分饲料生产企业定向销售国家临时储存玉米19.73万吨。通知要求，有关部门和单位要积极做好玉米出库、运输等相关工作，确保玉米及时运抵灾区并用于饲料生产。通知强调，定向销售玉米必须全部运往四川省，用于部分饲料生产企业的饲料加工，严禁销售给其他企业或改作其他用途。

7月25日，国家发展改革委、财政部、农业部、国家粮食局、中国农业发展银行、中国储备粮管理总公司等6单位联合印发2008年早籼稻最低收购价执行预案的通知。执行预案的早籼稻主产区为安徽、江西、湖北、湖南、广西等5省（区）。早籼稻最低收购价每市斤0.77元（三等），具体质量标准为：杂质1%以内，水分13.5%以内，出糙率75%～77%（含75%，不含77%），整精米率不低于44%。

7月30日，国家粮食局召开党组扩大会议，传达学习全国贯彻落实《建立健全惩治和预防腐败体系2008～2012年工作规划》电视电话会议精神，研究部署国家粮食局贯彻落实《建立健全惩治和预防腐败体系2008～2012年工作规划》工作。会议提出四项贯彻措施：一是提高认识，抓好学习宣传；二是明确责任，强化组织领导；三是抓好落实，务求取得实效；四是加强监督检查，推动工作开展。

八月

7月下旬和8月上旬，为及时掌握2008年实施最低价收购预案省份新收获早籼稻的质量状况，国家粮食局组织江西、湖南、湖北、安徽、广西等5个早籼稻主产省的粮食部门，在早稻收获的第一时间采集样品，分两次在广西和江西国家粮食质量监测中心进行早籼稻质量会检。会检结果表明，2008年五省早籼稻质量总体良好，出糙率平均为77.5%，中等（三等）以上占92%；整精米率较上年有所提高。

8月26～27日，全国粮食系统政策法规工作座谈会在贵州贵阳召开。会议主要内容是总结一年来的全国粮食政策法规工作，研究部署下一步工作重点，专题研究2009年粮食流通工作的总体思路与工作重点，总结交流粮食流通体制改革30年来的成果和经验，研究讨论《农村粮食市场主体培育和规范管理办法（初稿）》，总结《粮食流通管理条例》和《中央储备粮管理条例》实施情况，研究进一步加强粮食流通立法的建议，表彰获得2007年度国家粮食局软科学优秀成果奖和粮食工作优秀调研报告的单位。聂振邦同志出席会议。

九月

9月9日，国家发展改革委、财政部、农业部、国家粮食局、中国农业发展银行、中国储备粮管理总公司等6单位联合印发2008年中晚稻最低收购价执行预案的通知。执行本预案的中晚稻主产区为辽宁、吉林、黑龙江、江苏、安徽、江西、河南、湖北、湖南、广西、四川等11省（区）。中晚籼稻最低收购价每市斤0.79元（三等），粳稻最低收购价每市斤0.82元（三等）。

9月22日，国家粮食局召开党组扩大会议，传达学习第一批深入学习实践科学发展观活动工作会议精神，对全局开展学习实践活动进行了研究部署。会议提出六项主要措施：一是要切实统一思想，提高认识；二是要突出实践特色，着眼解决问题；三是要坚持围绕科学发展，解放思想，以改革创新的精神，完善体制机制，推动粮食流通事业科学发展；四是领导班子、领导干部要带头；五是要调动广大党员参加活动的积极性；六是要加强对学习实践活动的组织领导。会议研究决定成立国家粮食局深入学习实践科学发展观领导小组，聂振邦同志任组长，张桂凤、杨兵同志任副组长，成员为郄建伟、任正晓、曾丽瑛同志。

9月22～25日，为进一步加强我国与国际储藏物科技界的交流与合作，促进我国粮食仓储业的健康发展，第8届国际储藏物气调与熏蒸大会在四川成都召开。会议的主要内容包括：气调储藏、熏蒸杀虫、气控装备、密封材料与技术及气调与熏蒸相关的基础研究等。此次大会的主题为“气调与熏蒸——绿色、安全、协调、发展”。郄建伟同志出席大会。

十月

10月13日，聂振邦同志主持召开党组会议，传达党的十七届三中全会精神，学习胡锦涛总书记的重要讲话和《中共中央关于推进农村改革发展若干重大问题的决定（草案）》等重要文件，研究贯彻落实三中全会精神、实践科学发展观、确保国家粮食安全的具体措施。会议提出，要认真学习贯彻三中全会精神，按照党中央的统一部署和安排，深入学习实践科学发展观，进一步加强粮食宏观调控，保障粮食市场供给基本平衡和价格的基本稳定。进一步完善粮食宏观调控体系，健全体制机制，综合运用法律手段、经济手段和必要的行政手段，加强粮食宏观调控。进一步健全粮食储备体系，加强中央储备粮管理，督促充实地方粮食储备，增强调控市场的能力。进一步完善价格体系，落实和完善粮食最低收购价政策，充分调动农民种粮积极性，促进粮食生产稳定发展和农民持续增收。

10月16～18日，由国家粮食局与江苏省人民政府共同主办的世界榨油商大会在南京召开。此次大会是经国家发展改革委、外交部批准并报国务院领导同意召开的在世界油脂行业具有重要影响的一次国际会议。本次大会的主题是：“经济全球一体化油脂行业的机遇与挑战”。大会期间还举办了马来西亚棕榈油研讨会及展示交易会、第八届中国国际粮油产品及设备技术展览会以及2008世界粮食日暨全国爱粮节粮宣传周活动。聂振邦、郄建伟、张桂凤同志出席会议。

10月19日，国家粮食局会同国家发展改革委、财政部、中国农业发展银行发出通知，安排中储粮总公司在安徽、江西、湖北、湖南、重庆、四川、贵州、云南、西藏、陕西、甘肃、青海和新疆等省（区、市）收购中央储备菜籽油20万吨。通知要求，此批中央储备菜籽油收购采取由中储粮公司委托收购库点按2.2元/斤的价格向农民挂牌收购油菜籽，再委托加工企业加工成菜籽油转为储备的方式进行。

十一月

11月10～11日，全国粮食系统办公室主任会议在上海市召开。会议主要内容是贯彻落实全国粮食局长会议精神，总结交流全国粮食系统办公室工作，探讨如何做好新形势下的办公室工作，重点研究部署省级粮食局47个节点接入全国发展改革系统纵向网工程建设有关工作。

11月13～14日，2008年度全国粮油市场信息工作会议在上海市召开。会议主要内容是研讨如何围绕粮食流通中心工作，进一步做好粮油市场信息服务，研讨如何利用现有资源，充分发挥各分中心优势，建立起全国权威、高效、一流的信息服务网络，总结2007/2008年度粮油市场信息工作，表彰2007/2008年度粮油信息网先进集体和先进个人。曾丽瑛同志出席会议。

11月17日，《国家粮食安全中长期规划纲要（2008～2020年）》（以下简称《纲要》）出台。该纲要是根据党的十七大精神和《国民经济和社会发展第十一个五年规划纲要》编制而成，《纲要》在总结近10年我国粮食安全取得的主要成就和分析今后一个时期面临挑战的基础上，提出了2008～2020年保障我国粮食安全的指导思想、目标和主要任务以及相应政策措施，是今后一个时期我国粮食宏观调控工作的重要依据。

十二月

12月5日，按照中央部署，为隆重纪念改革开放30周年，国家粮食局召开纪念改革开放30周年暨粮食流通体制改革和现代粮食流通产业发展座谈会。国家粮食局局长聂振邦同志主持会议并发表重要讲话，会议系统总结了粮食流通体制改革的成就，分析当前面临的新形势，提出了进一步深化改革、推进粮食流通产业发展的意见。郄建伟、张桂凤同志出席会议。

12月27～28日，中央农村工作会议在北京召开。会议认真贯彻党的十七大、十七届三中全会和中央经济工作会议精神，深入贯彻落实科学发展观，总结2008年农业农村工作，分析当前农业农村形势，研究促进农业稳定发展、农民持续增收的政策措施，部署2009年的农业农村工作。会议指出，2009年农业农村工作要把保持农业农村经济平稳较快发展作为首要任务，千方百计保证国家粮食安全和主要农产品有效供给，千方百计促进农民收入持续增长。

2008年，国家粮食局批准成立福州、长春、银川、成都、南昌、太原、西安、通辽等8个国家粮食交易中心。

2008年，国家粮食局授予218户企业中央储备粮代储资格。

2008年4月和9月，国家粮食局共安排粮油保管员、粮油质量检验员集中鉴定考试各四次，制米工、制粉工和制油工集中鉴定考试各两次。

2008年，国家粮食局军粮供应服务中心何贤雄同志被授予全国抗震救灾模范。

二 粮食行业统计资料

1.全国粮食及油料作物播种面积（1949～2008年）
2.全国粮食及油料作物产量(1949～2008年)
3.全国粮食及油料作物单位面积产量(1949～2008年)
4.各地区粮食总产量（1978～2008年）
5.各地区油料总产量（1978～2008年）
6.各地区粮食及油料播种面积和产量（2008年）
7.农产品生产价格指数（2003～2008年）
8.居民消费价格指数（2002～2008年）
9.人均主要农业产品产量（1978～2008年）
10.粮食成本收益变化情况表（1991～2008年）
11.全国主要粮食品种收购量（1978～2008年）
12.全国主要粮食品种销售量（1978～2008年）
13.全国粮食进口情况表（1980～2008年）
14.全国粮食出口情况表（1980～2008年）
15.全国食用植物油进口情况表（1993～2008年）
16.全国食用植物油出口情况表（1993～2008年）
17.粮食行业机构与从业人员统计表（2008年）
18.发布、废止和转化粮油国家标准和行业标准统计表（2008年）

1.全国粮食及油料作物播种面积（1949～2008年）

单位：千公顷

年份	粮食					油料
		稻谷	小麦	玉米	大豆	
1949	109959	25709	21515	12915	8319	4228
1950	114406	26149	22800	12953	9602	4177
1951	117769	26933	23055	12455	10801	5145
1952	123979	28382	24780	12566	11679	5714
1953	126637	28321	25636	13134	12362	5361
1954	128995	28722	26967	13171	12654	5766
1955	129839	29173	26739	14639	11442	6837
1956	136339	33312	27272	17662	12047	6827
1957	133633	32241	27542	14943	12748	6932
1958	127613	31915	25775	16213	9551	6357
1959	116023	29034	23575	13002	9863	6149
1960	122429	29607	27294	14090	9348	5793
1961	121443	26276	25572	13602	9957	4239
1962	121621	26935	24075	12819	9504	4153
1963	120741	27715	23771	15376	9633	4547
1964	122103	29607	25408	15363	10009	5273
1965	119627	29825	24709	15671	8593	5167
1966	120988	30529	23919	16008	8425	5211
1967	119230	30436	25299	15095	8503	5129
1968	116157	29894	24658	14578	8363	4596
1969	117604	30432	25162	14578	8329	4665
1970	119267	32358	25458	15831	7985	4522
1971	120846	34918	25639	16726	7791	4791
1972	121209	35143	26302	16703	7583	5297
1973	121156	35090	26439	16571	7408	5325
1974	120976	35512	27061	17410	7261	5326
1975	121062	35729	27661	18598	6999	5652
1976	120743	36217	28417	19228	6691	5787
1977	120400	35526	28065	19658	6845	5639
1978	120587	34421	29183	19961	7144	6222
1979	119263	33873	29357	20133	7247	7051
1980	117234	33878	28844	20087	7226	7928
1981	114958	33295	28307	19425	8024	9134
1982	113462	33071	27955	18543	8419	9343
1983	114047	33136	29050	18824	7567	8390
1984	112884	33178	29576	18537	7286	8678
1985	108845	32070	29218	17694	7718	11800
1986	110933	32266	29616	19124	8295	11415
1987	111268	32193	28798	20212	8445	11181
1988	110123	31987	28785	19692	8120	10619
1989	112205	32700	29841	20353	8057	10504
1990	113466	33064	30753	21401	7560	10900

续表

年份	粮食	稻谷	小麦	玉米	大豆	油料
1991	112314	32590	30948	21574	7041	11530
1992	110560	32090	30496	21044	7221	11489
1993	110509	30355	30235	20694	9454	11142
1994	109544	30171	28981	21152	9222	12081
1995	110060	30744	28860	22776	8127	13102
1996	112548	31406	29611	24498	7471	12555
1997	112912	31765	30057	23775	8346	12381
1998	113787	31214	29774	25239	8500	12919
1999	113161	31283	28855	25904	7962	13906
2000	108463	29962	26653	23056	9307	15400
2001	106080	28812	24664	24282	9482	14631
2002	103891	28202	23908	24634	8720	14766
2003	99410	26508	21997	24068	9313	14990
2004	101606	28379	21626	25446	9589	14431
2005	104278	28847	22793	26358	9591	14318
2006	104958	28938	23613	28463	9304	11738
2007	105638	28919	23721	29478	8754	11316
2008	106793	29241	23617	29864	9127	12825

各时期年均增长速度

单位：%

时期	粮食	稻谷	小麦	玉米	大豆	油料
“一五”	1.5	2.6	2.1	3.5	1.8	3.9
“二五”	−1.9	−3.5	−2.7	−3.0	−5.7	−9.7
“三五”	−0.1	1.6	0.6	0.2	−1.5	−2.6
“四五”	0.3	2.0	1.7	3.3	−2.6	4.6
“五五”	−0.6	−1.1	0.8	1.6	0.6	7.0
“六五”	−1.5	−1.1	0.3	−2.5	1.3	8.3
“七五”	0.8	0.6	1.0	3.9	−0.4	−1.6
“八五”	−0.6	−1.4	−1.3	1.3	1.5	3.7
“九五”	−0.3	−0.5	−1.6	0.2	2.7	3.3
“十五”	−0.8	−0.8	−3.1	2.7	0.6	−1.4
“十一五”	0.8	0.5	1.2	4.2	−1.6	−3.6
1950～2008年	0.0	0.2	0.2	1.4	0.2	1.9
1978～2008年	−0.4	−0.6	−0.6	1.4	0.9	2.7
1990～2008年	−0.3	−0.6	−1.2	2.0	0.7	1.1
1998～2008年	−0.5	−0.7	−2.2	2.1	0.8	0.3

注：表中各时期年份：“一五”1953～1957年，“二五”1958～1962年，“三五”1966～1970年，“四五”1971～1975年，“五五”1976～1980年，“六五”1981～1985年，“七五”1986～1990年，“八五”1991～1995年，“九五”1996～2000年，“十五”2001～2005年，“十一五”2006～2010年。

数据来源：国家统计局统计资料。

2.全国粮食及油料作物产量（1949～2008年）

单位：万吨

年份	粮食	稻谷	小麦	玉米	大豆	油料
1949	11318.0	4864.5	1381.0	1241.8	508.5	256.4
1950	13212.5	5510.0	1449.5	1389.4	743.5	297.2
1951	14368.5	6055.5	1723.0	1380.7	863.0	362.0
1952	16391.5	6842.5	1812.5	1685.0	952.0	419.3
1953	16683.0	7127.0	1828.0	1668.5	993.0	385.6
1954	16951.5	7085.0	2333.5	1714.0	908.0	430.5
1955	18393.5	7802.5	2296.5	2031.5	912.0	482.7
1956	19274.5	8248.0	2480.0	2305.0	1023.5	508.6
1957	19504.5	8677.5	2364.0	2144.0	1004.5	419.6
1958	19765.0	8085.0	2258.5	2312.0	866.5	477.0
1959	16968.0	6936.5	2218.0	1664.5	876.0	410.4
1960	14384.5	5973.0	2217.0	1603.0	639.0	194.1
1961	13650.0	5364.0	1425.0	1548.8	620.5	181.4
1962	15441.0	6298.5	1666.5	1626.1	650.5	200.3
1963	17000.0	7376.5	1847.5	2057.5	691.0	245.8
1964	18750.0	8300.0	2084.0	2269.0	787.0	336.8
1965	19452.5	8772.0	2522.0	2365.5	613.5	362.5
1966	21400.0	9539.0	2528.0	2842.5	826.5	391.9
1967	21782.0	9368.5	2848.5	2740.6	826.5	398.5
1968	20905.5	9453.0	2745.5	2503.4	803.5	343.2
1969	21097.0	9506.5	2728.5	2492.0	762.5	333.1
1970	23995.5	10999.0	2918.5	3303.0	870.5	377.2
1971	25014.0	11520.5	3257.5	3585.0	860.5	411.3
1972	24048.0	11335.5	3598.5	3210.0	645.0	411.8
1973	26493.5	12173.5	3522.5	3862.5	836.5	418.6
1974	27527.0	12390.5	4086.5	4291.5	747.0	441.4
1975	28451.5	12556.0	4531.0	4721.5	724.0	452.1
1976	28630.5	12580.5	5038.5	4816.0	664.0	400.8
1977	28272.5	12856.5	4107.5	4938.5	725.5	401.7
1978	30476.5	13693.0	5384.0	5594.5	756.5	521.8
1979	33211.5	14375.0	6273.0	6003.5	746.0	643.5
1980	32055.5	13990.5	5520.5	6260.0	794.0	769.1
1981	32502.0	14395.5	5964.0	5920.5	932.5	1020.5
1982	35450.0	16159.5	6847.0	6056.0	903.0	1181.7
1983	38727.5	16886.5	8139.0	6820.5	976.0	1055.0
1984	40730.5	17825.5	8781.5	7341.0	969.5	1191.0
1985	37910.8	16856.9	8580.5	6382.6	1050.0	1578.4
1986	39151.2	17222.4	9004.0	7085.6	1161.4	1473.8
1987	40297.7	17426.2	8590.2	7924.1	1246.5	1527.8
1988	39408.1	16910.7	8543.2	7735.1	1164.5	1320.3
1989	40754.9	18013.0	9080.7	7892.8	1022.7	1295.2
1990	44624.3	18933.1	9822.9	9681.9	1100.0	1613.2
1991	43529.3	18381.3	9595.3	9877.3	971.3	1638.3
1992	44265.8	18622.2	10158.7	9538.3	1030.4	1641.2

续表

年份	粮食					油料
		稻谷	小麦	玉米	大豆	
1993	45648.8	17751.4	10639.0	10270.4	1530.7	1803.9
1994	44510.1	17593.3	9929.7	9927.5	1599.9	1989.6
1995	46661.8	18522.6	10220.7	11198.6	1350.2	2250.3
1996	50453.5	19510.3	11056.9	12747.1	1322.4	2210.6
1997	49417.1	20073.5	12328.9	10430.9	1473.2	2157.4
1998	51229.5	19871.3	10972.6	13295.4	1515.2	2313.9
1999	50838.6	19848.7	11388.0	12808.6	1424.5	2601.2
2000	46217.5	18790.8	9963.6	10600.0	1540.9	2954.8
2001	45263.7	17758.0	9387.3	11408.8	1540.6	2864.9
2002	45705.8	17453.9	9029.0	12130.8	1650.5	2897.2
2003	43069.5	16065.6	8648.8	11583.0	1539.3	2811.0
2004	46946.9	17908.8	9195.2	13028.7	1740.1	3065.9
2005	48402.2	18058.8	9744.5	13936.5	1634.8	3077.1
2006	49804.2	18171.8	10846.6	15160.3	1508.2	2640.3
2007	50160.3	18603.4	10929.8	15230.0	1272.5	2568.7
2008	52870.9	19189.6	11246.4	16591.4	1554.2	2952.8

各时期年均增长速度

单位：%

时期	粮食					油料
		稻谷	小麦	玉米	大豆	
“一五”	3.5	4.9	5.5	4.9	1.1	0.0
“二五”	−4.6	−6.2	−6.8	−5.4	−8.3	−13.7
“三五”	4.3	4.6	3.0	6.9	7.2	0.8
“四五”	3.5	2.7	9.2	7.4	−3.6	3.7
“五五”	2.4	2.2	4.0	5.8	1.9	11.2
“六五”	3.4	3.8	9.2	0.4	5.7	15.5
“七五”	3.3	2.4	2.7	8.7	0.9	0.4
“八五”	0.9	−0.4	0.8	3.0	4.2	6.9
“九五”	−0.2	0.3	−0.5	−1.1	2.7	5.6
“十五”	0.9	−0.8	−0.4	5.6	1.2	0.8
“十一五”	3.0	2.0	4.9	6.0	−1.7	−1.4
1950～2008年	2.6	2.4	3.6	4.5	1.9	4.2
1978～2008年	2.0	1.3	3.3	4.0	2.5	6.6
1990～2008年	1.4	0.3	1.1	4.0	2.2	4.4
1998～2008年	0.6	−0.4	−0.8	4.3	0.5	2.9

注：表中各时期年份：“一五”1953～1957年，“二五”1958～1962年，“三五”1966～1970年，“四五”1971～1975年，“五五”1976～1980年，“六五”1981～1985年，“七五”1986～1990年，“八五”1991～1995年，“九五”1996～2000年，“十五”2001～2005年，“十一五”2006～2010年。

数据来源：国家统计局统计资料。

3.全国粮食及油料作物单位面积产量（1949～2008年）

单位：公斤／公顷

年份	粮食	稻谷	小麦	玉米	大豆	油料
1949	1029.3	1892.1	641.9	961.5	611.3	606.4
1950	1154.9	2107.2	635.7	1072.6	774.3	711.5
1951	1220.1	2248.4	747.3	1108.6	799.0	703.6
1952	1322.1	2410.9	731.4	1340.9	815.1	733.8
1953	1317.4	2516.5	713.1	1270.4	803.3	719.3
1954	1314.1	2466.8	865.3	1301.3	717.6	746.6
1955	1416.6	2674.6	858.9	1387.7	797.1	706.0
1956	1413.7	2476.0	909.4	1305.1	849.6	745.0
1957	1459.6	2691.4	858.3	1434.8	788.0	605.3
1958	1548.8	2533.3	876.2	1426.0	907.2	750.4
1959	1462.5	2389.1	940.8	1280.2	888.2	667.4
1960	1174.9	2017.4	812.3	1137.7	683.6	335.1
1961	1124.0	2041.4	557.3	1138.7	623.2	427.9
1962	1269.6	2338.4	692.2	1268.5	684.4	482.3
1963	1408.0	2661.6	777.2	1338.1	717.3	540.6
1964	1535.6	2803.4	820.2	1476.9	786.3	638.7
1965	1626.1	2941.2	1020.7	1509.5	714.0	701.6
1966	1768.8	3124.6	1056.9	1775.7	981.0	752.1
1967	1826.9	3078.1	1125.9	1815.6	972.0	777.0
1968	1799.8	3162.2	1113.4	1717.2	960.8	746.7
1969	1793.9	3123.8	1084.4	1709.4	915.5	714.0
1970	2011.9	3399.2	1146.4	2086.4	1090.2	834.1
1971	2069.9	3299.3	1270.5	2143.4	1104.5	858.5
1972	1984.0	3225.5	1368.1	1921.8	850.6	777.4
1973	2186.7	3469.2	1332.3	2330.9	1129.2	786.1
1974	2275.4	3489.1	1510.1	2465.0	1028.8	828.8
1975	2350.2	3514.2	1638.0	2538.7	1034.4	799.9
1976	2371.2	3473.6	1773.1	2504.7	992.4	692.6
1977	2348.2	3618.9	1463.6	2512.2	1059.9	712.4
1978	2527.3	3978.1	1844.9	2802.7	1059.0	838.6
1979	2784.7	4243.8	2136.8	2981.9	1029.4	912.7
1980	2734.3	4129.6	1913.9	3116.4	1098.8	970.0
1981	2827.3	4323.7	2106.9	3047.9	1162.2	1117.2
1982	3124.4	4886.3	2449.3	3265.9	1072.6	1264.8
1983	3395.7	5096.1	2801.7	3623.3	1289.8	1257.4
1984	3608.2	5372.6	2969.1	3960.3	1330.6	1372.5
1985	3483.0	5256.3	2936.7	3607.2	1360.5	1337.7
1986	3529.3	5337.6	3040.2	3705.1	1400.2	1291.1
1987	3621.7	5413.1	2982.9	3920.6	1476.0	1366.5
1988	3578.6	5286.7	2968.0	3928.1	1434.1	1243.3
1989	3632.2	5508.5	3043.0	3877.9	1269.3	1233.1
1990	3932.8	5726.1	3194.1	4523.9	1455.1	1479.9

续表

年份	粮食	稻谷	小麦	玉米	大豆	油料
1991	3875.7	5640.2	3100.5	4578.3	1379.5	1421.0
1992	4003.8	5803.1	3331.2	4532.7	1427.0	1428.4
1993	4130.8	5847.9	3518.8	4963.0	1619.1	1619.0
1994	4063.2	5831.1	3426.3	4693.4	1734.9	1646.9
1995	4239.7	6024.8	3541.5	4916.9	1661.4	1717.6
1996	4482.8	6212.4	3734.1	5203.3	1770.2	1760.7
1997	4376.6	6319.4	4101.9	4387.3	1765.1	1742.5
1998	4502.2	6366.2	3685.3	5267.8	1782.5	1791.0
1999	4492.6	6344.8	3946.6	4944.7	1789.2	1870.5
2000	4261.2	6271.6	3738.2	4597.5	1655.7	1918.7
2001	4266.9	6163.3	3806.1	4698.4	1624.8	1958.1
2002	4399.4	6189.0	3776.5	4924.5	1892.9	1962.0
2003	4332.5	6060.7	3931.8	4812.6	1652.9	1875.2
2004	4620.5	6310.6	4251.9	5120.2	1814.8	2124.6
2005	4641.6	6260.2	4275.3	5287.3	1704.5	2149.2
2006	4745.2	6279.6	4593.4	5326.3	1620.1	2249.3
2007	4748.3	6433.0	4607.7	5166.7	1453.7	2270.0
2008	4950.8	6562.5	4762.0	5555.7	1702.8	2302.3

各时期年均增长速度

单位：%

时期	粮食	稻谷	小麦	玉米	大豆	油料
“一五”	2.0	2.2	3.3	1.4	−0.7	−3.8
“二五”	−2.8	−2.8	−4.2	−2.4	−2.8	−4.4
“三五”	4.4	2.9	2.4	6.7	8.8	3.5
“四五”	3.2	0.7	7.4	4.0	−1.0	−0.8
“五五”	3.1	3.3	3.2	4.2	1.2	3.9
“六五”	5.0	4.9	8.9	3.0	4.4	6.6
“七五”	2.5	1.7	1.7	4.6	1.4	2.0
“八五”	1.5	1.0	2.1	1.7	2.7	3.0
“九五”	0.1	0.8	1.1	−1.3	−0.1	2.2
“十五”	1.7	0.0	2.7	2.8	0.6	2.3
“十一五”	2.2	1.6	3.7	1.7	0.0	2.3
1950～2008年	2.7	2.1	3.5	3.0	1.8	2.3
1978～2008年	2.4	1.9	3.9	2.6	1.5	3.9
1990～2008年	1.6	0.9	2.4	1.9	1.6	3.3
1998～2008年	1.1	0.3	1.4	2.2	−0.3	2.6

注：表中各时期年份：“一五”1953～1957年，“二五”1958～1962年，“三五”1966～1970年，“四五”1971～1975年，“五五”1976～1980年，“六五”1981～1985年，“七五”1986～1990年，“八五”1991～1995年，“九五”1996～2000年，“十五”2001～2005年，“十一五”2006～2010年。

数据来源：国家统计局统计资料。

4.各地区粮食总产量（1978～2008年）

地　区	1978年	1979年	1980年	1981年	1982年	1983年	1984年	1985年
全国总计	30476.5	33211.5	32055.5	32502.0	35450.0	38727.5	40730.5	37910.8
东部地区	10474.5	11448.0	10882.0	10757.0	12010.0	12574.5	13505.0	12958.4
中部地区	8731.5	9909.0	9189.0	9973.0	10754.5	11822.5	12393.0	11965.1
西部地区	7539.5	8295.0	8441.0	8439.5	9383.5	9818.5	10014.5	9356.0
东北地区	3731.0	3559.5	3543.5	3332.5	3302.0	4512.0	4818.0	3631.3
北　京	186.0	173.0	186.0	180.5	185.5	201.5	217.5	219.7
天　津	117.0	138.5	138.0	107.0	122.5	111.0	131.5	140.5
河　北	1615.0	1779.5	1522.5	1575.0	1752.0	1900.0	1870.0	1966.6
山　西	674.0	800.5	685.5	725.0	825.0	806.0	782.0	822.7
内蒙古	180.0	510.0	396.5	510.0	530.0	560.0	594.5	604.1
辽　宁	1175.0	1194.0	1221.5	1160.5	1152.0	1485.0	1426.0	976.0
吉　林	1056.0	903.0	859.5	922.0	1000.0	1478.0	1634.5	1225.3
黑龙江	1500.0	1462.5	1462.5	1250.0	1150.0	1549.0	1757.5	1430.0
上　海	261.0	259.0	187.0	185.5	216.0	207.0	252.5	213.8
江　苏	2290.0	2514.0	2418.5	2511.5	2855.5	3053.0	3353.5	3126.5
浙　江	1395.0	1611.5	1435.5	1419.5	1712.5	1583.5	1817.0	1621.3
安　徽	1482.0	1609.5	1454.0	1787.5	1933.0	2010.5	2202.5	2168.0
福　建	728.5	762.5	802.0	810.0	848.0	858.0	850.5	794.4
江　西	1050.0	1296.5	1240.0	1268.5	1408.5	1460.5	1549.0	1533.5
山　东	2250.0	2472.0	2384.0	2312.5	2375.0	2700.0	3040.0	3137.7
河　南	1900.0	2134.5	2148.5	2314.5	2217.0	2904.0	2983.5	2710.5
湖　北	1725.5	1849.5	1536.5	1707.0	1996.0	1987.5	2263.0	2216.1
湖　南	1900.0	2218.5	2124.5	2170.5	2375.0	2654.0	2613.0	2514.3
广　东	1632.0	1738.0	1808.5	1655.5	1943.0	1960.5	1972.5	1737.9
广　西	927.0	1173.0	1190.5	1149.5	1353.0	1363.0	1213.0	1117.1
海　南								
重　庆								
四　川	3000.0	3201.0	3436.5	3465.5	3842.0	4008.5	4079.5	3830.7
贵　州	643.5	623.0	648.0	567.5	654.0	703.0	758.0	595.0
云　南	864.0	793.0	865.5	917.0	946.0	954.5	1005.0	935.0
西　藏	50.5	42.5	50.5	48.5	45.0	37.0	49.5	53.1
陕　西	800.0	909.5	757.0	750.0	925.0	965.0	1023.5	951.9
甘　肃	491.0	461.5	492.5	435.0	469.0	539.5	539.5	530.5
青　海	90.5	82.0	95.5	80.0	92.5	89.5	101.0	100.3
宁　夏	118.0	106.0	120.0	126.5	119.5	145.0	154.0	139.5
新　疆	375.0	393.5	388.5	390.0	407.5	453.5	497.0	498.8

单位：万吨

1986年	1987年	1988年	1989年	1990年	1991年	1992年	1993年
39151.2	40297.7	39408.1	40754.9	44624.3	43529.3	44265.8	45648.8
13240.5	13171.9	13057.3	13440.7	14087.8	14493.0	14198.8	14321.2
12039.8	12627.2	12072.9	12993.5	13514.5	12086.0	12905.7	13612.1
9474.7	9742.8	9634.5	10403.9	11168.3	11354.7	11386.3	11727.9
4396.2	4755.8	4643.4	3916.8	5853.7	5595.6	5775.0	5987.7
216.5	227.0	234.6	239.2	264.6	279.7	281.9	284.0
157.6	163.0	158.3	169.8	188.9	198.5	198.7	199.8
1965.5	1833.8	2022.5	2068.6	2276.9	2268.7	2185.6	2380.2
732.4	701.0	818.3	879.1	969.0	742.4	858.3	990.2
528.5	594.0	738.3	691.8	973.0	958.5	1046.8	1108.4
1222.2	1316.8	1307.2	944.0	1494.7	1532.4	1568.4	1696.0
1397.7	1675.5	1693.2	1351.3	2046.5	1898.9	1840.3	1900.9
1776.3	1763.5	1643.0	1621.5	2312.5	2164.3	2366.3	2390.8
236.9	228.4	238.9	232.5	239.5	241.6	227.2	210.0
3339.6	3247.4	3216.5	3257.8	3230.8	2988.9	3297.8	3191.8
1605.1	1568.4	1553.6	1544.7	1586.1	1678.8	1553.5	1436.2
2371.9	2432.6	2296.4	2383.5	2457.2	1781.5	2325.1	2569.9
751.5	837.0	818.6	884.6	879.6	889.7	897.2	869.0
1453.8	1587.8	1515.9	1562.9	1658.2	1625.7	1566.0	1517.1
3250.0	3212.2	3037.7	3064.7	3354.9	3916.8	3589.3	3964.6
2545.7	2980.9	2663.0	3149.4	3303.7	3010.3	3109.6	3639.0
2304.5	2369.6	2259.4	2370.4	2475.0	2244.1	2426.6	2325.7
2631.5	2555.3	2519.9	2648.2	2651.4	2682.0	2620.1	2570.2
1717.8	1721.2	1656.8	1827.0	1896.9	1852.6	1774.3	1601.5
1118.1	1218.4	1045.0	1270.8	1363.1	1341.0	1418.9	1456.5
	133.5	119.8	151.8	169.6	177.7	193.3	184.1
3923.8	3924.8	3791.6	4078.5	4266.8	4330.7	4289.6	4150.6
672.3	695.1	636.0	708.3	721.0	885.5	788.9	869.5
870.0	929.8	940.2	1000.2	1057.2	1093.0	1070.4	1085.2
45.4	45.3	50.5	55.0	55.5	58.0	65.5	65.5
965.5	979.2	967.3	1049.3	1070.7	1047.0	1031.6	1215.6
551.0	530.4	593.3	644.5	690.7	657.6	674.9	758.3
98.4	103.5	105.8	110.8	114.0	114.6	118.5	118.6
154.0	143.0	161.6	174.6	190.1	198.2	186.9	205.2
547.7	579.4	604.9	620.1	666.2	670.6	694.3	694.5

注：四个地区的划分：东部地区：北京、天津、河北、上海、江苏、浙江、福建、山东、广东和海南共10个省（市）。中部地区：山西、安徽、江西、河南、湖北和湖南共6个省。西部地区：内蒙古、广西、重庆、四川、贵州、云南、西藏、陕西、甘肃、青海、宁夏和新疆共12个省（区、市）。东北地区：辽宁、吉林和黑龙江共3个省。

数据来源：国家统计局统计资料。

4.各地区粮食总产量（1978～2008年）

续表

地　区	1994年	1995年	1996年	1997年	1998年	1999年	2000年	2001年
全国总计	44510.1	46661.8	50453.5	49417.1	51229.5	50838.6	46217.5	45263.7
东部地区	14249.2	15236.8	15775.1	15403.4	15811.0	15677.6	13969.8	13239.9
中部地区	13161.1	13727.1	14543.3	14802.7	14361.2	14756.1	14027.9	13751.1
西部地区	11168.4	11729.9	13101.8	12986.5	13713.9	13375.9	12896.3	12273.2
东北地区	5931.5	5968.0	7033.3	6226.3	7343.4	7029.0	5323.5	5999.5
北　京	276.2	259.8	237.4	237.5	239.2	201.0	144.2	104.9
天　津	190.3	207.5	207.0	206.2	210.1	174.9	124.1	143.3
河　北	2523.5	2739.0	2789.5	2746.7	2917.5	2746.3	2551.1	2491.8
山　西	890.4	917.1	1077.1	901.4	1081.5	821.7	853.4	692.1
内蒙古	1083.5	1055.4	1535.3	1421.0	1575.4	1428.5	1241.9	1239.1
辽　宁	1337.1	1423.5	1660.1	1313.5	1828.9	1648.8	1140.0	1394.4
吉　林	2015.7	1992.4	2326.6	1808.3	2506.0	2305.6	1638.0	1953.4
黑龙江	2578.7	2552.1	3046.6	3104.5	3008.5	3074.6	2545.5	2651.7
上　海	207.5	210.4	226.3	230.2	212.6	208.1	174.0	151.4
江　苏	3046.2	3286.3	3476.4	3563.8	3415.1	3559.0	3106.6	2942.1
浙　江	1404.0	1430.9	1516.8	1493.5	1435.2	1393.0	1217.7	1072.7
安　徽	2330.3	2580.7	2674.1	2802.7	2591.0	2771.2	2472.1	2500.3
福　建	887.4	919.9	952.2	961.8	958.1	942.2	854.7	817.3
江　西	1603.5	1607.4	1766.3	1767.7	1555.5	1732.7	1614.6	1600.0
山　东	3921.9	4246.4	4332.7	3852.2	4264.8	4269.0	3837.7	3720.6
河　南	3253.8	3466.5	3839.9	3894.7	4009.6	4253.3	4101.5	4119.9
湖　北	2422.1	2463.8	2484.4	2634.4	2475.8	2451.9	2218.5	2138.5
湖　南	2661.0	2691.6	2701.5	2801.9	2647.9	2725.4	2767.9	2700.3
广　东	1599.5	1734.8	1839.2	1897.7	1947.6	1967.1	1760.1	1600.1
广　西	1272.5	1508.2	1509.3	1544.8	1557.1	1575.0	1528.5	1511.4
海　南	192.7	201.8	197.7	213.9	210.8	217.0	199.6	195.8
重　庆				1157.7	1122.5	1111.6	1106.9	1023.5
四　川	4047.9	4365.0	4495.7	3461.3	3519.7	3551.4	3372.0	2926.5
贵　州	938.7	948.9	1012.6	1025.9	1100.0	1125.2	1161.3	1100.3
云　南	1146.5	1188.9	1246.2	1271.9	1319.5	1399.3	1467.8	1486.3
西　藏	65.0	70.0	77.7	79.2	85.0	92.2	96.2	98.3
陕　西	944.6	913.4	1217.3	1044.4	1303.1	1081.6	1089.1	976.6
甘　肃	705.3	644.2	820.6	766.2	872.0	814.9	713.5	753.2
青　海	116.8	114.2	123.8	127.6	128.2	103.6	82.7	103.2
宁　夏	204.1	203.2	257.9	256.6	294.9	293.3	252.7	274.8
新　疆	643.5	718.5	805.3	830.0	836.6	799.3	783.7	780.0

单位：万吨

2002年	2003年	2004年	2005年	2006年	2007年	2008年
45705.8	43069.5	46946.9	48402.2	49804.2	50160.3	52870.9
12359.1	11712.8	12276.5	12766.2	13138.7	13306.9	13586.6
13998.3	12557.2	14468.1	14778.3	15640.3	15935.3	16407.1
12682.0	12529.1	12971.3	13438.7	12658.9	13166.4	13951.9
6666.4	6270.2	7231.0	7419.0	8366.3	7751.7	8925.3
82.3	58.0	70.2	94.9	109.2	102.1	125.5
137.8	119.3	122.8	137.5	141.9	147.2	148.9
2435.8	2387.8	2480.1	2598.6	2780.6	2841.6	2905.8
925.5	958.9	1062.0	978.0	1024.5	1007.1	1028.0
1406.1	1360.7	1505.3	1662.2	1806.8	1810.7	2131.3
1510.4	1498.3	1720.0	1745.8	1797.0	1835.0	1860.3
2214.8	2259.6	2510.0	2581.2	2725.8	2453.8	2840.0
2941.2	2512.3	3001.0	3092.0	3843.5	3462.9	4225.0
130.5	98.8	106.3	105.4	111.3	109.2	115.7
2907.1	2471.9	2829.1	2834.6	3096.0	3132.2	3175.5
942.3	793.4	834.9	814.7	769.5	728.6	775.6
2765.0	2214.8	2743.0	2605.3	2853.7	2901.4	3023.3
763.2	713.2	736.5	715.2	632.9	635.1	652.3
1549.5	1450.3	1663.0	1757.0	1896.5	1904.0	1958.1
3292.7	3435.5	3516.7	3917.4	4093.0	4148.8	4260.5
4210.0	3569.5	4260.0	4582.0	5112.3	5245.2	5365.5
2047.0	1921.0	2100.1	2177.4	2099.1	2185.4	2227.2
2501.3	2442.7	2640.0	2678.6	2654.2	2692.2	2805.0
1478.9	1430.4	1390.0	1395.0	1242.4	1284.7	1243.4
1486.8	1465.1	1398.5	1487.3	1427.6	1396.6	1394.7
188.6	204.6	190.1	153.0	161.9	177.5	183.5
1082.4	1087.1	1144.5	1168.2	808.1	1088.0	1153.2
3132.4	3054.1	3146.7	3211.1	2859.7	3027.0	3140.0
1034.2	1104.3	1149.6	1152.1	1038.0	1100.9	1158.0
1424.7	1471.0	1509.5	1514.9	1457.6	1460.7	1518.6
98.3	96.6	96.0	93.4	92.4	93.9	95.0
1005.6	968.4	1040.0	1043.0	1041.9	1067.9	1111.0
782.7	789.3	805.8	836.9	808.1	824.0	888.5
91.3	86.8	88.5	93.3	99.7	106.2	101.8
301.9	270.2	290.5	299.8	322.4	323.5	329.2
835.6	775.5	796.5	876.6	896.4	867.0	930.5

注：四个地区的划分：东部地区：北京、天津、河北、上海、江苏、浙江、福建、山东、广东和海南共10个省（市）。中部地区：山西、安徽、江西、河南、湖北和湖南共6个省。西部地区：内蒙古、广西、重庆、四川、贵州、云南、西藏、陕西、甘肃、青海、宁夏和新疆共12个省（区、市）。东北地区：辽宁、吉林和黑龙江共3个省。

数据来源：国家统计局统计资料。

5.各地区油料总产量（1978～2008年）

地区	1978年	1979年	1980年	1981年	1982年	1983年	1984年	1985年
全国总计	521.8	643.5	769.1	1020.5	1181.7	1055.0	1191.0	1578.4
东部地区	234.9	279.7	337.7	393.6	436.7	384.8	440.4	612.9
中部地区	117.9	169.8	163.0	262.3	320.1	272.3	304.7	430.5
西部地区	131.7	155.7	187.2	255.0	325.9	295.5	318.1	404.3
东北地区	37.3	38.3	81.2	109.6	99.0	102.4	127.8	130.7
北京	2.6	2.6	3.1	2.2	2.3	2.1	2.7	3.9
天津	1.0	1.5	2.8	4.5	4.4	3.1	5.5	6.8
河北	24.5	32.1	45.1	46.4	53.8	47.8	60.0	86.9
山西	4.2	7.6	13.4	12.1	21.2	23.7	36.7	44.5
内蒙古	7.7	18.7	25.2	36.3	49.0	53.8	59.8	79.4
辽宁	11.6	17.2	28.3	30.6	24.8	30.9	42.1	54.0
吉林	16.4	14.2	26.6	34.5	29.3	39.2	59.8	48.4
黑龙江	9.3	6.9	26.3	44.4	45.0	32.2	26.0	28.4
上海	11.6	11.9	9.6	14.7	16.7	10.1	11.7	15.4
江苏	33.4	37.9	38.6	64.1	91.9	73.7	71.0	108.8
浙江	22.1	27.0	28.9	40.0	38.6	29.7	33.9	44.2
安徽	32.6	44.7	49.8	99.3	125.5	96.5	97.2	145.7
福建	13.8	13.4	13.5	18.5	20.1	14.4	15.8	17.4
江西	13.5	19.9	13.8	19.8	26.0	22.9	24.5	28.9
山东	87.0	109.1	143.0	142.1	142.5	152.0	182.0	267.9
河南	24.2	36.9	46.2	56.0	44.2	51.5	52.5	96.2
湖北	23.7	32.1	20.6	39.3	57.5	42.2	55.4	73.0
湖南	19.7	28.7	19.3	35.8	45.8	35.4	38.4	42.4
广东	38.9	44.1	53.2	61.0	66.6	51.9	57.9	61.6
广西	17.8	15.3	13.7	14.2	17.4	18.6	21.9	22.8
海南								
重庆								
四川	58.5	65.2	71.9	97.5	135.6	112.8	118.0	151.2
贵州	9.9	10.9	15.6	34.0	48.1	28.5	30.6	32.0
云南	5.5	4.6	6.5	10.7	13.8	13.8	12.4	11.8
西藏	0.8	0.8	1.1	1.2	1.1	1.0	1.3	1.5
陕西	5.6	9.6	11.0	16.8	15.9	16.5	19.3	29.9
甘肃	8.6	8.5	14.0	13.2	14.3	19.3	21.1	26.3
青海	4.5	5.8	7.1	6.4	7.4	7.2	7.6	9.9
宁夏	2.5	2.2	3.6	3.8	2.8	4.1	4.5	5.3
新疆	10.3	14.2	17.6	21.1	20.5	20.0	21.6	34.3

单位：万吨

1986年	1987年	1988年	1989年	1990年	1991年	1992年	1993年
1473.8	1527.8	1320.3	1295.2	1613.2	1638.3	1641.2	1803.9
535.8	564.8	502.1	443.6	554.8	570.8	526.3	628.7
426.4	482.7	371.3	424.5	543.7	507.3	565.1	670.0
422.0	413.2	381.6	372.1	433.3	481.2	474.4	438.7
89.5	67.1	65.3	55.0	81.3	79.0	75.4	66.6
3.1	3.3	3.0	2.8	3.1	3.3	3.4	3.8
5.9	5.2	3.5	4.4	4.7	4.5	4.0	4.5
61.8	68.9	65.3	56.0	74.9	72.9	66.3	80.5
35.2	30.8	34.3	29.8	39.4	29.8	33.7	39.7
66.1	54.0	56.0	53.1	69.4	71.8	81.4	72.6
31.6	19.2	16.8	7.1	17.5	20.3	17.6	21.9
38.9	35.3	35.4	34.8	46.7	43.5	35.8	28.6
19.0	12.6	13.0	13.1	17.2	15.2	21.9	16.1
15.0	16.2	19.1	15.1	18.2	20.0	21.9	13.2
116.8	121.1	98.7	99.9	112.4	114.1	127.3	125.7
42.9	39.7	43.1	38.3	48.4	45.6	50.1	38.6
131.6	151.1	88.1	101.7	129.1	97.1	140.0	157.2
17.2	17.5	14.9	16.2	17.7	15.6	19.9	20.7
31.6	35.7	32.8	37.7	54.9	62.2	74.2	77.8
207.6	234.3	197.8	150.0	212.1	233.1	166.3	268.4
99.0	136.6	96.2	118.5	152.3	127.6	133.6	204.5
81.9	75.5	65.8	76.7	95.8	106.3	99.7	111.7
47.2	53.1	54.2	60.2	72.2	84.3	83.9	79.1
65.7	58.7	52.6	56.3	58.9	57.2	61.4	67.2
23.7	18.6	17.3	23.0	25.2	24.1	29.3	36.9
		4.2	4.5	4.5	4.7	5.7	6.2
159.0	161.5	145.9	140.7	155.6	175.6	161.7	133.9
41.9	46.3	39.9	32.9	43.9	61.8	53.4	43.3
11.0	13.5	11.9	10.3	13.3	17.2	18.9	13.4
1.2	1.2	1.4	1.7	1.7	1.9	1.8	1.8
30.1	31.5	24.7	31.1	33.4	35.4	35.6	40.8
29.9	29.5	30.3	30.4	33.7	32.6	36.5	37.5
10.4	10.4	10.5	10.6	12.0	13.2	14.0	15.2
6.2	4.5	5.4	6.2	6.2	7.2	6.2	6.3
42.6	42.3	38.6	32.3	39.0	40.5	35.6	37.0

注：四个地区的划分：东部地区：北京、天津、河北、上海、江苏、浙江、福建、山东、广东和海南共10个省（市）。中部地区：山西、安徽、江西、河南、湖北和湖南共6个省。西部地区：内蒙古、广西、重庆、四川、贵州、云南、西藏、陕西、甘肃、青海、宁夏和新疆共12个省（区、市）。东北地区：辽宁、吉林和黑龙江共3个省。

数据来源：国家统计局统计资料。

5.各地区油料总产量（1978～2008年）

续表

地　区	1994年	1995年	1996年	1997年	1998年	1999年	2000年	2001年
全国总计	1989.6	2250.3	2210.6	2157.4	2313.9	2601.2	2954.8	2864.9
东部地区	723.7	759.3	757.0	674.4	752.5	816.5	925.6	960.1
中部地区	742.9	917.1	893.9	940.1	952.9	1095.7	1245.7	1186.8
西部地区	454.3	508.5	504.2	492.7	547.0	598.5	671.3	601.1
东北地区	68.7	65.4	55.5	50.2	61.5	90.5	112.3	116.9
北　京	3.8	3.3	2.9	2.7	2.8	2.8	3.8	4.3
天　津	4.0	4.0	3.1	3.0	3.8	2.3	3.3	3.9
河　北	106.8	109.9	120.7	118.0	138.8	129.5	147.0	153.8
山　西	43.8	22.3	37.3	28.1	42.5	25.5	44.8	18.1
内蒙古	65.0	70.2	81.4	73.1	90.3	100.9	116.4	80.6
辽　宁	24.4	19.8	17.0	16.1	23.4	19.8	29.6	46.3
吉　林	28.7	25.6	21.7	15.9	21.3	31.4	39.0	34.3
黑龙江	15.6	20.1	16.8	18.2	16.9	39.3	43.8	36.3
上　海	9.8	15.8	16.2	10.7	6.8	13.4	16.4	12.8
江　苏	133.6	159.5	147.5	141.9	115.6	184.0	225.6	232.5
浙　江	34.6	50.0	52.1	48.9	35.5	54.1	57.9	58.2
安　徽	154.5	191.8	177.2	205.0	176.5	268.1	285.1	298.8
福　建	21.6	23.3	23.0	24.4	24.6	25.8	25.8	26.1
江　西	83.6	103.6	101.0	105.6	84.3	94.4	96.7	90.5
山　东	338.3	315.0	309.3	240.9	335.6	320.5	356.9	377.3
河　南	225.0	298.0	278.5	276.7	312.1	349.3	392.6	362.6
湖　北	137.8	189.4	181.8	195.5	216.7	228.3	287.2	279.4
湖　南	98.2	112.0	118.1	129.3	120.7	130.2	139.3	137.4
广　东	64.7	71.0	74.2	75.5	79.3	74.5	78.8	80.9
广　西	35.9	45.4	51.6	55.5	54.4	54.7	58.6	57.2
海　南	6.6	7.6	8.0	8.4	9.5	9.6	10.1	10.3
重　庆			0.0	23.3	25.1	24.1	31.1	30.0
四　川	138.9	170.2	156.8	134.2	146.4	151.6	193.0	181.0
贵　州	47.3	58.8	55.6	59.0	62.2	67.3	74.3	71.3
云　南	14.0	19.6	18.8	17.4	17.5	20.6	27.0	27.7
西　藏	2.9	0.0	3.5	3.4	3.0	4.1	4.0	4.4
陕　西	34.2	38.2	37.4	36.7	35.5	31.9	38.8	37.5
甘　肃	39.9	31.7	43.1	35.6	45.5	43.8	41.7	38.4
青　海	18.4	16.2	17.1	18.4	21.0	28.5	19.4	23.0
宁　夏	7.0	5.6	7.9	6.2	8.6	10.4	7.0	7.3
新　疆	50.8	49.4	31.0	30.0	37.5	60.5	60.1	42.6

单位：万吨

2002年	2003年	2004年	2005年	2006年	2007年	2008年
2897.2	2811.0	3065.9	3077.1	2640.3	2568.7	2952.8
885.8	898.5	937.4	906.4	789.4	758.9	806.7
1188.4	1052.1	1265.1	1252.5	1131.4	1144.2	1263.2
667.7	697.2	733.3	766.3	610.3	589.3	754.1
155.4	163.2	130.0	151.9	109.2	76.4	128.8
4.6	3.3	2.9	2.5	2.2	2.2	2.2
3.4	3.1	1.6	1.3	0.5	0.5	0.5
151.3	163.1	154.3	152.7	133.8	138.1	152.6
38.4	36.4	28.2	21.3	14.7	13.5	19.1
108.9	102.3	103.7	122.2	101.2	79.4	117.5
56.5	61.4	45.9	36.8	25.7	26.4	48.5
46.1	57.1	38.1	54.4	48.4	28.7	51.8
52.8	44.7	46.0	60.6	35.1	21.3	28.5
9.9	6.4	7.4	6.9	5.3	3.6	3.6
217.0	199.5	238.4	216.0	176.5	145.1	150.3
47.0	43.8	48.8	50.1	35.6	33.0	41.3
282.3	231.4	299.7	270.7	210.4	199.2	228.0
25.9	26.0	27.8	27.4	23.6	23.3	25.4
82.4	76.0	74.5	76.1	82.3	82.7	91.2
340.4	361.8	369.7	363.9	328.2	328.6	340.6
420.7	309.9	408.7	449.6	460.1	484.0	505.3
245.3	272.7	314.4	293.9	254.5	254.8	285.7
119.3	125.7	139.6	141.0	109.6	110.1	133.8
76.4	81.9	77.5	77.0	77.6	77.7	81.5
56.0	55.7	58.3	63.2	33.6	33.8	37.5
10.0	9.6	9.1	8.5	6.1	6.8	8.7
35.0	38.3	41.8	42.7	28.9	30.7	35.7
201.5	217.1	226.3	232.3	203.1	204.3	249.9
72.5	72.3	82.7	84.9	68.2	69.7	68.4
27.5	29.7	33.4	36.2	24.7	22.1	30.4
4.5	4.9	5.4	6.1	5.5	5.2	6.0
41.1	41.3	46.1	45.4	41.4	39.1	49.5
41.9	46.0	48.5	50.3	45.0	42.4	53.5
23.4	26.2	28.9	31.9	24.4	28.0	35.2
10.9	13.2	13.8	12.2	8.4	7.7	13.6
44.4	50.1	44.5	38.9	26.0	26.9	56.8

注：四个地区的划分：东部地区：北京、天津、河北、上海、江苏、浙江、福建、山东、广东和海南共10个省（市）。中部地区：山西、安徽、江西、河南、湖北和湖南共6个省。西部地区：内蒙古、广西、重庆、四川、贵州、云南、西藏、陕西、甘肃、青海、宁夏和新疆共12个省（区、市）。东北地区：辽宁、吉林和黑龙江共3个省。

数据来源：国家统计局统计资料。

6.各地区粮食及油料播种面积和产量(2008年)

地　区	粮　食			稻　谷		
	播种面积	总 产 量	每公顷产量	播种面积	总 产 量	每公顷产量
全国总计	106792.6	52870.9	4950.8	29241.1	19189.6	6562.5
东部地区	24478.3	13586.6	5550.5	6624.4	4354.4	6573.2
中部地区	31346.0	16407.1	5234.2	11991.2	7750.6	6463.6
西部地区	32552.3	13951.9	4286.0	6917.4	4482.0	6479.3
东北地区	18416.0	8925.3	4846.5	3708.1	2602.6	7018.6
北　京	226.3	125.5	5542.8	0.4	0.3	6818.2
天　津	293.5	148.9	5074.1	15.0	10.5	6997.3
河　北	6158.1	2905.8	4718.7	81.5	55.6	6814.7
山　西	3111.3	1028.0	3304.1	1.1	0.1	1228.1
内蒙古	5254.5	2131.3	4056.2	97.9	70.5	7204.0
辽　宁	3035.9	1860.3	6127.7	658.7	505.6	7675.7
吉　林	4391.2	2840.0	6467.5	658.7	579.0	8790.0
黑龙江	10988.9	4225.0	3844.8	2390.7	1518.0	6349.5
上　海	174.5	115.7	6627.9	108.6	89.3	8223.4
江　苏	5267.1	3175.5	6028.9	2232.6	1771.9	7936.7
浙　江	1271.6	775.6	6098.9	937.5	660.4	7044.6
安　徽	6561.1	3023.3	4607.9	2218.9	1383.5	6235.0
福　建	1210.3	652.3	5389.9	861.2	508.8	5908.0
江　西	3578.1	1958.1	5472.5	3255.5	1862.1	5719.9
山　东	6955.6	4260.5	6125.3	130.7	110.4	8449.0
河　南	9600.0	5365.5	5589.0	604.7	443.1	7328.5
湖　北	3906.7	2227.2	5701.1	1978.9	1533.7	7750.2
湖　南	4588.8	2805.0	6112.7	3932.0	2528.0	6429.3
广　东	2499.9	1243.4	4973.9	1946.9	1003.3	5153.3
广　西	2973.1	1394.7	4691.1	2119.2	1107.6	5226.5
海　南	421.3	183.5	4355.2	310.0	143.8	4640.7
重　庆	2215.4	1153.2	5205.4	673.5	529.39	7859.8
四　川	6430.9	3140.0	4882.7	2035.9	1497.6	7356.0
贵　州	2919.6	1158.0	3966.3	691.1	461.1	6671.5
云　南	4095.9	1518.6	3707.6	1017.5	621.0	6103.1
西　藏	170.6	95.0	5569.7	1.0	0.5	5204.1
陕　西	3126.0	1111.0	3554.1	124.6	83.1	6667.7
甘　肃	2683.0	888.5	3311.6	5.5	3.8	6907.8
青　海	272.0	101.8	3742.8	0.0	0.0	0.0
宁　夏	826.2	329.2	3985.2	80.3	66.4	8267.5
新　疆	1585.2	930.5	5869.9	70.8	41.0	5792.8

单位:千公顷;万吨;公斤/公顷

小麦			玉米		
播种面积	总产量	每公顷产量	播种面积	总产量	每公顷产量
23617.2	11246.4	4762.0	29863.7	16591.4	5555.7
8289.8	4380.7	5284.4	6647.0	3802.1	5720.0
9328.5	4806.2	5152.2	5631.0	2945.4	5230.7
5744.1	1963.4	3418.0	9184.4	4749.9	5171.7
254.8	96.2	3776.3	8401.3	5094.0	6063.3
63.9	32.7	5123.6	146.2	88.0	6017.5
107.7	52.5	4872.3	159.8	84.3	5275.4
2416.1	1221.9	5057.4	2841.1	1442.2	5076.2
697.4	253.0	3627.8	1378.6	682.8	4953.0
452.2	154.0	3405.6	2340.0	1410.7	6028.7
10.3	4.9	4786.4	1884.9	1189.0	6308.0
5.7	1.8	3140.4	2922.5	2083.0	7127.4
238.8	89.5	3747.9	3593.9	1822.0	5069.7
44.2	18.2	4119.5	3.6	2.1	5882.4
2073.1	998.2	4815.0	398.5	203.0	5092.7
54.3	21.2	3903.2	25.9	11.1	4290.1
2346.7	1167.9	4976.8	705.1	286.6	4064.7
4.4	1.5	3330.3	37.0	13.6	3687.5
10.2	1.9	1852.9	15.6	6.6	4207.2
3525.2	2034.2	5770.4	2874.2	1887.4	6566.7
5260.0	3051.0	5800.4	2820.0	1615.0	5727.0
1000.6	329.2	3290.0	470.4	226.4	4813.7
13.6	3.2	2352.9	241.3	128.0	5304.6
0.8	0.2	2891.6	143.4	63.5	4424.8
3.7	0.5	1351.4	489.7	207.2	4231.2
0.0	0.0	0.0	17.4	7.0	4006.9
189.0	58.2	3080.2	455.6	246.0	5400.7
1286.5	426.8	3317.5	1323.8	637.0	4811.9
262.4	42.8	1631.3	734.6	391.2	5324.9
425.0	83.1	1954.1	1325.8	529.6	3994.2
37.3	25.8	6898.8	4.0	2.2	5572.1
1140.0	391.5	3434.2	1157.6	483.6	4177.6
903.5	268.1	2967.3	557.2	265.4	4763.0
104.4	42.0	4025.9	2.1	1.8	8737.9
204.3	64.1	3136.2	208.5	149.9	7190.7
735.8	406.5	5525.2	585.5	425.3	7263.7

注：四个地区的划分：东部地区：北京、天津、河北、上海、江苏、浙江、福建、山东、广东和海南共10个省（市）。中部地区：山西、安徽、江西、河南、湖北和湖南共6个省。西部地区：内蒙古、广西、重庆、四川、贵州、云南、西藏、陕西、甘肃、青海、宁夏和新疆共12个省（区、市）。东北地区：辽宁、吉林和黑龙江共3个省。

数据来源：国家统计局统计资料。

6.各地区粮食及油料播种面积和产量(2008年)

续表

单位:千公顷;万吨;公斤/公顷

地　区	大豆			油料		
	播种面积	总产量	每公顷产量	播种面积	总产量	每公顷产量
全国总计	9127.1	1554.2	1702.8	12825.5	2952.8	2302.3
东部地区	786.7	183.3	2330.1	2583.5	806.7	3122.4
中部地区	1982.3	305.6	1541.5	5587.9	1263.2	2260.6
西部地区	1683.4	305.4	1814.3	4055.7	754.1	1859.4
东北地区	4674.6	759.9	1625.5	598.5	128.8	2152.6
北　京	9.4	1.9	2042.8	7.2	2.2	3026.9
天　津	9.5	1.2	1246.0	1.8	0.5	2651.9
河　北	187.6	38.1	2032.1	516.9	152.6	2952.3
山　西	204.7	22.9	1116.1	179.2	19.1	1067.1
内蒙古	668.0	106.1	1588.2	705.1	117.5	1666.9
辽　宁	181.0	48.8	2693.4	167.5	48.5	2896.5
吉　林	457.1	90.6	1982.1	212.3	51.8	2441.6
黑龙江	4036.5	620.5	1537.2	218.7	28.5	1302.3
上　海	5.0	1.0	2080.0	15.5	3.6	2330.4
江　苏	232.8	60.2	2587.5	567.4	150.3	2648.7
浙　江	54.4	13.1	2397.6	190.8	41.3	2163.2
安　徽	988.4	127.8	1293.0	936.7	228.0	2434.5
福　建	55.8	13.1	2337.9	107.4	25.4	2365.7
江　西	102.6	19.3	1882.4	658.8	91.2	1384.2
山　东	167.0	40.1	2400.6	812.5	340.6	4192.3
河　南	486.1	88.7	1825.3	1518.3	505.3	3328.3
湖　北	112.3	26.0	2313.2	1365.6	285.7	2092.4
湖　南	88.2	20.9	2369.6	929.3	133.8	1439.7
广　东	62.0	13.9	2235.5	323.9	81.5	2517.5
广　西	89.3	14.6	1634.9	163.3	37.5	2299.9
海　南	3.2	0.8	2397.5	40.2	8.7	2162.3
重　庆	81.7	15.4	1883.0	215.5	35.7	1655.3
四　川	208.6	50.6	2425.7	1155.1	249.9	2163.8
贵　州	125.7	16.6	1318.0	455.1	68.4	1502.6
云　南	128.9	26.2	2029.0	188.0	30.4	1615.6
西　藏	0.3	0.1	2258.1	24.7	6.0	2438.6
陕　西	189.5	46.0	2427.7	277.2	49.5	1784.7
甘　肃	99.8	15.3	1528.8	331.7	53.5	1614.1
青　海	0.0	0.0	0.0	172.7	35.2	2039.2
宁　夏	21.0	1.0	475.3	80.5	13.6	1684.1
新　疆	70.5	13.7	1939.9	286.7	56.8	1982.9

注：四个地区的划分，东部地区，北京、天津、河北、上海、江苏、浙江、福建、山东、广东和海南共10个省（市）。中部地区：山西、安徽、江西、河南、湖北和湖南共6个省。西部地区：内蒙古、广西、重庆、四川、贵州、云南、西藏、陕西、甘肃、青海、宁夏和新疆共12个省（区、市）。东北地区：辽宁、吉林和黑龙江共3个省。

数据来源：国家统计局统计资料。

7.农产品生产价格指数（2003～2008年）

(上年＝100)

指　　标	2003年	2004年	2005年	2006年	2007年	2008年
农产品生产价格指数	**104.4**	**113.1**	**101.4**	**101.2**	**118.5**	**114.1**
农业产品	**107.4**	**115.9**	**101.6**	**104.5**	**109.8**	**108.4**
谷物	102.3	128.1	99.2	102.1	109.0	107.1
小麦	103.0	131.2	96.4	100.1	105.5	108.7
稻谷	99.9	136.3	101.6	102.0	105.4	106.6
玉米	104.6	116.9	98.0	103.0	115.0	107.3
大豆	120.6	120.2	94.2	99.2	124.2	119.7
油料	119.4	116.6	91.3	104.8	133.4	128.0
棉花	135.3	79.5	111.8	97.1	109.6	90.6
糖料	90.5	104.9	111.6	121.1	100.0	98.4
蔬菜	110.4	105.2	107.2	109.3	106.9	104.7
水果	102.0	97.4	107.4	111.4	101.3	101.4
林业产品	**107.0**	**104.6**	**104.8**	**112.8**	**104.4**	**108.5**
畜牧产品	**101.8**	**111.1**	**100.5**	**94.3**	**131.4**	**123.9**
猪（毛重）	102.9	112.8	97.6	90.6	145.9	130.8
牛（毛重）	101.7	103.9	101.7	100.6	117.5	123.6
羊（毛重）	96.3	103.7	101.7	101.8	121.0	118.8
家禽（毛重）	101.0	111.3	105.6	97.2	117.0	111.9
蛋类	101.1	112.6	106.4	96.0	115.9	112.2
奶类	103.7	103.7	99.6	102.9	106.2	125.5
渔业产品	**100.3**	**110.2**	**104.7**	**103.9**	**108.1**	**111.2**
海水鱼类	104.0	109.2	104.2	109.6	110.1	109.4
淡水鱼类	98.7	111.5	106.2	99.9	106.8	114.6

数据来源：国家统计局统计资料。

8.居民消费价格指数（2002～2008年）

(上年＝100)

项　　目	2002年	2003年	2004年	2005年	2006年	2007年	2008年
居民消费价格指数	**99.2**	**101.2**	**103.9**	**101.8**	**101.5**	**104.8**	**105.9**
食品	**99.4**	**103.4**	**109.9**	**102.9**	**102.3**	**112.3**	**114.3**
#粮食	98.3	102.3	126.4	101.4	102.7	106.3	107.0
油脂	98.7	112.6	118.2	94.3	98.6	126.7	125.4
肉禽及其制品	99.5	103.3	117.6	102.5	97.1	131.7	121.7
蛋	102.6	98.6	120.2	104.6	96.0	121.8	104.3
水产品	96.7	100.3	112.7	105.9	101.2	105.1	114.2
菜	98.2	117.7	95.1	109.1	108.2	107.9	111.0
糖	97.3	97.5	102.2	104.0	111.2	101.6	104.0
茶及饮料	99.0	99.2	100.0	100.1	101.0	101.5	103.7
干鲜瓜果	103.1	103.0	104.0	102.2	117.9	102.2	110.8
液体乳及乳制品	99.0	99.2	100.5	100.9	100.9	102.7	117.0
烟酒及用品	**99.9**	**99.8**	**101.2**	**100.4**	**100.6**	**101.7**	**102.9**
#烟草	99.9	99.8	100.9	100.4	100.2	100.8	100.4
酒	100.1	100.1	102.2	100.6	101.2	103.5	107.5
衣着	**97.6**	**97.8**	**98.5**	**98.3**	**99.4**	**99.4**	**98.5**
#服装	97.4	97.6	98.3	98.1	99.0	99.4	98.3
鞋袜帽	98.0	97.7	98.3	98.3	100.2	99.0	98.2
家庭设备用品及服务	**97.5**	**97.4**	**98.6**	**99.9**	**101.2**	**101.9**	**102.8**
#耐用消费品	95.9	95.8	97.1	98.8	100.8	101.6	101.2
室内装饰品	98.8	98.8	99.2	99.5	100.0	100.3	100.2
家庭服务及加工维修服务	101.2	101.1	101.9	104.4	105.8	107.2	109.0
医疗保健和个人用品	**98.8**	**100.9**	**99.7**	**99.9**	**101.1**	**102.1**	**102.9**
医疗保健	98.5	101.2	99.1	99.5	100.2	102.1	102.2
个人用品及服务费	99.5	100.2	101.2	100.8	103.2	102.1	104.4
交通和通信	**98.1**	**97.8**	**98.5**	**99.0**	**99.9**	**99.1**	**99.1**
交通	99.1	99.5	100.4	101.5	103.2	100.8	102.2
通信	97.2	96.1	96.8	96.6	96.4	97.1	95.6
娱乐教育文化	**100.6**	**101.3**	**101.3**	**102.2**	**99.5**	**99.0**	**99.3**
文娱用耐用消费品及服务	90.5	92.7	93.3	93.8	94.2	93.1	92.3
教育	103.7	104.3	103.4	105.1	100.0	99.6	100.5
文化娱乐用品	101.2	101.3	101.1	101.2	101.0	101.0	101.3
旅游	95.9	95.4	100.6	99.6	103.1	102.3	101.1
居住	**99.9**	**102.1**	**104.9**	**105.4**	**104.6**	**104.5**	**105.5**
建房及装修材料	98.4	99.5	104.3	102.6	103.9	105.1	107.1
租房	104.4	103.5	103.0	101.9	102.7	104.2	103.5
自有住房	95.4	99.1	100.9	105.6	103.7	107.0	102.8
水电燃料	102.9	105.7	107.5	108.6	105.9	103.0	106.4

数据来源：国家统计局统计资料。

9.人均主要农业产品产量(1978～2008年)

单位：公斤

年 份	粮食	棉花	油料	糖料	水果	水产品
1978	319	2.3	5.5	24.9	6.9	4.9
1980	327	2.8	7.8	29.7	6.9	4.6
1985	361	3.9	15.0	57.5	11.1	6.7
1990	393	4.0	14.2	63.6	16.5	10.9
1991	378	4.9	14.2	73.2	18.9	11.7
1992	380	3.9	14.1	75.6	20.9	13.4
1993	387	3.2	15.3	64.7	25.6	15.5
1994	374	3.6	16.7	61.6	29.4	17.9
1995	387	4.0	18.7	65.9	35.0	20.9
1996	414	3.5	18.2	68.7	38.2	23.1
1997	402	3.7	17.5	76.3	41.4	25.4
1998	412	3.6	18.6	78.8	43.9	27.2
1999	406	3.1	20.7	66.5	49.8	28.5
2000	366	3.5	23.4	60.5	49.3	29.4
2001	356	4.2	22.5	68.1	52.3	29.9
2002	357	3.8	22.6	80.4	54.3	30.9
2003	334	3.8	21.8	74.8	112.7	31.6
2004	362	4.9	23.7	73.8	118.4	32.8
2005	371	4.4	23.6	72.5	123.6	33.9
2006	380	5.7	20.1	79.8	130.4	35.0
2007	381	5.8	19.5	92.5	137.6	36.0
2008	399	5.7	22.3	101.3	145.1	37.0

注：本表计算中所使用的人口数为年平均人口数。2003年起水果产量含果用瓜。
数据来源：国家统计局统计资料。

10.粮食成本收益变化情况表（1991～2008年）

单位：元

年份	每50公斤平均出售价格				每亩总成本				每亩净利润			
	粮食平均	稻谷	小麦	玉米	粮食平均	稻谷	小麦	玉米	粮食平均	稻谷	小麦	玉米
1991	26.1	28.5	30.0	21.1	153.9	188.4	138.4	135.3	34.3	62.4	6.3	34.0
1992	28.4	29.3	33.1	24.3	163.8	192.3	149.3	150.6	44.0	67.7	21.2	42.3
1993	35.8	40.4	36.5	30.2	178.6	211.2	169.8	155.2	92.3	145.1	35.6	95.8
1994	59.4	71.2	56.5	48.2	239.4	298.1	213.2	206.7	190.7	316.7	82.3	173.3
1995	75.1	82.1	75.4	67.0	321.8	391.4	281.7	292.2	223.9	311.1	130.5	230.1
1996	72.3	80.6	81.0	57.2	388.7	458.3	359.5	351.2	155.7	247.5	92.9	123.8
1997	65.1	69.4	70.1	55.8	386.1	450.2	349.5	358.4	105.4	171.8	74.8	69.8
1998	62.1	66.9	66.6	53.8	383.9	437.4	357.5	356.6	79.3	155.9	−6.2	88.2
1999	53.0	56.6	60.4	43.7	370.7	425.2	351.5	337.2	25.6	75.8	−12.1	11.2
2000	48.4	51.7	52.9	42.8	356.2	401.6	352.5	330.6	−3.2	50.1	−28.8	−6.9
2001	51.5	53.7	52.5	48.3	350.6	400.5	323.6	327.9	39.4	81.4	−27.5	64.3
2002	49.2	51.4	51.3	45.6	370.4	415.8	342.7	351.6	4.9	37.6	−52.7	30.8
2003	56.5	60.1	56.4	52.7	377.0	416.7	339.6	347.6	34.2	97.3	−30.3	62.8
2004	70.7	79.8	74.5	58.1	395.5	454.6	355.9	375.7	196.5	285.1	169.6	134.9
2005	67.4	77.7	69.0	55.5	425.0	493.3	389.6	392.3	122.6	192.7	79.4	95.5
2006	72.0	80.6	71.6	63.4	444.9	518.2	404.8	411.8	155.0	202.4	117.7	144.8
2007	78.8	85.2	75.6	74.8	481.1	555.2	438.6	449.7	185.2	229.1	125.3	200.8
2008	83.5	95.1	82.8	72.5	562.4	665.1	498.6	523.5	186.4	235.6	164.5	159.2

数据来源：国家发展改革委统计资料。

11.全国主要粮食品种收购量(1978～2008年)

单位：贸易粮，亿斤

年份	粮食合计	小麦	大米	玉米	大豆	其他
1978	1022.03	235.36	399.14	209.33	43.20	135.00
1979	1185.00	312.51	440.19	256.19	41.00	135.11
1980	1176.42	279.22	442.90	271.55	59.30	123.45
1981	1251.10	283.66	484.21	281.60	82.52	119.11
1982	1473.49	386.72	580.06	285.48	80.33	140.90
1983	1975.91	552.66	662.48	467.55	81.96	211.26
1984	2233.17	685.40	771.62	517.61	76.47	182.07
1985	1585.10	533.22	602.58	274.84	100.66	73.80
1986	1890.64	568.40	651.74	436.62	130.74	103.14
1987	1984.02	563.24	628.74	569.72	121.94	100.38
1988	1886.08	534.78	637.18	482.94	138.70	92.48
1989	2008.04	571.10	724.58	517.54	124.00	70.82
1990	2472.90	729.32	863.20	674.56	132.24	73.58
1991	2284.60	678.49	762.00	667.68	116.44	59.99
1992	2082.87	768.28	654.52	524.34	81.22	54.51
1993	1846.79	674.62	501.00	493.99	121.24	55.94
1994	1845.28	646.08	539.52	437.00	146.44	76.24
1995	1888.76	625.00	612.28	487.12	104.50	59.86
1996	2383.96	722.96	676.43	844.93	87.56	52.08
1997	2307.08	920.04	702.11	538.43	103.04	43.46
1998	1930.90	559.12	512.40	773.48	70.20	15.70
1999	2561.54	772.66	637.22	1085.02	49.32	17.32
2000	2339.02	803.64	665.46	803.84	47.58	18.50
2001	2356.83	887.57	559.76	825.64	65.36	18.50
2002	2165.25	840.26	437.92	836.39	28.08	22.60
2003	1943.41	736.40	421.96	740.49	24.06	20.50
2004	1783.89	689.62	427.61	631.62	18.20	16.84
2005	2298.75	749.04	514.45	905.98	101.20	28.08
2006	2451.30	1207.99	430.69	684.94	98.44	29.24
2007	2033.48	946.63	397.01	601.66	64.29	23.89
2008	3094.18	1342.55	720.97	950.84	62.69	17.13

注：1978～2002年粮食购销存数字按粮食年度统计，粮食年度是指当年4月1日至翌年3月31日。从2003年开始，粮食统计年度改为日历年度。统计数据均为国有粮食企业收购量。

数据来源：国家粮食局统计资料。

12.全国主要粮食品种销售量(1978～2008年)

单位：贸易粮，亿斤

年份	粮食合计	小麦	大米	玉米	大豆	其他
1978	1068.69	373.90	354.78	175.22	32.49	132.30
1979	1135.81	388.06	365.20	213.58	35.96	133.01
1980	1283.36	451.35	402.86	260.29	40.88	127.98
1981	1444.65	512.70	424.58	324.45	47.80	135.12
1982	1542.08	571.61	457.89	319.34	54.36	138.88
1983	1600.64	601.18	499.53	291.70	57.75	150.48
1984	2083.57	739.93	687.70	386.39	71.05	198.50
1985	1712.98	615.70	601.26	265.62	64.58	165.82
1986	1869.54	723.62	648.78	271.40	64.26	161.48
1987	1838.16	728.66	616.00	284.76	71.10	137.64
1988	2018.20	777.04	607.60	379.72	81.34	172.50
1989	1786.22	704.36	513.24	369.22	69.30	130.10
1990	1806.66	714.98	554.10	344.62	68.34	124.62
1991	2086.60	817.00	653.48	209.26	280.52	126.34
1992	1800.00	649.40	608.89	327.46	51.36	162.89
1993	1340.06	569.70	425.70	217.64	45.98	81.04
1994	1529.68	665.64	521.88	224.26	46.80	71.10
1995	1852.84	741.52	579.36	314.00	124.06	93.90
1996	1468.11	618.05	451.90	269.34	71.36	57.46
1997	1366.13	487.86	408.59	326.47	85.88	57.34
1998	1223.19	427.42	359.09	329.70	69.72	37.26
1999	1870.65	627.43	484.18	639.52	87.88	31.64
2000	2511.38	792.38	605.96	943.70	129.10	40.24
2001	1705.74	645.12	431.12	514.98	87.84	26.68
2002	2414.00	946.60	631.10	710.30	102.10	23.90
2003	2690.74	1100.06	711.81	760.17	84.44	34.26
2004	2388.80	928.12	649.24	714.90	61.86	34.68
2005	2427.66	855.38	511.35	869.75	168.34	22.84
2006	2406.83	849.22	534.27	826.64	169.52	27.18
2007	2591.65	1020.80	579.20	778.07	178.55	35.03
2008	3064.96	1470.57	624.00	797.08	151.18	22.13

注：1978～2002年粮食购销存数字按粮食年度统计，粮食年度是指当年4月1日至翌年3月31日。从2003 年开始，粮食统计年度改为日历年度。统计数据均为国有粮食企业销售量。

数据来源：国家粮食局统计资料。

13.全国粮食进口情况表(1980～2008年)

单位：万吨

<table>
<tr><th rowspan="3">年份</th><th rowspan="3">粮食进口总量</th><th colspan="6"></th></tr>
<tr><th rowspan="2">谷物</th><th colspan="4"></th><th rowspan="2">大豆</th></tr>
<tr><th>小麦</th><th>大米</th><th>玉米</th><th>大麦</th></tr>
<tr><td>1980</td><td>1444</td><td>1391</td><td>1097</td><td>15</td><td>164</td><td>2</td><td>53</td></tr>
<tr><td>1981</td><td>1444</td><td>1387</td><td>1305</td><td>9</td><td>68</td><td>5</td><td>57</td></tr>
<tr><td>1982</td><td>1608</td><td>1572</td><td>1380</td><td>22</td><td>157</td><td>8</td><td>36</td></tr>
<tr><td>1983</td><td>1349</td><td>1349</td><td>1111</td><td>8</td><td>211</td><td>7</td><td>—</td></tr>
<tr><td>1984</td><td>1037</td><td>1037</td><td>987</td><td>13</td><td>6</td><td>5</td><td>—</td></tr>
<tr><td>1985</td><td>596</td><td>596</td><td>541</td><td>21</td><td>9</td><td>3</td><td>—</td></tr>
<tr><td>1986</td><td>769</td><td>740</td><td>611</td><td>32</td><td>59</td><td>20</td><td>29</td></tr>
<tr><td>1987</td><td>1628</td><td>1597</td><td>1320</td><td>54</td><td>154</td><td>—</td><td>31</td></tr>
<tr><td>1988</td><td>1534</td><td>1519</td><td>1455</td><td>31</td><td>11</td><td>8</td><td>15</td></tr>
<tr><td>1989</td><td>1654</td><td>1654</td><td>1488</td><td>93</td><td>7</td><td>25</td><td>—</td></tr>
<tr><td>1990</td><td>1369</td><td>1369</td><td>1253</td><td>6</td><td>37</td><td>6</td><td>—</td></tr>
<tr><td>1991</td><td>1343</td><td>1343</td><td>1237</td><td>14</td><td>0</td><td>75</td><td>—</td></tr>
<tr><td>1992</td><td>1174</td><td>1162</td><td>1058</td><td>10</td><td>0</td><td>83</td><td>12</td></tr>
<tr><td>1993</td><td>742</td><td>732</td><td>642</td><td>10</td><td>0</td><td>77</td><td>10</td></tr>
<tr><td>1994</td><td>909</td><td>904</td><td>718</td><td>51</td><td>0</td><td>132</td><td>5</td></tr>
<tr><td>1995</td><td>2069</td><td>2040</td><td>1159</td><td>164</td><td>518</td><td>127</td><td>29</td></tr>
<tr><td>1996</td><td>1194</td><td>1083</td><td>825</td><td>76</td><td>44</td><td>131</td><td>111</td></tr>
<tr><td>1997</td><td>705</td><td>417</td><td>186</td><td>33</td><td>0</td><td>187</td><td>288</td></tr>
<tr><td>1998</td><td>707</td><td>388</td><td>149</td><td>25</td><td>25</td><td>152</td><td>319</td></tr>
<tr><td>1999</td><td>771</td><td>339</td><td>45</td><td>17</td><td>7</td><td>227</td><td>432</td></tr>
<tr><td>2000</td><td>1357</td><td>315</td><td>88</td><td>24</td><td>0</td><td>197</td><td>1042</td></tr>
<tr><td>2001</td><td>1738</td><td>344</td><td>69</td><td>27</td><td>0</td><td>237</td><td>1394</td></tr>
<tr><td>2002</td><td>1417</td><td>285</td><td>60</td><td>24</td><td>1</td><td>191</td><td>1132</td></tr>
<tr><td>2003</td><td>2282</td><td>208</td><td>43</td><td>26</td><td>0</td><td>136</td><td>2074</td></tr>
<tr><td>2004</td><td>2998</td><td>975</td><td>723</td><td>76</td><td>0</td><td>171</td><td>2023</td></tr>
<tr><td>2005</td><td>3286</td><td>627</td><td>351</td><td>52</td><td>0</td><td>218</td><td>2659</td></tr>
<tr><td>2006</td><td>3183</td><td>359</td><td>61</td><td>73</td><td>7</td><td>214</td><td>2824</td></tr>
<tr><td>2007</td><td>3237</td><td>155</td><td>10</td><td>49</td><td>4</td><td>91</td><td>3082</td></tr>
<tr><td>2008</td><td>3898</td><td>154</td><td>4</td><td>33</td><td>5</td><td>108</td><td>3744</td></tr>
</table>

数据来源：国家发展改革委统计资料。

14.全国粮食出口情况表(1980～2008年)

单位：万吨

年份	粮食出口总量					
		谷物				大豆
			小麦	大米	玉米	
1980	156	145	0	112	8	11
1981	98	84	0	58	14	14
1982	78	63	0	47	7	15
1983	110	75	0	58	6	35
1984	313	229	0	116	95	84
1985	918	804	0	101	634	114
1986	888	751	0	95	564	137
1987	739	568	0	102	392	171
1988	718	570	0	70	392	148
1989	609	484	0	32	350	125
1990	507	413	0	33	340	94
1991	1006	895	0	69	778	111
1992	1268	1202	0	95	1031	66
1993	1364	1327	0	143	1110	37
1994	1187	1104	11	152	874	83
1995	102	64	2	5	11	38
1996	143	124	0	26	16	19
1997	852	833	0	94	661	19
1998	906	889	1	375	469	17
1999	758	738	0	270	431	20
2000	1399	1378	0	295	1047	21
2001	901	876	46	186	600	25
2002	1510	1482	69	199	1167	28
2003	2221	2194	224	262	1639	27
2004	506	473	78	91	232	33
2005	1054	1014	26	69	864	40
2006	643	605	111	125	310	38
2007	1032	986	307	134	492	46
2008	228	181	31	97	27	47

数据来源：国家发展改革委统计资料。

15.全国食用植物油进口情况表(1993～2008年)

单位：万吨

年份	食用植物油				
		豆油	菜籽油	棕榈油	花生油
1993	100.7	7.6	15.0	20.6	0.8
1994	304.5	106.3	52.9	27.5	1.4
1995	353.2	148.2	63.1	13.0	1.4
1996	263.6	129.5	31.6	29.5	0.5
1997	274.8	122.5	35.1	37.7	1.1
1998	205.8	83.2	28.5	16.7	0.9
1999	208.1	80.4	6.9	4.1	1.0
2000	178.7	30.6	7.5	1.5	1.0
2001	165.0	7.0	4.9	136.0	0.9
2002	318.9	87.0	7.8	169.5	0.4
2003	540.9	188.4	15.2	232.8	0.7
2004	675.0	251.5	35.3	238.8	0.0
2005	621.1	169.4	17.8	283.8	0.0
2006	669.5	154.3	4.4	418.7	0.3
2007	838.3	282.3	37.5	438.7	1.1
2008	816.3	258.6	27.0	464.7	0.6

数据来源：国家发展改革委统计资料。

16.全国食用植物油出口情况表(1993～2008年)

单位：万吨

年份	食用植物油			
		豆油	菜籽油	花生油
1993	13.6	1.5	5.8	5.0
1994	27.0	7.3	16.1	3.0
1995	51.7	6.6	17.1	1.1
1996	47.4	12.7	17.4	0.6
1997	82.3	55.6	14.1	0.9
1998	30.9	18.6	7.3	1.0
1999	9.7	5.3	2.6	1.3
2000	11.2	3.5	5.4	1.5
2001	13.4	6.0	5.4	1.4
2002	9.7	4.7	1.8	1.1
2003	6.0	1.1	0.5	2.5
2004	6.5	1.9	0.5	1.4
2005	22.5	6.3	3.1	2.0
2006	39.9	11.8	14.5	1.3
2007	16.6	6.6	2.2	1.0
2008	24.8	13.4	0.7	1.1

数据来源：国家发展改革委统计资料。

17.粮食行业机构与从业人员统计表(2008年)

项　目	乙	粮食行业机构													
		机构总数	按层次划分												
			中央	省、自治区、直辖市	省辖市、自治州、行署	县(市、区)及以下	人员总数	其中:女	其中:少数民族	其中:中共党员	1.在岗职工	其中:专业技术人员	其中:技术工人	按用工期限划分	
														长期职工	临时职工
甲			2	3	4	5	6	7	8	9	10	11	12	13	14
总　计	01	49604	539	653	6392	42020	878627	256538	37030	242369	851188	109693	136534	784623	66565
一、行政管理部门	02	2583	1	38	374	2170	45117	10271	3610	35579	44981	1530	3835	44573	408
二、事业单位	03	2782	10	179	656	1937	40588	14147	2393	21439	40215	13830	7092	39382	833
三、粮食经营企业单位	04	44239	528	436	5362	37913	792922	232120	31027	185351	765992	94333	125607	700668	65324
其中：国有及国有控股企业	05	17064	528	354	1871	14311	487231	138839	18310	140709	478363	66581	85902	458985	19378

注：1.“机构总数”：指具有法人资格的独立核算单位。

2.“从业人员”：指报告期的最后一天，在各级国家机关、政党机关、社会团体及企业、事业单位中工作，取得工资或其他形式的劳动报酬的全部人员。包括在岗职工、再就业的离退休人员、民办教师以及在各单位中工作的外方人员和港澳台方人员、兼职人员、借用的外单位人员和第二职业者。不包括离开本单位仍保留劳动关系的职工。

3.“在岗职工”：指在本单位工作并由单位支付工资的人员，以及有工作岗位，但由于学习、病伤产假（六个月以内）等原因暂未工作，仍由单位支付工资的人员。其中，长期职工是指用工期限在一年以上（含一年）的在岗职工，当年新分配的大中专技校毕业生虽在当年用工期限不满一年，但应视为长期职工；临时职工是指用工期限在一年以内的在岗职工，包括签订一年以内的劳动合同或使用期不超过一年的临时性、季节性用工，如临时招用的清洁工、司炉工等。

4.“其他从业人员”：是指劳动统计制度规定不作在岗职工统计，但实际参加各单位工作并取得劳动报酬的人员。包括：聘用和留用的离退休人员；聘用的外籍人员和港、澳、台方人员；领取补贴的人员(指主要由街道、里弄临时安排到单位劳动锻炼的待业青年和犯了错误开除公职留用察看的人员)、兼职人员和从事第二职业者，不包括领取报酬的在校学生；使用外单位离岗职工。

5.“离开本单位仍保留劳动关系的职工”：指由于各种原因，已经离开本人的生产或工作岗位，并已不在本单位从事其他工作，但仍与本单位保留劳动关系的职工。包括：内部退养、长期病休、协保、无岗待工、轮流歇工，放长假、停薪留职和借到外单位工作并由外单位支付劳动报酬的人员等。

6.“学历”：指在国家认可的各类学校接受正规教育的学习经历，有国家认可的毕业证书，含全日制教育和在职教育。其中，研究生含博士研究生、硕士研究生。参加各种课程进修班学习获结业证书的，不作为学历依据。

7.“粮食经营企业单位”：指辖区内所有从事粮食收购、销售、存储、加工、进出口等经营活动的企业单位。

数据来源：国家粮食局统计资料。

单位：个，人

从业人员															离开本单位仍保留劳动关系的职工
	按层次划分				按学历划分						按年龄划分				
2.其他从业人员	中央	省、自治区、直辖市	省辖市、自治州、行署	县（市、区）及以下	研究生	大学本科	大学专科	中专	高中	初中及以下	35岁及以下	36岁至45岁	46岁至54岁	55岁及以上	
15	16	17	18	19	20	21	22	23	24	25	26	27	28	29	30
27439	32523	46795	160336	638973	3566	53610	145091	155715	288030	232615	263227	364930	204903	45567	156586
136	123	1718	9063	34213	891	11287	19532	6186	5495	1726	5099	16644	18123	5251	1015
373	368	7320	9643	23257	768	9022	13234	6767	7688	3109	9793	15972	11707	3116	1795
26930	32032	37757	141630	581503	1907	33301	112325	142762	274847	227780	248335	332314	175073	37200	153776
8868	32032	32608	78669	343922	1151	20909	78157	93340	169237	124437	136793	204942	122242	23254	146276

18. 发布、废止和转化粮油国家标准和行业标准统计表（2008年）

序号	标准号	标准名称	发布日期	实施日期
1	GB 1351-2008	小麦	2008-1-1	2008-5-1
2	GB/T 1532-2008	花生	2008-11-4	2009-1-20
3	GB/T 5492-2008	粮油检验 粮食、油料的色泽、气味、口味鉴定	2008-11-4	2009-1-20
4	GB/T 5493-2008	粮油检验 类型及互混检验	2008-11-4	2009-1-20
5	GB/T 5494-2008	粮油检验 粮食、油料的杂质、不完善粒检验	2008-11-4	2009-1-20
6	GB/T 5495-2008	粮油检验 稻谷出糙率检验	2008-11-4	2009-1-20
7	GB/T 5499-2008	粮油检验 带壳油料纯仁率检验法	2008-7-16	2008-11-1
8	GB/T 5500-2008	粮油检验 甘薯片纯质率检验	2008-11-4	2009-1-20
9	GB/T 5501-2008	粮油检验 鲜薯检验	2008-11-4	2009-1-20
10	GB/T 5502-2008	粮油检验 米类加工精度检验	2008-11-4	2009-1-20
11	GB/T 5505-2008	粮油检验 灰分测定法	2008-8-4	2008-12-1
12	GB/T 5506.1-2008	小麦和小麦粉 面筋含量 第1部分：手洗法测定湿面筋	2008-11-4	2009-1-1
13	GB/T 5506.2-2008	小麦和小麦粉 面筋含量 第2部分：仪器法测定湿面筋	2008-11-4	2009-1-1
14	GB/T 5506.3-2008	小麦和小麦粉 面筋含量 第3部分：烘箱干燥法测定干面筋	2008-11-4	2009-1-1
15	GB/T 5506.4-2008	小麦和小麦粉 面筋含量 第4部分：快速干燥法测定干面筋	2008-11-4	2009-1-1
16	GB/T 5507-2008	粮油检验 粉类粗细度测定	2008-11-4	2009-1-20
17	GB/T 5509-2008	粮油检验 粉类磁性金属物测定	2008-11-4	2009-1-20
18	GB/T 5511-2008	谷物和豆类 氮含量测定和粗蛋白质含量计算 凯氏法	2008-8-22	2008-12-1
19	GB/T 5512-2008	粮油检验 粮食中粗脂肪含量测定	2008-11-4	2009-1-20
20	GB/T 5513-2008	粮油检验 粮食中还原糖和非还原糖测定	2008-11-4	2009-1-20
21	GB/T 5514-2008	粮油检验 粮食、油料中淀粉含量测定	2008-11-4	2009-1-20
22	GB/T 5515-2008	粮油检验 粮食中粗纤维素含量测定 介质过滤法	2008-8-22	2008-12-1
23	GB/T 5518-2008	粮油检验 粮食、油料相对密度的测定	2008-11-4	2009-1-20
24	GB/T 5519-2008	谷物与豆类 千粒重的测定	2008-11-4	2009-1-20
25	GB/T 5521-2008	粮油检验 谷物及其制品中α-淀粉酶活性的测定 比色法	2008-11-4	2009-1-1
26	GB/T 5522-2008	粮油检验 粮食、油料的过氧化氢酶活动度的测定	2008-11-4	2009-1-20
27	GB/T 5523-2008	粮油检验 粮食、油料的脂肪酶活动度的测定	2008-11-4	2009-1-20
28	GB/T 5524-2008	动植物油脂 扦样	2008-11-4	2009-1-1
29	GB/T 5525-2008	植物油脂 透明度、气味、滋味鉴定法	2008-3-6	2008-8-1
30	GB/T 5528-2008	动植物油脂 水分及挥发物含量测定	2008-11-4	2009-1-20

续表

序号	标准号	标准名称	发布日期	实施日期
31	GB/T 5531-2008	粮油检验 植物油脂加热试验	2008-11-4	2009-1-1
32	GB/T 5532-2008	动植物油脂 碘值的测定	2008-11-4	2009-1-1
33	GB/T 5533-2008	粮油检验 植物油脂含皂量的测定	2008-11-4	2009-1-1
34	GB/T 5534-2008	动植物油脂 皂化值的测定	2008-11-4	2009-1-1
35	GB/T 5535.1-2008	动植物油脂 不皂化物测定 第1部分：乙醚提取法	2008-8-22	2008-12-1
36	GB/T 5535.2-2008	动植物油脂 不皂化物测定 第2部分：已烷提取法	2008-8-22	2008-12-1
37	GB/T 5537-2008	粮油检验 磷脂含量的测定	2008-11-4	2009-1-20
38	GB/T 5539-2008	粮油检验 油脂定性试验	2008-11-4	2009-1-20
39	GB/T 7628-2008	谷物中维生素B_1测定	2008-5-27	2008-10-1
40	GB/T 7629-2008	谷物中维生素B_2测定	2008-5-27	2008-10-1
41	GB/T 8232-2008	粟	2008-11-4	2009-1-20
42	GB 8233-2008	芝麻油	2008-6-27	2009-1-1
43	GB/T 8235-2008	亚麻籽油	2008-11-4	2009-1-20
44	GB/T 8609-2008	工业用甘薯片	2008-11-4	2009-1-1
45	GB/T 8873-2008	粮油名词术语 油脂工业	2008-11-4	2009-1-20
46	GB/T 8874-2008	粮油通用技术、设备名词术语	2008-11-4	2009-1-20
47	GB/T 8875-2008	粮油术语 碾米工业	2008-11-4	2009-1-1
48	GB/T 9696-2008	动植物油脂 水分和挥发物含量测定	2008-6-25	2009-1-1
49	GB/T 9822-2008	粮油检验 谷物不溶性膳食纤维的测定	2008-11-4	2009-1-20
50	GB/T 9823-2008	粮油检验 植物油料饼粕总含氮量的测定	2008-11-4	2009-1-20
51	GB/T 9824-2008	油料饼粕中总灰分的测定	2008-11-4	2009-1-1
52	GB/T 9825-2008	油料饼粕盐酸不溶性灰分测定	2008-11-4	2009-1-20
53	GB/T 9826-2008	粮油检验 小麦粉破损淀粉测定 α-淀粉酶法	2008-11-4	2009-1-1
54	GB/T 10358-2008	油料饼粕 水分及挥发物含量的测定	2008-11-4	2009-1-20
55	GB/T 10359-2008	油料饼粕 含油量的测定 第1部分：已烷（或石油醚）提取法	2008-11-4	2009-1-20
56	GB/T 10360-2008	油料饼粕 扦样	2008-11-4	2009-2-1
57	GB/T 10361-2008	小麦、黑麦及其面粉，杜伦麦及其粗粒粉 降落数值的测定 Hagberg-Perten法	2008-11-4	2009-1-1
58	GB/T 10362-2008	粮油检验 玉米水分测定	2008-11-4	2009-1-20
59	GB/T 10458-2008	荞麦	2008-11-4	2009-1-20
60	GB/T 10459-2008	蚕豆	2008-11-4	2009-1-20
61	GB/T 10460-2008	豌豆	2008-11-4	2009-1-20
62	GB/T 10461-2008	小豆	2008-11-4	2009-1-20
63	GB/T 10462-2008	绿豆	2008-11-4	2009-1-20
64	GB/T 10463-2008	玉米粉	2008-11-4	2009-1-20
65	GB/T 11760-2008	裸大麦	2008-11-4	2009-1-20

续表

序号	标准号	标准名称	发布日期	实施日期
66	GB/T 11763-2008	棉籽	2008-11-4	2009-1-20
67	GB/T 11764-2008	葵花籽	2008-11-4	2009-1-20
68	GB/T 11766-2008	小米	2008-11-4	2009-1-20
69	GB/T 12087-2008	淀粉水分测定 烘箱法	2008-5-27	2008-10-1
70	GB/T 12529.1-2008	粮油工业用图形符号、代号 第1部分：通用部分	2008-11-4	2009-1-20
71	GB/T 12529.2-2008	粮油工业用图形符号、代号 第2部分：碾米工业	2008-11-4	2009-1-1
72	GB/T 12529.3-2008	粮油工业用图形符号、代号 第3部分：制粉工业	2008-11-4	2009-1-20
73	GB/T 12529.4-2008	粮油工业用图形符号、代号 第4部分：油脂工业	2008-11-4	2009-1-20
74	GB/T 13355-2008	黍	2008-11-4	2009-1-20
75	GB/T 13356-2008	黍米	2008-11-4	2009-1-20
76	GB/T 13357-2008	稷	2008-11-4	2009-1-20
77	GB/T 13358-2008	稷米	2008-11-4	2009-1-20
78	GB/T 13359-2008	莜麦	2008-11-4	2009-1-20
79	GB/T 13360-2008	莜麦粉	2008-11-4	2009-1-1
80	GB/T 13382-2008	食用大豆粕	2008-11-4	2009-1-1
81	GB/T 13383-2008	食用花生饼、粕	2008-11-4	2009-2-1
82	GB/T 14488.1-2008	植物油料 含油量测定	2008-11-4	2009-1-1
83	GB/T 14488.2-2008	油料 杂质含量的测定	2008-11-4	2009-1-20
84	GB/T 14489.1-2008	油料 水分及挥发物含量测定	2008-11-4	2009-1-20
85	GB/T 14489.2-2008	粮油检验 植物油料粗蛋白质的测定	2008-11-4	2009-1-20
86	GB/T 14490-2008	粮油检验 谷物及淀粉糊化特性测定 粘度仪法	2008-8-4	2008-12-1
87	GB/T 14609-2008	粮油检验 谷物及其制品中铜、铁、锰、锌、钙、镁的测定 火焰原子吸收光谱法	2008-11-4	2009-1-20
88	GB/T 14610-2008	粮油检验 谷物及制品中钙的测定	2008-11-4	2009-1-20
89	GB/T 14611-2008	粮油检验 小麦粉面包烘焙品质试验 直接发酵法	2008-11-4	2009-1-1
90	GB/T 14612-2008	粮油检验 小麦粉面包烘焙品质试验 中种发酵法	2008-11-4	2009-1-1
91	GB/T 14613-2008	粮油检验 全麦粉发酵时间试验（Pelshenke 试验）	2008-8-22	2008-12-1
92	GB/T 15681-2008	亚麻籽	2008-11-4	2009-1-20
93	GB/T 15682-2008	粮油检验 稻谷、大米蒸煮食用品质感官评价方法	2008-11-4	2009-1-20
94	GB/T 15683-2008	大米 直链淀粉含量的测定	2008-11-4	2009-1-20
95	GB/T 15686-2008	高粱 单宁含量的测定	2008-11-4	2009-1-20
96	GB/T 15687-2008	动植物油脂 试样的制备	2008-11-4	2009-1-20
97	GB/T 15688-2008	动植物油脂 不溶性杂质含量的测定	2008-11-4	2009-1-1
98	GB/T 15689-2008	植物油料 油的酸度测定	2008-11-4	2009-1-1
99	GB/T 15690-2008	植物油料 含油量测定 连续波低分辨率核磁共振测定法（快速法）	2008-11-4	2009-1-20
100	GB/T 17109-2008	粮食销售包装	2008-11-4	2009-1-20

续表

序号	标准号	标准名称	发布日期	实施日期
101	GB/T 17374-2008	食用植物油销售包装	2008-11-4	2009-1-20
102	GB/T 17375-2008	动植物油脂 灰分测定	2008-8-22	2008-12-1
103	GB/T 17376-2008	动植物油脂 脂肪酸甲酯制备	2008-11-4	2009-1-20
104	GB/T 17377-2008	动植物油脂 脂肪酸甲酯的气相色谱分析	2008-11-4	2009-1-20
105	GB/T 17913-2008	粮油储藏 磷化氢环流熏蒸装备	2008-11-4	2009-1-1
106	GB/T 21489-2008	散粮汽车卸车装置	2008-2-15	2008-8-1
107	GB/T 21493-2008	大豆磷脂中磷脂酰胆碱、磷脂酰乙醇胺、磷脂酰肌醇的测定	2008-3-6	2008-8-1
108	GB/T 21494-2008	低温食用豆粕	2008-3-6	2008-8-1
109	GB/T 21495-2008	动植物油脂 具有顺，顺1，4-二烯结构的多不饱和脂肪酸的测定	2008-3-6	2008-8-1
110	GB/T 21496-2008	动植物油脂 油脂沉淀物含量的测定 离心法	2008-3-6	2008-8-1
111	GB/T 21497-2008	动植物油脂 定温闪燃测试 彭斯克-马丁闭口杯法	2008-3-6	2008-8-1
112	GB/T 21498-2008	大豆制品中胰蛋白酶抑制剂活性的测定	2008-3-6	2008-8-1
113	GB/T 21499-2008	大米 稻谷和糙米潜在出米率的测定	2008-2-15	2008-8-1
114	GB/T 21512-2008	食用植物油中叔丁基对苯二酚（TBHQ）的测定	2008-3-18	2008-8-1
115	GB/T 21719-2008	稻谷整精米率检验法	2008-5-4	2008-8-1
116	GB/T 21924-2008	谷朊粉	2008-5-27	2008-10-1
117	GB/T 22182-2008	油菜籽叶绿素含量测定 分光光度计法	2008-7-16	2008-11-1
118	GB/T 22183-2008	谷物检验筛	2008-7-16	2008-11-1
119	GB/T 22184-2008	谷物和豆类 散存粮食温度测定指南	2008-7-16	2008-11-1
120	GB/T 22294-2008	粮油检验 大米胶稠度的测定	2008-8-4	2008-12-1
121	GB/T 22325-2008	小麦粉中过氧化苯甲酰的测定 高效液相色谱法	2008-8-22	2008-12-1
122	GB/T 22326-2008	糯玉米	2008-8-22	2008-12-1
123	GB/T 22327-2008	核桃油	2008-8-22	2008-12-1
124	GB/T 22328-2008	动植物油脂 1-单甘酯和游离甘油含量的测定	2008-8-22	2008-12-1
125	GB/T 22460-2008	动植物油脂 罗维朋色泽的测定	2008-11-4	2009-1-1
126	GB/T 22463-2008	葵花籽粕	2008-11-4	2009-1-1
127	GB/T 22464-2008	大豆皂苷	2008-11-4	2009-1-1
128	GB/T 22465-2008	红花籽油	2008-11-4	2009-1-20
129	GB/T 22477-2008	芝麻粕	2008-11-4	2009-1-20
130	GB/T 22478-2008	葡萄籽油	2008-11-4	2009-1-20
131	GB/T 22479-2008	花椒籽油	2008-11-4	2009-1-20
132	GB/T 22480-2008	动植物油脂 聚乙烯类聚合物的测定	2008-11-4	2009-1-20
133	GB/T 22481-2008	谷物、油料和豆类 单向气流穿过散粮的单位压力损失测定	2008-11-4	2009-2-1
134	GB/T 22491-2008	大豆低聚糖	2008-11-4	2009-1-1

续表

序号	标准号	标准名称		发布日期	实施日期
135	GB/T 22492-2008	大豆肽粉		2008-11-4	2009-1-1
136	GB/T 22493-2008	大豆蛋白粉		2008-11-4	2009-1-1
137	GB/T 22494-2008	大豆膳食纤维粉		2008-11-4	2009-1-1
138	GB/T 22495-2008	粮油储藏 磷化氢发生器		2008-11-4	2009-1-1
139	GB/T 22496-2008	玉米糁		2008-11-4	2009-1-20
140	GB/T 22497-2008	粮油储藏 熏蒸剂使用准则		2008-11-4	2009-1-20
141	GB/T 22498-2008	粮油储藏 防护剂使用准则		2008-11-4	2009-1-20
142	GB/T 22499-2008	富硒稻谷		2008-11-4	2009-1-20
143	GB/T 22500-2008	动植物油脂 紫外吸光度的测定		2008-11-4	2009-1-20
144	GB/T 22501-2008	动植物油脂 橄榄油中蜡含量的测定 气相色谱法		2008-11-4	2009-1-20
145	GB/T 22503-2008	高油玉米		2008-11-4	2009-1-20
146	GB/T 22504.1-2008	粮油检验 粮食感官检验辅助图谱 第1部分：小麦		2008-11-4	2009-1-20
147	GB/T 22505-2008	粮油检验 感官检验环境照明		2008-11-4	2009-1-20
148	GB/T 22506-2008	粮油检验 酶改性磷脂中1-和2-溶血磷脂酰胆碱的测定 高效液相色谱法		2008-11-4	2009-1-20
149	GB/T 22507-2008	动植物油脂 植物油中反式脂肪酸异构体含量测定 气相色谱法		2008-11-4	2009-1-20
150	GB/T 22508-2008	预防与降低谷物中真菌毒素污染操作规范		2008-11-4	2009-1-20
151	GB/T 22509-2008	动植物油脂 苯并(a)芘的测定 反相高效液相色谱法		2008-11-4	2009-1-20
152	GB/T 22510-2008	谷物、豆类及副产品 灰分含量的测定		2008-11-4	2009-1-20
153	GB/T 22514-2008	菜籽粕		2008-11-4	2009-1-20
154	GB/T 22515-2008	粮油名词术语 粮食、油料及其加工产品		2008-11-4	2009-1-20
155	GB/T 22725-2008	粮油检验 粮食、油料纯粮（质）率检验		2008-11-16	2009-1-20
156	LS/T 1211－2008	粮油储藏技术规范		2008-4-22	2008-5-1
157	LS 1212－2008	储粮化学药剂管理和使用规范		2008-4-22	2008-5-1
158	LS/T 1213－2008	二氧化碳气调储粮技术规程		2008-4-22	2008-5-1
159	LS/T 1214-2008	小麦硬度指数标准样品制备技术规范		2008-8-31	2008-10-1
160	LS/T 1215-2008	小麦硬度指数测定仪检定技术规范		2008-8-31	2008-10-1
161	LS/T 1531.1－2008	小麦硬度指数标准样品		2008-4-8	2008-3-31
162	LS/T 15111：1－2008	南方小麦粉加工精度标准样品	特制一等	2008-1-17	2008－4－1
163	LS/T 15111：2－2008		特制二等	2008-1-17	2008－4－1
164	LS/T 15111：3－2008		标准粉	2008-1-17	2008－4－1

续表

序号	标准号	标准名称		发布日期	实施日期
165	LS/T 15112：1－2008	北方小麦粉加工精度标准样品	特制一等	2008－1－17	2008－4－1
166	LS/T 15112：2－2008		特制二等	2008－1－17	2008－4－1
167	LS/T 15112：3－2008		标准粉	2008－1－17	2008－4－1
168	LS/T 15121：1－2008	早籼米加工精度标准样品	特等	2008－1－17	2008－4－1
169	LS/T 15121：2－2008		标准一等	2008－1－17	2008－4－1
170	LS/T 15121：3－2008		标准二等	2008－1－17	2008－4－1
171	LS/T 15122：1－2008	晚籼米加工精度标准样品	特等	2008－1－17	2008－4－1
172	LS/T 15122：2－2008		标准一等	2008－1－17	2008－4－1
173	LS/T 15122：3－2008		标准二等	2008－1－17	2008－4－1
174	LS/T 15123：1－2008	晚粳米加工精度标准样品	特等	2008－1－17	2008－4－1
175	LS/T 15123：2－2008		标准一等	2008－1－17	2008－4－1
176	LS/T 15123：3－2008		标准二等	2008－1－17	2008－4－1
177	LS/T 15211：1－2008	小麦储存品质品尝评分参考样品		2008－4－16	2008－4－20
178	LS/T 15321－2008	稻谷整精米率标准样品（籼稻）		2008－6－4	2008－6－4
179	LS/T 15322－2008	稻谷整精米率标准样品（粳稻）		2008－6－4	2008－6－4
无废止粮油国家标准和行业标准					
无转化粮油国家标准和行业标准					

数据来源：国家粮食局标准质量中心统计资料。

后 记

经国家粮食局批准，在国务院有关部门的大力支持下，《中国粮食发展报告》自2004年以来已连续出版五年，受到社会的普遍关注，得到了有关部门及社会各界的一致肯定。《2009中国粮食发展报告》（以下简称《报告》）全面、客观地介绍了我国2008年粮食发展情况，针对当前粮食生产和流通领域的热点、难点问题进行对策研究，收录了较为完备的粮食行业统计资料。《报告》（包括附表）所有统计资料和数据均未包括我国香港、澳门特别行政区和台湾地区。

《报告》在编写过程中得到了国家发展改革委、农业部、国家统计局等有关部门的大力支持，参加《报告》编写工作的部门及单位有：国家发展改革委经贸司、价格司，农业部种植业管理司，国家统计局综合司、农村司，国家粮食局办公室、人事司、外事司、调控司、政策法规司、监督检查司、财务司、流通与科技发展司，国家粮油信息中心、国家粮食局军粮供应服务中心、标准质量中心、发展交流中心，中国粮油学会、中国粮食行业协会杂粮分会等。

在此，谨向在《报告》编写过程中给予大力支持的领导、专家和同志们表示衷心的感谢！《报告》如有不妥之处，敬请读者批评指正。

中国粮食研究培训中心

《2009中国粮食发展报告》编写组

2009年9月18日